为神之子

Sonship

「为神之子」手册

Originally published in English under the title:
Sonship Mannual

原作：Serge
翻译：苏心美
设计：Noah
总校：陈易

出版者：海外校园 (OCM)
1753 Cabrillo Ave., Torrance, CA 90501 USA
电话：(310)328-8200　　传真：(310)328-8207
电子邮件：info@oc.org　　网站：www.oc.org

版次：2025 年 10 月初版
出版书号：BK-S025-S
ISBN：978-1-58533-214-4
电子书 ISBN：978-1-58533-217-5

除非特别说明，本书所有经文均引自中文和合本圣经。

Authors：Serge
Translator：Esther Su
Artwork：Noah
Chief Editor：Matt Chen
Publisher：Overseas Campus Ministries, Inc.
1753 Cabrillo Ave., Torrance, CA 90501 USA
Tel：(310)328-8200　　Fax：(310)328-8207
Email：info@oc.org　　Website：www.oc.org
Edition：October 2025
CAT. No：BK-S025-S
ISBN：978-1-58533-214-4
eBook ISBN：978-1-58533-217-5

简 介

欢迎来到“为神之子”，这是一个鼓励你产生更大信心、悔改和爱的训练工具。该课程旨在促进你的生命、人际关系和事工的不断更新。我们的祷告是，在你学习本课程的过程中，基督会大大地祝福和鼓励你。

作为开场白，我们将用四个要点来概括本课程。这四点是此资源的基础主题，你会发现课程经常会回到这四点：

1. 振作起来！福音远比你能想象的还要伟大！

福音是我们能听到的最好的消息。福音是关于耶稣基督和他改变我们的生命、人际关系、社群以及最终改变整个国家的大能。通过这福音，我们被自由地赋予了一个新的身份——一个不基于种族、社会阶层、性别、神学体系或规章制度的身份。相反，这是一个完全基于对基督的信心的全新而完美的身份，这个身份决定了我们生命的方方面面。我们现在是被饶恕的、被称义的、被收养的、被接纳的、自由的，是属于基督的万有的继承人。因此，即使我们的罪、软弱和失败也不能定义我们是谁。因为这个好消息，我们不必再躲避我们的罪，不必再幻想我们是完美的。上帝知道并爱我们的本来面目，而不是我们假装出来的样子。

接受福音真理并在其中安息，就会转化为喜乐、平安、自由和爱的基督徒生活。因此，福音也给了我们一种新的生活方式和与他人相处的方式。它使我们摆脱了罪对我们生活的束缚，释放了我们的良心，使我们不再按照这个世界的原则生活。由于我们新的身份和新的生活方式完全建立在信心之上，因此福音排除了一切形式的自夸和傲慢。我们所拥有的一切都已经赐给我们了——因此它被称为上帝恩典的福音（徒 20:24）。此外，这福音具有持续的和日常的适用性。它不仅在我们初次相信时与我们相关，而且在我们继续相信时，会继续在我们里面作工，并通过我们作工。这种持续的信心生活会在爱中明显地表现出来（加 5:6）。

2．振作起来！你远比自己想象的还要糟糕！

基督徒成长、健康的人际关系和强大社群的一大障碍就是伪装的生活——假装我们没有为许多的罪挣扎，比如自以为是的态度、暴躁的脾气、唠叨的焦虑、满了情欲的眼目、控制欲和挑剔的心，以及总认为自己比别人强的想法。福音的部分好消息是，它能改变我们自私的欲望：想要是正确的、看起来不错的、掌控一切并满足自己。对福音的信心甚至可以改变那些已经开始主宰我们的生活而已经越界的好渴望。

诗篇 139:23-24 中的一段祷告词道出了我们的需要："神啊，求你鉴察我，知道我的心思，试炼我，知道我的意念，看在我里面有什么恶行没有，引导我走永生的道路。"因为我们的罪阻碍了我们与神和他人的亲密关系，所以我们需要神的灵来向我们显明我们里面的许多惧怕和恶行。促进这一点的方法之一是邀请他人的洞见，鼓励他们向我们的生命说话。我们的目标是悔改，在耶稣的道路上被引领，在与耶稣的亲密关系中成长。我们的目标是过悔改和信心的生活——认识到当我们凭不信而活时，我们就是在信靠某物或某人，而不是信靠基督可以给我们生命、幸福、安全感、尊重、爱、身份、成就感和意义。对福音的相信会摧毁我们生命中这些虚假的信靠，无论我们是将信心寄托于规则或法律体系（律法主义），还是寄托于食物或性等事物上（放纵主义）。

上述第 1 点和第 2 点是循环往复的合作。一方面，我们没人愿意在没有坚实福音基础的情况下审视自己的罪，因此我们必须不断用福音来充满自己，并在认识福音的丰富内涵中成长。另一方面，如果我们不持续地看到自己的罪的深度，我们就会把福音看小了。除非福音满足对我们对它的持续需求，否则它就无法渗透入我们的内心。

3. 振作起来！上帝的灵在你的软弱中动工！

除了我们的新身份之外，我们还被赐予了圣灵，他足以引领、指导我们，并赋予我们新生命的力量。我们常常认为，我们生命中最大的问题就是没有足够的力量来改变我们的生命和人际关系。然而，是有足够的能力可获得的，因为使耶稣从死里复活的大能正在我们身上运行（弗 1:19-20）。然而，这种能力并不是自动运行的，而是在那些相信的人身上运行。因此，圣灵通过悔改和信心作工。因信而活就是因圣灵而活，圣灵带来上帝所期待的顺服。

此外，圣灵的能力是通过软弱在我们的生命中彰显出来的（林后 12:9; 13:4）。当我们放下自己的义和力量，放下我们对健康和幸福的要求 / 所有权，放下我们对自己生命的支配权时，我们就处在了软弱的位置。因此，那些坚持自己的义和力量的人，会发现他们的生命中没有什么力量。当然，这也是一个好消息。上帝乐于使用这个世界上软弱和不足的事物来完成他对这个世界的伟大计划。与保罗一样，我们可以以软弱为乐，因为这样我们就会刚强，上帝就会得到荣耀。这样做的结果是一种奇妙的自由，让我们忘记自己，不再怀疑自己是否有足够的能力，因为我们知道上帝会使用软弱的人并赋予他们能力。

4．振作起来！上帝的国度远比你想象的还要奇妙！

上帝的国度是一个崭新的、最终的时代，始于耶稣的降临。祂的国度不属于现今的时代——一个肉体掌权的时代；一个人与人之间分裂、关系破裂、猜疑和竞争盛行的时代；一个金钱、性和权力被滥用的时代；一个领袖至上、仆人末位的时代；一个行为受法律控制、身份由种族、性别或社会地位决定的时代；一个天赋和资源被用来提升自己的时代。相反，上帝的国度是新时代。它是圣灵的时代（太 12:28）。它是在圣灵里公义、平安和喜乐的时代（罗 14:17）。上帝的国度关乎万物的更新、恢复与和好，并且神让我们成为这个伟大救赎故事的一部分。

它关乎人际关系的恢复、公义与平等；关乎从除耶稣之外的所有主人手中获得自由；关乎和解、饶恕和战胜撒旦。它关乎对穷人和无权者的同情，关乎帮助那些被社会边缘化和排斥的人，关乎使用我们的天赋和资源来促进他人的发展。它关乎新的社群以及社会和文化的变革，使种族、性别和社会阶层不再定义身份，也不再被用来控制和分裂。对保罗来说，传讲福音就是传讲国度，就是传讲上帝的全部旨意（徒 20:24-27）。

福音概括了他带给万民——尤其是受压迫者和无权无势者——的整个好消息。既然是好消息，我们对天国信息的回应就是悔改和信心（可 1:15）。

“为神之子”手册的使用

课程包括三个主要部分：

1. 本手册
2. 音频讲座（需另外订购）
3. 门育的关系（课程中最重要的部分）

本手册的十六课每个都分为七个部分，始终按照以下顺序：

1. 课程标题
2. 引言引语（取自讲座）
3. 课程目标
4. 提醒听讲座
5. 讲座文稿
6. 家庭作业，包括：
   - 每课的背诵经文
   - 大约十二个家庭作业问题和各种教导内容部分
   - 与每课主题相关的阅读材料
7. 一份作业清单，完成时可勾选

在课程开始之前：

1. 招募一位祷告伙伴

祷告是至关重要的，因为神的工作不是通过简单地参加一个课程来完成的，而是通过他的圣灵来回应信心的祷告。在整个课程期间，你要委身于祷告，并招募至少一位祷告伙伴为你祷告。有一个祷告伙伴很重要，所以要选择一个会认真对待这个承诺的人。选择一个你可以经常与之坦诚交流的人。有不少作业会涉及到你的祷告伙伴，你需要在每节课后向他们通报最新情况，让他们知道如何具体地为你祷告，以及他们的祷告是如何蒙应允的。

有一个建议，当你开始学习时，请你的祷告伙伴在整个课程中用诗篇 139:23-24 为你祷告："神啊，求你鉴察我，知道我的心思，试炼我，知道我的意念，看在我里面有什么恶行没有，引导我走永生的道路。"

2. 通读加拉太书

推荐用尤金·毕德生（Eugene Peterson）所著信息版圣经译本（The Message)。这本保罗著作的译本令人耳目一新，突出了本课程的许多主题。

小组聚会：期待什么

1. 期待挣扎……

不要惊讶于发现，你的小组里既有热情、希望和诚实，也有冷漠、焦虑、怀疑、内疚和掩饰。我们都是每天真真切切需要耶稣的人。因此，希望你的小组是由与罪搏斗、有问题的人组成的，就像你自己一样！

2. 期待小组带领人……

渴望服事你，但也和你一样需要耶稣，甚至在某些方面比你更需要耶稣。任何带领人都不应该高高在上，所以你要期待你的小组带领人会有公开分享他 / 她自己的软弱、挣扎和罪的自由。定期为你的小组带领人祷告，并给予支持和鼓励。

3. 期待圣灵……

对你们小组的成长和每个人生命的改变负最终责任。放轻松，信靠他。

4. 期待小组议程会包含……

对信息、阅读内容，尤其是该课的家庭作业问题和答案进行开放式的互动讨论。同时期待每次聚会都有祷告时间。

5. 期望保密……

并准备好作出承诺，在小组中提及的任何个人隐私都必须保密，不得与他人分享。流言蜚语会很快毁掉一个小组。

目录

Session

1

孤儿，还是上帝的孩子？

当一个信徒在某种程度上与上帝的恩典失去联系时，他或她就过着“孤儿”一般的生活。在与应许隔绝的情况下，孤儿对基督和福音产生了缩小的看法。与此相反，当一个信徒在信心中行事，按照上帝的应许生活时，他 / 她就活出了儿子或女儿的样子。儿子和女儿们拥有大基督和大福音。

本次目标

- 知道我们是君王所爱、所收养的孩子；
- 认识到我们容易轻视福音、刚硬心肠、并与上帝和他人隔绝；
- 明白上帝邀请我们勇敢地面对生活中的恐惧和自己最糟糕的一面，完全依赖他的义和他是我们天父的应许。

阅读讲章

孤儿相对于儿子

杰克·米勒（Jack Miller）

十字架的大能可以使你从奴仆或孤儿成为儿子。

I. 加拉太书的关键实际问题是："你们当日所夸的喜乐在那里呢？"

这堂关于"为神之子"的讲课从查看加拉太书开始，我想请你们和我一起翻到第一章："愿恩惠、平安从父上帝与我们的主耶稣基督归与你们。基督照我们父上帝的旨意为我们的罪舍己，要救我们脱离这罪恶的世代。但愿荣耀归于上帝，直到永永远远。"（加 1:3–5）

下一段经文在很多方面，都是加拉太书中为神之子主题的核心："及至时候满足，上帝就差遣祂的儿子，为女子所生，且生在律法以下，要把律法以下的人赎出来，叫我们得着儿子的名分。你们既为儿子，上帝就差祂儿子的灵进入我们的心，呼叫：'阿爸，父！'可见，从此以后，你不是奴仆，乃是儿子了。既是儿子，就靠着上帝为后嗣。"（加 4:4–7）

这卷书我想读的最后一段话是这么说的："但我断不以别的夸口，只夸我们主耶稣基督的十字架。因这十字架，就我而论，世界已经钉在十字架上；就世界而论，我已经钉在十字架上。"（加 6:14）

这几节经文的主题是：靠着十字架的大能，你不再是奴仆，惟独十字架配得荣耀，因为惟有它可以使你从奴仆或孤儿成为儿子。加拉太书中一个很实际的关键问题是："你们当日所夸的喜乐在哪里呢？"（加 4:15）这让我心有戚戚焉，因为很多时候我失去了喜乐。

初信主时，我正在读以弗所书，读到第一章的开头，就发现自己与之格格不入。我对自己说："上帝到底以为祂是谁？祂似乎拥有一切的大能、力量和荣耀。难道我一点都得不到吗？"答案在我的意识中清晰浮现："祂是上帝！"我又问："祢到底以为祢是谁？"答案又出现了："我是上帝！"我发现自己在这样的信念中被命中要害！突然间，我认识了一位充满恩典的上帝！祂改变了我！我心中充满了难以置信的喜悦。

在那段经文中，我读到了关于儿子名分（sonship）的内容："……祂按着自己意旨所喜悦的，预定我们借着耶稣基督得儿子的名分。"（弗 1:5）这与加拉太书 4:5 使用的词相同。上面写着，"……我们可以得着到儿子所有的权利"。这句话一度抓住了我的心，我很高兴。

然而，在经过大量培训和基督徒经验，并受到许多人称赞之后，我的许多喜乐却消失了。我原本有一种"美好的、莫名的狂喜"〔如果我可以用英国女诗人勃朗宁（Browning）的诗句来描述一只唱歌之鸟的话〕，而在某个过程中，这种狂喜逐渐消失了。我第一次在美国加州植堂时，意识到自己有点不对劲。我当时正在街上开车，听到街对面的免下车餐馆传来一些噪音。有位白发苍苍的老太太，提着菜篮走在街上。八到十个男孩朝她扔石头，对她大喊大叫。我简直不敢相信自己的耳朵！我摇下车窗，出于来自俄勒冈州（Oregon）好童子军帮助老太太过马路的义气，我被激怒了！我已经忘了多年来自己也曾经是个无神论者和野孩子。我完全忘了这回事！

我拐进免下车餐馆，然后有了片刻的恐惧。有那么一瞬间，我决定，也许我应该买个汉堡和一杯奶昔，然后重新考虑一下我接下来想做的事。我以前从未做过这样的事，但我的愤慨比恐惧更强烈。我走到男孩们那里——上帝给了我恩典，我没有祷告，只是走过去，我认为这是靠自己的力量，但上帝确实帮助了我。

我问他们是否听说过第五条诫命，这对他们来说很新鲜，他们从未听说过什么第五条诫命："当孝敬父母……"（申 5:16，这也适用于长者和权威）我开始向他们说教，却陷入一种奇怪的困境，因为我不知道怎么停下来；我害怕我停下来之后他们可能会做出什么举动！最后，在绝望中，我指着街那头我们教堂的尖塔说："我希望星期天能在教堂见到你们所有人！"（我其实并不是真的希望他们来。）

令我吃惊的是，他们的头头和他的一个同伴星期天来了！我真的不知道该拿他们怎么办，我知道教会也不知道该拿他们怎么办。我对他们没有表现出喜悦之情，我全神贯注于事奉、财务、家庭和所有其他事情，没有充溢着喜乐。

我的心变得刚硬，我陷入孤立，有种孤儿的心态。我还是个年轻的基督徒时，并没有感受到恩典的存在。你有过这样的经历吗？在某个时刻，上帝丰富地祝福你，但你没有继续下去，而是徘徊不前。你的感觉是，你与天父并没有伙伴关系，而是与你所能见的、眼前的事物更有伙伴关系！

这就是发生在我身上的事。我对律法的本能反应是正确的。我想上帝祝福了我所做的事，但我给这些男孩子的，只有律法。我只是表达对他们违法行为的愤慨，而对自己的违法行为却视而不见。我没有说："小伙子们，我和你们很像。我从前和你们一样，虽然没有做过那种事，但可能做了在上帝眼中更糟糕的事。"

我当日所有的喜乐到哪里去了？我已经忘记了恩典的力量，忘记了作儿子的喜悦。想想我们是为神之子，加拉太书 4:4-7 节说，我们不再是在律法以下，不再是奴仆，不再被定罪，不再无能为力，我们拥有丰盛的生命。这种“不再”，其实是上帝对基督徒的“正常”看待；这是祂为我们预备的。所以当保罗问加拉太人，“你们当日所夸的喜乐在哪里呢？”他用了很强烈的字眼。这不仅仅是普通的喜乐，而是上帝赐给你丰盛生命的全部；这是源自福音和圣灵的大能，源自基督的代求。

我必须承认，我没有那种自由，没有那种受宠的感觉。我没有热情，也没有被天父纠正的意愿，而这些却都是上帝儿女的印记。但你看，上帝的应许是：“你不再是奴仆”（加 4:7）；“我不撇下你们为孤儿”（约 14:18）；我不会不留下圣灵给你们，不会弃你们于不顾，我乃是复活的那一位。

Ⅱ. 仔细想想，你是否轻看福音？

你轻看福音吗？你轻看信仰的根基吗？保罗说：“基督赎出我们脱离律法的咒诅……”（加 3:13）祂担当我们的重担，使我们得以自由。

我当日所有的喜乐到哪里去了？经由这样的思考，我们可以获得一些非常有用的见解！孤儿是指在某种程度上与上帝的恩典失去联系的人，由于与应许隔绝，他对基督和福音的看法很狭隘；儿子是指行事为人有信心并活在应许之中的人，他有大基督和大福音。

今天，我们的行为几乎就像对圣灵的评判具有免疫力那般，我们善于挑剔人，以如何评价和判断他人而自豪。上帝是惟独有权做评价的那一位，祂评量你和我。祂说：“我将你从永恒的愤怒中救拔出来，带你到我身边，你在其中什么也没做，这都是我的荣耀。”上帝不要你以别的夸口，只夸我们主耶稣基督的十字架（参加 6:14）。这十字架带来救恩，使我有活力，使我丰盛。身为上帝儿女的人知道这一点，他们会出于顺服基督而决心走天路。

我想请大家注意一个实例，这是我在一次植堂会议上所做的事。我设法让这些与会者做最合宜的事。我想："这些人一定会喜欢这项任务的！"于是我将他们分成小组，请他们"互相传福音"。他们看起来一头雾水，我的整个计划就在那一刻泡汤了。他们说："难道杰克不认为我们已经得救了吗？"（当时我确实有这个想法！）

保罗总是在宣讲福音，有时他的书信很难读懂，我们不知道他在想什么。这是因为每当他提到十字架或基督时，就会思绪爆发并回到他的中心点上。对保罗来说，福音是深邃的音乐，是关于历史事实的命题，而非虚构的神话，且是被谱成乐音的历史现实。

我说："弟兄们，你们失去了乐音。对你来说，耶稣的死难道不珍贵吗？当福音进入你的生命时，你死而复生了！这对你来说不是很宝贵吗？你难道不是每天都在复兴吗！"

查尔斯·卫斯理（Charles Wesley）的赞美诗说："兴起，我的灵魂，兴起，摆脱你内疚的恐惧。"我该怎么做？"代替我流血的祭牲出现了，它不是就在那里吗？我的担保人站在宝座前。"耶稣在那里做什么？祂基于自己所流的宝血和公义，在为我求情。我之所以能够活出福音的生命，这就是关键所在！

第二个实例取自我在北卡罗来纳州时发生的事。我问一位女士，"为神之子"这份教材对她有何帮助。她说："我因有人传福音给我而成为基督徒，他们介绍我读罗马书。我相信了所读的，他们说，'现在你拥有了一切'，但问题是我并未拥有这一切，甚至不确定这是个好的开始。我注重表现、完美主义、吹毛求疵，内心有许多恶念。当我想到信仰时，真正意味的是'更加努力'。我不知道什么是相信福音、在其中安息、在其中生活，这几乎就像个哑谜。福音都是真的，但从未在我的真实生活和犯罪之处，以它所说的那种方式向我展现。"

你我都生活在危机的世代，我们不能再用过去成功的传福音方法，而是必须对其加以修正。

让我从乔治·巴纳（George Barna）的书《美国人相信什么》（*What American's Believe*）摘取一些内容为例：

- 每 10 个美国成年人当中，就有 6 个坚信圣经中有这样一句话："天助自助者"（God helps those who help themselves）；这是美国最广为人知的"经文"！
- 五分之四的福音派人士相信这句话在圣经中，或者至少在某种程度上同意它。巴纳说，这基本上意味着："掌控自己的命运是我的责任"。这就是身为孤儿的意思，或甚至是身为非基督徒的意思。我是小神，可以管理自己的生活。如果我们不挑战自己和我们所传福音之人，只会让教会充满相信"天助自助者"的信徒。巴纳发现这非常令人担忧。
- 77% 的福音派人士如今认为"人性本善"，如果的确如此，我们将面临一场福音派大灾难。
- 53% 的福音派人士认为没有绝对真理，56% 的人认为人生的目的是享受生活并实现个人价值。你认为在这样的世界中，传福音和做外展工作容易吗？

北卡罗来纳州这位女士反映了这样一个事实，即人们在传福音给她时，并没有要她去对付她的偶像。我们文化的核心偶像是"自行其事、自做决定、为耶稣做决定"。然而，"为耶稣做决定"的全部要点在于：你放弃自己的决定！其实，你仍然可以做决定，然而你是在祂的主权之下做决定；这就是区别所在，你不能把信仰扔出窗外。

难怪当你拥有儿子名分时，这是有力量的，因为我们可以对人们说："振作起来！你远比自己所想的还要糟糕！"这是一种鼓励，你所听过最好的消息就是：原罪是真的。如果原罪（诅咒）是真的，那么恩典就是真的。上帝的爱是肤浅的，除非它能达到一定的深度，而这种深度是受上帝本身的公义和圣洁所驱使，在他所赐的儿子里。

我们教会成立的第一天，就有一位长老候选人来到我们面前。他毕业于鲍伯钟斯大学（Bob Jones University）和威斯敏斯特神学院（Westminster Seminary）。我公开承认自己经历过一段时间的严重试探（感谢上帝将我从中解救出来）。你猜教会里所有的男人都认为我受到什么试探——奸淫。嗯，那不是我当时的试探，而是完全不同的试探。这位长老候选人简直被我那次的认罪彻底击垮了，他说："我对圣经有这么多的知识，我从受人尊敬的神学院毕业，但却充满了骄傲、谴责和性的邪欲。我想我刚刚信主了。"

他不仅是个因不信、恐惧和骄傲而远离应许的孤儿，而且也许不是真基督徒。当他从真正彻底的孤儿转入儿子名分，成为上帝的儿子时，恩典带给他的生活多大的改变！看到随后他在上帝教会中的喜乐和用处，着实令人惊叹。

上帝的儿女们，这些是摆在我们面前的问题。如果我们明白为神之子的关键是不轻看福音，尤其是不轻看我们的罪，那么就会产生明显的结果。我们应该期待福音具有我目前不认为它具有的大能。

1770 年在伦敦，有位名叫威廉·罗曼尼（William Romaine）的人，怀着孩童般的信念，说他知道解决伦敦犯罪和抢劫问题的办法。他给议会写了一本小册子，请求他们拨款出版福音材料。他认为这些材料应该发给所有的杀人犯和强盗，这会改变他们。他说："目前你们只是增加新的法律，使其更加严厉，但没有改变任何人；你们压制他们，只揭露他们是罪犯，却改变不了他们。但如果教他们所有的福音，就会减少伦敦的犯罪！"这听起来很荒谬，是吧？的确如此！然而像查理斯和约翰·卫斯理（Charles and John Wesley）兄弟，以及乔治·怀特菲德（George Whitefield）这样的人，一直在这样做，而且奏效了！

我们要如何在生活中实践这种事？我认为必须开始查看圣经，结合信仰与应许，而不是单做表面功夫。我们来到了高度世俗化的社会和教会，靠表象生活，仿佛这个世界是永恒的。似乎没有人理解福音的伟大和力量。

福音正在为我们预备一个充满挑战、死亡和苦难的生活。它不仅是对人们说："振作起来！你远比自己所想的还要糟糕！"而是说："振作起来！准备赴死吧！"这是一种很好的生活方式。让我们向这个世代的精神而死吧！我们在加拉太书第一章读到的荣耀是这样：天父和祂圣子的恩赐救我们脱离这邪恶的世代，是为了上帝的荣耀，而耶稣借着上十字架成就了这一切！当我们拥有这些时，这就是一种力量！应许不是指我们所看见的，而是指上帝所说的。福音本身，圣灵的恩赐——这是核心的应许。

Ⅲ. 这些都是一起的：因信称义、得为神之子、圣灵的恩赐、呼叫"阿爸父"

我们来看加拉太书 4:4-7 节：因信称义，为神之子，圣灵的恩赐这三件事，以及呼叫"阿爸父"。

怎样才能够融合这几点呢？要经由相信应许来加以融合。当我得了淋巴瘤，面临死亡的危险时，"人活着不是单靠食物，乃是靠上帝口里所出的一切话"（太 4:4）这个应许，带领我度过难关，进入我的潜意识，日复一日地支撑我直至活到今日。我们相信应许，将信心融入其中；不是凭眼见，乃是凭上帝已将其变为历史事实的应许。

我如今看不见耶稣，但在十字架的信息中清楚见到祂："我们众人既然敞着脸得以看见主的荣光，好像从镜子里返照，就变成主的形状，荣上加荣，如同从主的灵变成的。”（林后 3:18）这种荣光来自主的灵。

当我听到福音并默想、宣告它，将之当作中心现实时，信心就会增长，就能忘记自己，看到上帝在祂国度里所做的事。我向这个世代死，开始认为自己很幸福！这要怎么做到呢？不要与之抗争！要被喜乐感染！因为这是来自恩典！

凭着信心，我不再是奴仆或孤儿！这是怎么运作的？很多喜乐就是建立在对福音的这种回应上：“我被深爱我的上帝所爱，以致祂让祂的圣子亲自担当了我的罪和羞耻！”

1950 年代有个电视节目叫《阴阳魔界 / 迷离境界》（*The Twilight Zone*）。在其中一个剧集中，有位称为布朗先生的商人，在家里发生了化学反应，他来到办公室向大家道早安时，秘书向他打招呼说：“早安，布朗先生，你今天看起来气色很好……”然后他听到她内心的声音：“哦，那个老坏蛋，他看起来又不高兴了，我希望他不会像上周五那样令人讨厌。”他走到每个人身边，不仅听到他们说什么，还听到他们在想什么。他被暴露为一个以自我为中心的恶毒之人。

他惊恐地跑进洗手间，如释重负地关上门。但当他照镜子时，发现自己还有一种奇怪的能力——他可以看到自己的真面目。当他看到那个可怕、丑陋、以自我为中心之人的真面目时，他生不如死。

耶稣就是为我们照镜子，然后死去的那一位。当祂被钉在十字架上时，祂就死了。钟马田（Martyn Lloyd-Jones）医生说，他认为圣经上说，从耶稣肋旁的伤口流出血和水、血清和凝固的血时，这是一颗破碎的心，承载了上帝对我们的忿怒。“基督为我们受了咒诅，就赎出我们脱离从律法的咒诅。”（加 3:13）

当你读加拉太书 4:4-7 节时，会看到构成这个基础的两件事。一个与律法有关，另一个与个人有关。这都是出于上帝的爱，根基是称义和被收养。

及至时候满足，“上帝就差遣祂的儿子，为女子所生，且生在律法以下，要把律法以下的人赎出来……”（加 4:5），这就是上帝所做的。当我们相信时，就会因信称义、就不再在律法之下，乃是在基督里。基督的义算在我的账上，我的罪算在基督的账上。当这种情况发生时，我们读到：“……这样我们可以得到儿子的全部权利。”我不仅是个被州长赦免的罪犯，还成为州长的儿子。

“得称为义”是我的法律基础，“被收养为神之子”是永久、合法、正确的，因为这是由上帝的代表，耶稣基督买来的，使我们有成为儿女的合法权利。“凡接待祂的人，就是信祂名的人，祂就赐他们权柄，作上帝的儿女。”（约 1:12）

称义是可靠的基础，被收养也是如此，但我为神之子的高峰是圣灵在我心中同住，这是被收养而得的圣灵赏赐。我们在天父和祂的旨意中欢欣喜乐。

有个人在威斯敏斯特神学院演讲，他一开始就祷告：“亲爱的天上爸爸！”这与经文所说的相去不远。我们与天父有非常亲密的个人关系，这并没有与十字架、赎罪和法定权利脱节，因为法定权利是上帝大爱的礼物根基。它教导我要爱天父，尽管我有罪和羞耻。我以祂的旨意为乐。

每天起床时，我都要面对这样的事实：“我是蒙恩得救的罪人。”真正的成熟，是在自己而不是在别人身上，看到更多的罪。当你开始明白巴刻（J. I. Packer）在《认识神》一书中所说的话时，就会有所突破：新约的核心可以用这些话来概括：“藉由挽回祭而被收养”（Adoption through Propitiation）；藉由耶稣的献祭我们与永生上帝建立友谊。

“上帝啊，为我，我这个罪人，赎罪吧！”在税吏与法利赛人的比喻中，我们看到“税吏远远的站着，连举目望天也不敢，只捶着胸说：‘上帝啊，开恩可怜我这个罪人！’”（路 18:13）求主把这个基础，这个美好的礼物赐给我！

几年前，有位女士参加我们的“为神之子周”(Sonship Week)，她似乎没有取得任何进展。她说，当她小的时候，哥哥姐姐们都能够把爸爸的衬衫挂在晾衣绳上。“我只能构到生锈的手推车，所以我把衬衫挂在那里。我只能给他沾了锈迹的白衬衫，他对我大发雷霆。”从那时起，这就影响了她与男人的关系。辅导员告诉她，耶稣会穿那件沾了锈迹的衬衫。耶稣是为你而来的，即使你是个罪人，即使你生命中有锈迹。你不必作孤儿，不必独自一人，耶稣为你赎罪，让你不再生活在孤儿院。

愤怒对生命的永久影响，只能藉由上帝恩典的力量来消除，但这是可以消除的。

IV. 我如何持守信仰？

必须极度诚实。我们有位董事会成员，如今在美国大城市作宣教士。他曾参加过邪教组织，并被称为“马屁精”(Approval Suck)。我说：“你在开玩笑吧！你把它当成名字？”他说：“没错，这是真的，我是马屁精！”我为什么要用这个名字？因为需要对自己极度诚实。作为信徒，我们往往看不到自己多么地堕落和自我中心。如果你是个“马屁精”，你想要基督的荣耀，你不想被伤害，你是个吹牛大王，以及所有其他与之相关的事情。那我和你一样，也是个“马屁精”。

上行的路是向下的。“上帝阻挡骄傲的人，赐恩给谦卑的人。”（雅 4:6）让能力进入生命的方法，不是试图去这么做，而是极度诚实地对待自己真正的处境。

记得那位女士告诉我，读罗马书并没有真正帮助她。因为没有人给她贴上严格的标签，要求她对自己极度诚实。

我想到了一件事：随着年龄的增长，我对人越来越挑剔。你们有人像这样吗？我们变得更善于此道，且美其名为“评估别人的性格”。我们讲别人的闲话，不讲自己。很多时候，我们是自己最大的敌人。我们经常在一小群爱讲别人闲话的圈内，从中得到妙趣横生的花边新闻。也许你变得愤世嫉俗，在一段关系中，我的舌头超时工作，向自己灌输了很多罪恶和自怜，并认为自己在这样的世代中过于优秀。

最终，在绝望中，我辞去教会的服事，鄙视所在的教派，高调地辞去神学院的职务。在我看来，其他人似乎都是既骄傲又无能。在这样的世代，我太优秀了！出于这种谦卑，我最终收回了辞呈。这一次，我是罪人！我是那个骄傲、无能、愤世嫉俗、滥用舌头的人。

我的妻子罗丝·玛丽（Rose Marie）是非常聪明的女人，她建议我们去西班牙。我日以继夜地研究圣经中的应许，像猪一样地研究了三个半月（我来自牧场，知道猪怎么吃食），从创世记读到启示录。

从那以后，我变了一个人。那时，我去了一家免下车餐馆，那里有大约五十或六十名醉酒的青少年。我带着对罪的新认识，以及对福音大能如今在我身上动工的新信念而去。它可以对那里最糟糕的人起作用，因为我现在比那个最糟糕的人正好低一点点！福音变得强大起来！那里最糟糕的人信主了，成为我的女婿，如今是伦敦的一个团队领袖。他曾经吸食海洛因上瘾，是个小偷。信主后，他花了两年时间才还清所有偷来的东西。耶稣的福音可以做到这一点。

威廉·罗曼尼（William Romaine）知道一些我们可能已经失去的东西。如果我们愿意对自己极度诚实，在永生上帝面前自谦，不轻视别人，而是发自内心地爱他们，并明白福音的大能，上帝就会成就又大又难的事。阿们！

评估：孤儿，还是上帝的孩子？

阅读下面左栏中的孤儿特征。勾选你所认识到的自己的倾向，并在最适用于你的单词或短语下划线。

右侧一栏是儿子 / 女儿，对应于每个孤儿特征。你可以将儿子 / 女儿的描述作为课程期间及之后的目标。

孤儿	上帝的儿女
我不撇下你们为孤儿……（约 14:18）	你们所受的不是奴仆的心。仍旧害怕；乃是儿子的心。因此我们呼叫：阿爸父！（罗马书 8:15）
□ 感到孤独。缺乏与上帝重要的日常亲密关系。充满自我关注。	越来越确信“上帝真的是我慈爱的天父”。
□ 为感受到的需求而焦虑：人际关系、金钱、健康。“我孤身一人，没人在乎。我并不快乐”。	信任天父，对祂的关爱越来越有信心。正从忧虑中解脱出来。
□ 生活在成功 / 失败的基础上。需要“看起来不错”和“正确”。以行为表现为导向。	学习每天生活在有意识地与上帝的伙伴关系中。没有惧怕。
□ 在上帝和他人面前感到被谴责、有罪和没有价值。	感觉到被爱、被饶恕、被完全接纳，因为穿上了基督的“义袍”。
□ 对神几乎没有信心，充满恐惧，对自己充满信心：“我必须解决它”。	每天都实际相信上帝对她生命的主权计划是充满慈爱、智慧和最好的。相信上帝是良善的。
□ 在无限的义务感下劳苦。极力讨好。身心耗竭。	祷告是第一选择：“我要先问我爸爸”。呼喊“阿爸，父亲！”
□ 叛逆。抗拒权威。心硬。不易受教。	有顺服的力量。有一颗柔软（破碎和痛悔）的心。谦卑受教。
□ 自我防御。不能好好的倾听。若被批评为“自以为是”，就会发飙（这其实就恰好证明了这一点）。	敞开接受批评，因为她有意识地站在基督的完美而非自己的完美中。能够审视自己的不信。

见续表

孤儿	上帝的儿女
我不撇下你们为孤儿…… （约 14:18）	你们所受的不是奴仆的心。 仍旧害怕；乃是儿子的心。因此我们呼叫：阿爸父！（罗马书 8:15）
☐ 需要正确、安全、可靠。不愿意失败。无法忍受批评。只能“接受”赞美。	敢于冒险甚至失败，因为他的义是在基督里。不需要靠“记录”来夸耀、保护或捍卫自己。
☐ 过度自信或自我厌恶。气馁、失败。缺乏属灵能力。	对基督充满信心，并因圣灵在她身上的工作而受到鼓励。
☐ 倾向于“我自己能行！”的态度。意志坚强，有冲劲。	“我靠着那加给我力量的基督，凡事都能作！”
☐ 在不信中的努力。在事工中只依靠自己的天赋勉强度日。	少信靠自己，多信靠圣灵——每天的、有意识的依赖。
☐ 倾向于没有感恩。爱抱怨、苦毒。有批判论断之灵。诋毁他人。	依靠圣灵来引导舌头。赞美、造就、感谢、鼓励。
☐ 倾向于指出哪里错了。经常对某些事情不满。	不会对错误视而不见，但却选择关注美好和可爱的事物。
☐ 八卦 / 爱说闲话（承认别人的罪）。需要通过批评别人来让自己觉得是对的。有“辨别的恩赐”。	能够自由地向他人承认自己的错误。发现自己经常犯错。渴望成长。
☐ 倾向于将自己与他人进行比较——导致骄傲或抑郁。	自信地站在基督里。他的自我价值来自耶稣的义，而不是他自己的义。
☐ 觉得自己无力战胜肉体。无法真正战胜自己在喂养的罪（pet sins），但却不认为自己是个“大罪人”。	当她在基督里安息时，她看到自己越来越多地战胜了肉体。 她承认自己是个“大罪人”。
☐ 相对较少地祷告。祷告是最后的手段。有时在公开场合祷告，很少私下祷告。	祷告是一天中重要的一部分，不只是局限于灵修的时间里。喜欢与天父交谈。
☐ 圣经中关于属灵能力和喜乐的应许在嘲笑他。“你所有的喜乐都去哪了？”	上帝关于能力和喜乐的应许开始成就在他的生命中。
☐ 夸耀夸口。指出自己的成就，生怕别人忽视。	发现耶稣越来越成为她谈话的主题。她可以看自己的软弱为夸口。

见续表

孤儿	上帝的儿女
我不撇下你们为孤儿…… （约 14:18）	你们所受的不是奴仆的心。 仍旧害怕；乃是儿子的心。因此我们呼叫：阿爸父！（罗马书 8:15）
□ 关注于建立行为的记录，（该记录）需要引发他人注意和捍卫。	基督的义是他的“记录”，所以他在基督里是完全的。
□ 希望别人以她的方式看待事物。需要掌控局面和他人。	成为受基督掌控的人。以圣灵的能力而不是罪性的力量去爱他人。
□ 在地位、财产或偶像（安抚奶嘴）中寻求满足。耶稣之外的其他东西会让他觉得有价值、有意义或被称义。	基督是他的粮食和饮食。上帝真正满足了他的灵魂。“有了他，我在地上别无眷恋”。
□ 缺乏分享福音的热情，因为她的基督徒生活并不是真正的好消息。往往出于义务或责任，而不是爱。	渴望看到失丧之人像她一样认识耶稣。即使没有服侍项目的外在压力，也会分享福音。

家庭作业

需在见面 48 小时前完成（以便见面会谈）

背经：

你们既为儿子，神就差他儿子的灵进入你们的心，呼叫：“阿爸！父！”可见，从此以后，你不是奴仆，乃是儿子了；既是儿子，就靠着神为后嗣。

——加拉太书 4:6–7

完成下列问题和练习：

1. 基于本课“孤儿，还是上帝的孩子?”评估表格，写下你的感想。

“收养是一种家庭概念，是以爱为基础，并视上帝为父亲。在收养中，上帝把我们带入祂的家庭和团契，使我们成为祂的儿女和继承人。亲密、喜爱和慷慨是这份关系的核心。与审判者上帝保持正确的关系是一件伟大的事情，但被父亲上帝所爱护和照顾则是更伟大的事情”。——巴刻，《认识神》，第 187-188 页

2. 用你自己的话描述一下，对你来说，属灵上的孤儿是什么样的。

3. 从“孤儿，还是上帝的孩子?”图表中，列出最符合你的五个属灵孤儿的特征。

4. 从你刚才选择的特征中挑选一个，描述你生活中最近的一个具体例子，说明你是如何像孤儿一样做出反应的。

5. 请描述最近一次，你凭着信心和谦卑，像儿子或女儿一样做出了回应。

6. 在开始本课程时，你希望上帝在哪些方面改变你？写下至少三个具体的方面。此外，请你的祷告伙伴为这些事情祷告。

我们常常认为，缺乏喜乐是我们所处环境的结果——生活中惹人厌烦的人、缺乏金钱或健康状况不佳。然而，本课信息讲了很多关于喜乐的内容，以及喜乐如何植根于基督是谁以及他为我们所成就的一切。当我们发现自己缺乏喜乐时，原因可能是多种多样的。就像加拉太人一样，我们缺乏喜乐可能是因为我们忘记了基督为我们所做的一切，并且一直在滥用律法，去强迫、蛊惑和评判他人。我们缺乏喜乐可能是因为恐惧笼罩着我们的生活，比如对未来的恐惧或对失败的恐惧。我们缺乏喜乐也可能是因为我们失败了，被揭露出自己是失败者或骗子，或受到批评和谴责的攻击。

7. 找出并描述你生活中缺乏深层次属灵喜乐的地方。你认为自己为什么会失去这份喜乐？

本课信息还专门涉及了我们寻求他人认可的需求。我们通过许多不同的方式来实现这一目标。我们努力表现得出色，以取悦家人、朋友或同事。或者，我们极力掩盖自己糟糕的表现，隐瞒全部真相。我们可能会用笑声和幽默来让别人更喜欢我们。有时，我们也会使用奉承、含蓄的自夸或沽名钓誉。我们中的一些人会退缩，变得沉默寡言，而另一些人则表现得外向而重要——所有这些都是为了”获得认可的分数”。无论如何，“寻求认可”都是为了向自己、他人甚至上帝证明我们是不错的。

8. 想一想最近你寻求他人认可的两个例子。当时的情况如何？你做了什么？

9. 当我们依赖他人的认可时，我们是如何表现得像属灵孤儿的？

10. 当你诚实地反思自己的生活时，你是否真的相信上帝认可你？请解释你的答案；试着想想正面和反面的例子。

大卫在诗篇 139:23-24 中写道："神啊，求你鉴察我，知道我的心思。试炼我，知道我的意念；看在我里面有什么恶行没有，引导我走永生的道路。"

值得注意的是，在这首关于与上帝亲密关系的诗篇中，大卫以请求上帝查验他的惧怕和冒犯神的方式（恶行）作为结尾。大卫意识到，当他寻求体验上帝为我们创造的与他亲密无间的关系时，有两个障碍特别挡住了他的去路：(1) 他的许多惧怕，(2) 他的冒犯神的方式。然而，大卫既看不到自己的惧怕，也看不到他冒犯神的方式。他需要圣灵来监察他。

同样，我们的罪就像写在背上的便利贴，别人都能看到，我们却看不到。信息讲员指出，邀请圣灵的大能进入我们生命的方法是：首先要对"我们究竟是谁"保持极度的诚实。然而，如果我们看不清自己是什么样的人，我们就需要求问神并邀请他人，对我们的生命说话，而不是本能防御性地回应。要想得到上帝的恩典，我们必须处于接受恩典的位置——谦卑的位置（参雅 4:6）。

11. 你认为属灵转化的力量来自哪里？我们如何进入到这大能中？

为第二课做预备：开始“舌头作业”

一周之内，不要：	
说闲话（或散布坏话）	为自己辩护
抱怨	吹嘘 / 夸口
批评别人	瞒骗他人
推卸责任（找理由）	

在做这项练习时，请牢记以下经文：

“污秽的言语一句不可出口，只要随事说造就人的好话，叫听见的人得益处。”（弗 4:29）

“各类的走兽、飞禽、昆虫、水族，本来都可以制伏，也已经被人制伏了；惟独舌头没有人能制伏，是不止息的恶物，满了害死人的毒气。我们用舌头颂赞那为主、为父的，又用舌头咒诅那照着神形像被造的人。”（雅 3:7–9）

阅读

我父亲的衬衫

在“为神之子”为期一周的聚会（Sonship Week）上，圣灵对我和我丈夫作工，回应了我们的许多祷告。我看到，尽管神学和教导技巧都很好，但唯有圣灵才能改变我的心。祂拆毁偶像和骄傲，重新栽种对基督的单纯信心。我意识到，我最大的罪就是不信，轻视神在基督里赐给我的一切。

在我很小的时候，有一天我看到姐姐把爸爸的白色商务衬衫挂在晾衣绳上晾干。我突然有一种想挂一件爸爸的白衬衫的冲动。他也是我的爸爸，我是他的女儿；我以孩子般的爱爱着他，并想表达出来。我够不到晾衣绳——它太高了，但我看到院子里有一辆手推车，它的把手高度正好适合我。我没有注意到它生满了锈，而是兴高采烈地把湿衣服夹在了把手上。

当爸爸回到家，看到推车上的衬衫时，他对我非常生气，并因为我弄脏了他的衬衫而狠狠地惩罚了我。我没有意识到这件事及其他类似的事情对我造成的影响。然而，在“为神之子”会议上，当我一再被定罪，自己实际上并不相信神对我的悦纳以及我与他之间关系的恩典本质，这段记忆再次浮现在我的脑海中。现在，你很难在参加了二十四小时的“为神之子”会议之后，还不意识到自己的心和其他人的心一样满了诡诈——所以我并没有把主要精力放在自己是我父亲残忍愤怒的无辜受害者上。

当我回忆起这些往事时，我发现多年来我一直不相信我在天上的父亲和我地上的父亲有什么不同。当他描述自己时，我没有听进去。简而言之，我还不相信福音，通过信心而在基督里和他完美的赎罪祭，天父现在爱我，并永远为我，以我为乐。在基督里，他让我变得美丽，并永远为他所喜悦。

第二天早上，我告诉我们的辅导员杰夫，我渐渐地开始明白了。我告诉他那段记忆，并说："我猜如果天父看到我站在推车旁，上面凉着那件被毁的衬衫，他一定会忘了那件衬衫，而拥抱我。"杰夫说："你还是没有完全理解。上帝不会忽略这件衬衫，而是把它拿去穿上，然后穿着它去工作。当有人评论他的锈迹时，他会说：'让我告诉你我的小女儿，她是多么爱我。'"我被这句话深深打动了。

我开始意识到，我的基督徒生活一直都在努力通过"把衬衫挂好"来赢得上帝的喜悦。如果我的祷告是正确的，上帝就会应允我。如果我的神学是正确的，上帝就会对我微笑。因为我知道我的行为是如何日复一日地失败的，所以我就悄悄地把它们挂起来，试图在上帝回家的时候逃离，可以这么说。会议上有人说过一句话，似乎适用于此。他说："上帝不会轻视那些仰望耶稣的罪人所带来的有瑕疵的爱的礼物。"我的整个基督徒生活都是压抑的。我不知道怎样才能活一天不被失败感所淹没的日子，并达到我所认为的上帝的要求。随之而来的是一种上帝对我失望甚至厌恶的感觉。现在我意识到，因着基督，我每天都能体验到走出去进到他人生命中的自由，这是多么令人震撼啊。我可以爱他人。我可以全心全意地顺服上帝，因为我不用担心惧怕，如果我让"衬衫变得锈迹斑斑"，他就会对我大发雷霆。我感受到了爱的自由，这是自从很久以前父亲回家前的那一刻开始就未曾体会过了。

我一直在想"锈迹斑斑的衬衫"和才干的比喻。这两个仆人爱他们的主人，相信他美好的旨意，积极地为他服务。他们没有被驱使，但他们相信主人的为人（忠实和慷慨）这一事实促使他们尽其所能地使用才干。然而，是律法主义者——把主人视为一个残酷的人——隐藏了自己的才干。我的不信使我埋没了才干。我的天父甚至以锈迹斑斑的衬衫为乐，正是这一事实打动了“我这颗最铁石心肠的心”，使我真正渴望过一种有规律的生活，去寻求他，找到他，并靠着他在我里面工作的能力，过一种以爱来表达信心的生活。

更新：五年之后

很难相信，我和丈夫参加“为神之子”会议已经五年了。在我们参加会议之前，我一直在努力成为一个”虔诚的”基督徒母亲和妻子，这让我心力交瘁。我总觉得我必须成为一个（比过去的自己）更好的人，上帝才会悦纳我。我一直在努力不辜负基督为我所做的一切——这样，天父才不会后悔拯救了我，让我成为他的孩子。我丈夫和我都很努力地想要拥有敬虔的婚姻，成为敬虔的父母。在我们的脑海中，有一幅我们的家庭应该是什么样子的理想图景。但现实却大相径庭。很快，我们都成了对手。我的丈夫觉得，我对他缺乏尊重和爱，毁了他获得敬虔婚姻的机会。我觉得，如果他能更爱我，更好地带领我们的家庭，那么我就能尽自己的本分尊重和肯定他。孩子们似乎执意要摧毁我们成为耐心、和蔼可亲教导者的决心。我们因此而怨恨他们。

那么，“为神之子”训练是如何对我们的生活产生持久影响的呢？它向我们清晰地展示了福音信息：基督为罪人（就像我丈夫、我们的孩子和我）而死。祂付出代价，同水平地来靠近我们，拥抱我们的一切。第一个直接影响就是减轻了我们的压力。我和丈夫能够悔改，原谅彼此的挑剔和对对方的要求。我们可以把对方看作是同被饶恕的罪人。我们也开始学习接纳我们的孩子，并向他们展示耶稣是唯一将我们从罪恶中拯救出来的人。长期的影响对我们来说至关重要，因为我们必须处理孩子们的特殊需要——身体、精神和情感上的需要。

在参加“为神之子”之前，我们认为我们必须要有条不紊的行事。我们必须知道该做什么，并且能够做到。然而，认识到上帝会在我们需要他的地方与我们相遇，这是多大的安慰啊。我不必知道，我可以问。我不必假装坚强，我可以软弱地来到他面前。我可以承认自己的软弱，承认自己最严重、最残忍的罪，并请求他人为我们的孩子和我祈祷。正是在这里，我们看到无数因我们的软弱和罪恶而产生的具体祷告得到了回应。我们的需要是通向上帝的一扇窗户，而不是让他厌恶我们的障碍，知道这一点是多么令人喜乐啊！我们还有很多东西要学，特别是关于上帝在耶稣里对我们的爱。我们会本能地跌倒，但我们总是知道该回到谁身边。这与我们最初的救赎一样，带给我们巨大的改变。

（摘自一位参加“为神之子”周会议的与会者写的一封信）

勾选已完成的作业：（勾选后，可与导伴预约时间）

- ☐ 聆听信息 1
- ☐ 招募一位祷告伙伴
- ☐ 背诵加拉太书 4:6-7
- ☐ 完成作业
- ☐ 阅读“我父亲的衬衫”
- ☐ 阅读加拉太书全书

Session

2

渴慕义

我们喜欢掌控一切。我们沉迷于责任、秩序、我们的权利、我们的方式以及外在表现。我们可能表面上道德高尚，但内心却充满焦虑、恐惧和负罪感。正如本课信息的讲员所说："多年来，我听见福音的话语，却从未听到过福音的音乐"。

本次目标

- 看清我们偏离福音、过孤儿生活的倾向；
- 发现我们生活中试图建立自我之义的地方，特别是通过误用我们的舌头；
- 看到我们每天对耶稣的需要，以及我们对改变自己的无能。

阅读讲章

孤儿成为儿女

罗丝·玛丽·米勒（Rose Marie Miller）

我每天都需要福音。

I.背景

我们每天都需要福音。我之所以每天都需要福音，是因为我叫罗丝·玛丽·米勒，我是一名正在康复中的法利赛人。我喜欢掌控一切；沉迷于责任、秩序、我的权利、我的方式和外在表现。外表道德高尚，内心却充满焦虑、恐惧和负罪感。我不明白恩典；我不认识上帝，甚至不了解自己。多年来，我听到福音的话语，却没有听到福音的音乐。

我花了很长时间才听到福音的音乐。我们家庭的背景，确实会影响我们的生活，以及我们被抚养的方式，而被抚养的方式又会助长天生的成瘾。我从始祖夏娃的原罪模式，加上从亲生父母学到的，塑造了这些瘾头。我的父母是德国人，他们都来自德国和德国社会。我上的是德国学校，所有的朋友都是德国人，三岁前只会讲德语。为了帮助你更多认识我，不瞒你说，我开始讲的第一句话是“让我来！”

多年以来，我的母亲变得愈发偏执 / 精神分裂；我妹妹是弱智；我的父亲是非常有耐心、非常忠诚的人。从某种意义上说，我母亲的偏执狂控制了我们和我们全家。从另一方面来说，我们都齐心协力去控制她。所以控制助长了成瘾。她变得越来越暴力，有自杀倾向，这对我妹妹产生了巨大的影响，几乎要了她的命。我们为此付出了巨大的代价，所有的朋友都不再来我家，我们也不再和母亲一起去公共场合。

我是如何应对的呢？我建造了孤立的城墙来保护自己免受痛苦。有趣的是，这些墙给了我一定程度的满足感，因为我不必去面对母亲的样子。我们从未谈论或处理过自杀的问题。

有一天，我们所在长老会的牧师说了一句奇怪的话："如果你不知道自己是罪人，就不可能成为基督徒。"我想："这就奇怪了，我是个基督徒，却不是个十足的罪人啊！"

然而，就像詹姆斯·博爱斯（James Montgomery Boice）举的例子，他说："埃及有一座古城底比斯，有人来到这座城市，到了一间盖在 80 英尺高柱上的房子。他们问：'这房子怎么会盖在这么高的地方呢？'这是一座非常古老的城市，有许多宏伟的建筑，但随着岁月的流逝，沙子随风吹动，很快覆盖了整个城市。有一天，有个农民想在好地基上盖房子，他终于找到一块坚实的地基，在上面盖起房子。然而风沙再次吹动，经过多年，这间房子最终竟然坐落在 80 英尺（24 米多一点）高的柱子上！

很多时候，这就是我们建立生活的方式。我们以为自己在坚实的基础上建立最佳记录、声誉、别人对我们的看法，至终却是建立在 80 英尺高的空中！

我的生活开始随着风沙变化，最终立在 80 英尺高的柱子上。杰克和我结婚时，我们有很明确的目标：上帝给了我们一个家；我们对祂送来的家很满意；我们要按照上帝供应的一切所需去生活；我们不会负债；我们要让杰克完成学位。在最初的十年里，我们就是这样做的，而且一切顺利。

如果你是个有秩序的人，会喜欢可预测性。你不喜欢惊喜或事情以你无法掌控的方式发展。生活就像一条运河：你知道从哪里开始，在哪里结束，并看得到两边。杰克在一所基督教学校任教十年并攻读博士学位，之后进入牧职事奉。对我来说，那完全是不可预测的。我如今是在一条河上，而不是在那条安全的运河上。对我最具破坏性的是，我扮演了伪装的角色，并成为自觉的受害者。我不知道可以去找上帝，不知道有恩典，不知道有圣灵。我开始扮演受害者。

我们当时住在气候炎热的美国加州，有位蛮富裕的朋友来看我。在华氏 107 度 / 约摄氏 41 度的高温下，我们家没有任何冷气设备，甚至连风扇都没有！她对我说："罗丝·玛丽啊，你不应该过这样的生活！"我想，"她说得对，这都是杰克的错。"我开始疏远杰克，我和他的人生目标不一致。当时植堂的形势非常困难，我没有能力处理自己的生活，更不用说为他提供什么。现在我再也没有安全感了。于是，在这种内心的孤立中，我压抑自己的愤怒，没有谈及这些事情。我变得郁郁寡欢，表面上恪守职责，去做礼拜，待人热情好客，但我不爱任何人。

丹尼斯·雷尼（Dennis Rainey）写了一本《孤独的丈夫，孤独的妻子》(*Lonely Husbands, Lonely Wives*)，他在书中评论道："自创世之初，孤独和疏离就一直存在。但在过去的三十年里，人们一直在歌颂、写作、研究它，并随着进入下一个世纪，更是来势汹汹。"

葛培理（Billy Graham）说，他要解决的首要需求是疏离问题。你可能在人群中、在忙碌行事中，仍有与上帝疏离的感觉。

三年后，也就是 1962 年，我去看医生，对他说："我无法掌控自己的生活。"他给了我一些安定剂，我睡了三天之后，把这些药都扔掉了，因为这并没有改变我的心。杰克知道我的处境不妙，但我们还是无法谈及此事；以我们两个人的背景，就是没法向彼此敞开心扉。他离开植堂事奉，虽然阴影消散了，但还是没法改变我的心。我们确实认为，如果我们没有压力，草会更绿……没有压力，生活会更好。然而消除压力并没有办法改变我们的心，上帝必须介入并从中动工。

Ⅱ. 1964年—搬到美国费城

1964 年，我们搬到费城，杰克在那里完成神学院的学业，在乡下一间教会担任牧师，并开始在神学院任教。1970 年，他从神学院和牧养的教会辞职，我们去了西班牙，他在那里专注研究上帝的应许，这对他的生命产生了革命性的影响。福音的信息以及其改变生命的力量，像野火般蔓延在巴克斯郡（Bucks County，在宾州）。我们开始带人到家里一起住，我也愿意这样做。

所以我们收留了一些人，杰克给他们福音，我给他们律法："履行你的职责就可以留下来，不履行职责就得走人。"我开始走出向下的疏离状态，并获得成功。但上帝知道仍有一颗心需要认识祂。1972 年，在墨西哥，女儿芭芭拉宣布她不想再与我们、与上帝或与教会有任何瓜葛。在接下来的 8 年里，她过着放荡不羁的生活。这是上帝深挖的开始，祂夺走了我自以为是的优势。

我向来做好外在的事情，我对子女尽了很多外在职责：教他们礼貌、如何去爱、如何游泳、如何阅读、如何一起玩耍，这是我的全部生活；表面上看，我在这方面很成功。然而，这些所有努力而得的自豪感全都消失殆尽了！眼睁睁看着它消失是这么困难，这么痛苦。

当你感到与上帝和丈夫疏离，毕生的努力就在你面前坍塌时，实在太可怕了。在我们家三年来收留了许多人后，日子变得越来越不好过。杰克和我向来对收留什么人意见一致，但有一次我们意见不一，我知道我做不到。然而，由于当时的情况，我们还是收留了这个人，但他没有尽本份，我们却不能要求他离开。所有外在的善行都变成内在的仇恨。我第一次面对上帝的律法，知道自己守不住。我没有能力去爱另一个人，尤其是那种根本不符合我秩序的人。

我期望杰克能让住在我们家的所有人都变得圣洁，让我感到开心。你猜怎么着？他没有。我们收留了另一个来自田纳西州的女孩，她有很多严重的个人问题。我们带她去田纳西州，和她的家人一起聊天。有天傍晚，在暮色中，杰克和我在湖边散步，我根本不知道自己的内心是怎么回事，只是对杰克说："我不知道是否有上帝，或祂是否存在。如果祂存在，祂只不过是我生命背后的一片乌云。"杰克什么也没说，我只是牵着他的手往回走。这可能是我有史以来第一次非常诚实的内心话；上帝希望我们诚实正直。

III. 1975年—马丁·路德的注释书

我们回家后，抄写了马丁·路德（Martin Luther）的《加拉太书注释》序言[1]。我认为杰克是不情愿这么做的，他通常只把这些内容给那些永远无法改变自己生活的人。我读了这些内容，无法理解。我不停地读着，一直在想着我应该能从中理解的道理。然而，我所能看到和理解的是：主动的义——我所能做的。如果我做得好，那很好；如果我失败了，就很糟糕。

上帝在向我展示什么？我在"如何爱别人"方面全然无助，也没

1 马丁·路德《加拉太书注释》，Kregel Publications 出版，Grand Rapids，MI, 1979 年，第 xi-xviii 页。另参看马丁·路德《罗马书讲义》，The Westminster Press 出版，Philadelphia，PA, 1961 年。另参看马丁·路德《基本神学著作》，提摩太·卢尔（Timothy F. Lull）编辑，Augsburg Press 出版，Minneapolis, MN, 1989 年，特别是标题为《两种义》这一章。

有办法去救自己的女儿芭芭拉；这是我人生的最低谷，我是火圈中的毛毛虫。马丁·路德和伊拉斯谟·米德尔顿（Erasmus Middleton）曾就恩典的本质进行过辩论。伊拉斯谟说，恩典是两个父母站在两侧，帮助蹒跚学步的孩子走过房间。路德说："不，恩典是火圈中的毛毛虫，惟一的解救是从上面把我们拉上来，拉出去。"

1976 年，上帝准备进入我的心。我和杰克在瑞士参加一个会议，我当时开始在思考自己与父母的关系，并对这一切以及代代相传的罪感到困惑。杰克正在讲论"为神之子"，他和另一位讲员对恩典以及它在家庭中的应用感到兴趣盎然，这引起我的兴趣。我不知道什么是信心，而且很自以为是。我前往阿尔卑斯山滑雪，山上冰天雪地。由于"我总是知道该怎么做"，遂开始从山上往下滑了又滑，脱下滑雪板，从山坡上飞冲下去。然后花了两个小时才回到缆车上，找到滑雪板，艰难地往回走，并把我的悲惨经历告诉了杰克。

我想知道为什么上帝让我这么做!？都怪上帝！星期天下午，杰克在传讲"为神之子"。守圣餐时，突然间，我把整个滑雪事件看作是我一生的写照。我本可以顺着上山的路下山的，但"做 doing"根植在我的灵魂深处。当杰克擘饼时，圣灵对我说："你就是那个拿着长枪刺入耶稣肋旁的人，因为你犯了自以为是的罪、极度自我中心、以为没有上帝也能活着。"

然后我开始理解被动的义（passive righteousness）。有一种义，我所做的任何事情都不会玷污它，因为它保留在天上，是用耶稣的宝血换来的。我被征服了，事后去找杰克，请他原谅我所有的苛求、自以为是和咄咄逼人。一首歌在我脑海中响起："除祢以外，天上、地下、海中，都没有别的羔羊、别的名字、别的希望；也没有别的地方可以躲避内疚和羞耻。"别无他法！祂就是道路、真理和生命。那天我坐在那里时，就明白了。

新的自由和深深的喜乐进入我的生命，我仍然不知道该怎么做，但上帝的饶恕已经渗入我生命的核心，以致于我可以原谅母亲，并请求子女的原谅。这是个开始。

IV. 1979年—乌干达

1979 年，杰克决定去乌干达。〔编者按：自 1974 年以来，难民一直住在米勒家，并得到教会的照顾。一封来自乌干达的信，邀请杰克到乌干达，在坎帕拉（Kampala）建立一间教会。〕我满怀恐惧，和他一起去了乌干达。70 年代乌干达的独裁者阿敏（Amin）被驱逐出境，人民走投无路，恐怖的屠杀事件时有所闻，到处都是住在市场上的孤儿。早上起来就会看到尸体横陈在地上，实在令人不安。

当你像是身处一条河，船翻了，没有支撑物的情况下，就会转向内心，试图找到解决办法。耶稣将我带回了十字架。杰克要在一间圣公会教堂讲道，尽管这是值得庆祝的日子，我还是怀着沉重的心情前去，想弄清楚自己要如何适应这一切。教堂的窗户都被炸毁了，我望着美丽的天空，心想："我能爱任何人吗？我能爱这些人吗？"当我领圣餐时，耶稣以更完满的方式回到我的生命中，饶恕了我的刚硬，赋予我力量去爱。

全村的人都被邀请参加庆祝晚宴，我记得当时在想："这些人多么美丽，我多么爱他们啊！"这种意念是从哪里来的呢？它来自耶稣和十字架。

在回去的路上，我们去了一间茅草屋顶的小泥屋。有位老妇人为我们端来百香果汁。她因阿敏的缘故失去了孩子和丈夫，而她是我见过最甜美可爱的人。我们一起领圣餐，上帝给了我一幅恩典的画面："这是我的恩典所能做的，也是我的爱所能做的。"

之后，我们去看望一位差点死于心脏病发作的朋友。多么美好的一天，基督满足了我内心最深处的需求，让我去感受、去认识和理解祂的饶恕，并用爱来表达！我一再忘记祂的恩典！我们必须一而再地听到它，直到它深入我们的生活。

我们去肯尼亚的蒙巴萨（Mombasa）休息和放松。对我来说，休息和放松就是忘掉乌干达的工作，享受美好的时光。对杰克来说，就是晚上六点出门，去广场上向穆斯林做见证。这很好……杰克，你做你的，我做我的。于是我坐在长椅上，看着船只驶入港口。杰克开着装有麦克风的小货车，宣教士们正在与人建立联系，发给他们传单。突然，我听到扩音器里传来："现在我的妻子要告诉你，基督徒婚姻是怎么运作的！"我想："杰克啊，你这样做，我们这段基督徒婚姻可能就此结束啦！"但是责任感占了上风，我起身说了几句话就坐下了。在那个时候，我对基督徒的婚姻几乎没什么可说的。杰克又请我起身，我很生气！之后，我感到内疚和沮丧。那是一段美好的时光，但那个阴影还在，而且我们仍然无法说穿这个问题。

V. 在瑞士大坝决堤

从回瑞士的家之后，我的生命之坝决堤了。走在苏黎世（Zurich）的街道上，我开始哭了起来。在车里，我不停地抽泣。我怎么了？为什么这么难？杰克说："罗丝·玛丽，你表现得像个孤儿，好像圣灵从未降临，从未教导你，从未帮助你。"我想："他说得对，我对圣灵一无所知。"我向主说："教我，我不知道如何受教，教我！"

我带着深深的饶恕和喜乐回家。距离芭芭拉在墨西哥跟我们说那些话已经过了八年，我就是无法和她分享心声。她如今和安吉洛结婚，住在加州。我告诉她杰克在瑞士对我说的话，她沉默了一会儿，说："妈，我就是这样的人。"那是我与女儿的第一次坦诚交流。我们都是浪子，她去了"远方"，我则留在家里的"门后"（参路 15:11-31）。几个月后，他们都得救了，搬回家和我们同住。

四个月后，我又去了乌干达，真的很想去！这不就是恩典吗？当我们放弃人为力量、计划、决定、想法和工作的所有希望时，恩典就会到来。上帝的恩典和福音必须改变我们，否则我们就会回到人为的力量。恩典总是伴随着对罪更深的认识而来，这就是恩典的丰富之处。（参罗 5:20）

我生命中的危险信号之一是，当我想："今天我一切都很好，今天我真不太需要基督！"相信我，每天我都需要基督！

我喜欢待在运河里。上帝知道如何锤炼我的生命，让我达到人为力量的尽头，使我可以再次尝到祂的恩典。

用一份作业来结束似乎很奇怪。这份作业只是要告诉你，这是多么难以遵守，所以你真的会呼求恩典（见舌头练习）。让这成为一次恩典的冒险吧！看看我们多么频繁地用舌头做坏事！它反映了我们内心的想法，而这就是要告诉我们，我们心中是多么需要恩典之泉。

7 天挑战：舌头作业

一周之内，不要：	
说闲话（或散布坏话）	为自己辩护
抱怨	吹嘘 / 夸口
批评别人	瞒骗他人
推卸责任（找理由）	

在做这项练习时，请牢记以下经文：

“污秽的言语一句不可出口，只要随事说造就人的好话，叫听见的人得益处。”（弗 4:29）

“各类的走兽、飞禽、昆虫、水族，本来都可以制伏，也已经被人制伏了；惟独舌头没有人能制伏，是不止息的恶物，满了害死人的毒气。我们用舌头颂赞那为主、为父的，又用舌头咒诅那照着神形像被造的人。”（雅 3:7–9）

家庭作业

需在见面 48 小时前完成（以便见面会谈）

背经：

你们既为儿子，神就差他儿子的灵进入你们的心，呼叫：

"阿爸！父！"可见，从此以后，你不是奴仆，乃是儿子了；既是儿子，就靠着神为后嗣。

——加拉太书 4:6–7

完成下列问题和练习：

1. 你的"舌头作业"完成得如何？写下一些你失败的地方。如果你感觉自己没有失败，请说明你的想法。

舌头的作业有助于向我们显明，我们的确每天都需要福音。它还表明我们是多么急于为自己辩解——我们是多么希望自己看起来是好的，是正确的。它显明，为了自己的义，我们会多么迅速地伤害他人。我们的舌头反映了更深刻的事实。它们向我们显示在我们的舌头下面隐藏着更大的东西。"因为心里所充满的，口里就说出来。善人从他心里所存的善就发出善来；恶人从他心里所存的恶就发出恶来。"（太 12:34b–35）舌头是内心的细微延伸；它揭示了我们所信的和我们向谁委身。举个例子，假设你眺望大海，看到一个小黑点在水面上来回移动。从远处看，它并不特别大，也不危险。然而，如果你就在它旁边潜水，你就会看到黑点下面藏着什么——一条巨大的杀人鲨！我们的舌头就像那些细小的鱼鳍，下面隐藏的是我们的心，我们的心深深地委身于我们自己的义。

2. 为什么遵守“舌头作业”是如此困难呢？

滥用舌头表明我们对天父缺乏信靠。举个例子，找借口和推卸责任显示出一种受害者心态，也揭露了我的内心态度——不相信我的天父在掌管和保护我。因此，我必须自我保护，并寻求同情的盟友来帮助我。同样，抱怨的言语也暴露了我不喜欢天父掌管和运转我世界的方式，我可以靠自己做得更好。夸夸其谈的言词，是在向我的孤儿式成功致敬：“看看我在做什么（或做了什么）。”言下之意是，我基本上是靠自己，不需要天父（的帮助）。我口中所出的一切话指向我心中更深、更可怕的现实——一个属灵孤儿的不信和骄傲。

3. 回想你本周一次舌头上的失败。它是如何揭露出你里面不信的孤儿特征的？请解释你的答案。

我们的舌头也会显示我们在属灵上有多么骄傲和自义。例如，我挑剔的舌头常常暴露出我的内心，它与我所领受的恩典、爱和宽恕严重脱节。我之所以知道这一点，是因为我的口中溢出的不是爱，而是一种比别人更好、比别人更懂的心态。我是对的，他们是错的，我需要指出来，让大家都清楚这一点。我抱怨，因为我知道我是对的，其他人都是错的。同样，我本能的防卫和不能真诚、迅速地道歉，也表明我没有真正信靠基督来成为我的名誉和公义。我必须在他人面前保持良好的表现记录。我需要别人知道我比他们所想的要好（而事实上，我可以有把握地说，我比他们所想的要更糟糕）。这些及其他的失败证明，我是多么容易偏离福音的生活。

4. 再次思想你的一次舌头失败。它是如何揭示你的自义和自我辩护的？

耶利米书 2:13 说：“因为我的百姓做了两件恶事，就是离弃我这活水的泉源，为自己凿出池子，是破裂不能存水的池子。”这句话很好地描述了我们滥用舌头时的生活。当我们说闲话、抱怨、为自己辩护、夸耀和批评他人时，我们就离弃了作为活水泉源的基督，并开始挖掘自己的水井。驱动所有这些罪的是一颗拒绝基督之义、寻求建立自己之义的心。驱使我口若悬河的，是我想要“自己是对的”渴望。驱使我自夸和挑剔的，是我背离上帝的心。耶稣的义是不够的，所以我要用我的舌头来获取我的价值、意义、生命和义。

5. 当你滥用舌头时，你认为你的内心在寻找什么？为什么？

6. 你认为福音的真理能如何改变你使用舌头的方式？对你来说具体是什么样的？

本课讲员谈到了她爱掌控，以及对责任、秩序、她的权利和外在表现的沉迷。很多时候，我们与他人的互动会揭示这些东西在我们自己的生活中是多么普遍。我们对那些难以融入我们的世界的人的反应，往往显示出我们内心中的不信。上帝可以利用他人将我们带到力量的尽头，吸引我们归向他，让我们再次品尝他丰富的恩典和爱。

7. 当上帝在你的生命中安排了一些人，他们不符合你的计划，让你感到失控，或者打乱了你的做事方式，你会如何应对？

8. 除了基督以外，你还期望或曾经期望谁或什么能让你快乐或满足？请举一个例子。

讲员还谈到了她与叛逆的女儿之间的心灵交流。她向女儿讲述了自己在生活中是如何受到罪的挑战，以及神现在在她生命中做的工作。

9. 你认为这是与他人相处的好模式吗？分享自己的软弱会如何影响你与他人的关系，尤其是与亲近的人的关系？

阅读

论领受之义

这是马丁·路德《加拉太书注释》序言的转述和节选。在原著中，路德把基督通过信心赐给我们的义称为“被动的义”(passive righteousness)。在本篇译文中，我们更新了这一说法，使用了“领受之义”这一用语；但其含义保持不变。

我们必须不断地教导这“因信称义”的教义，以免撒旦再次把教会带入行为的教义和人为的传统中。由于我们面临着来自各方面的巨大压力——撒旦、我们的罪性以及其他无数的试探——对这一教义的教导和使其更加深刻永远也不会嫌多。一方面，如果失去了这一教义，那么一切就都失去了——真理、生命和救赎。另一方面，如果我们热爱这一教义，那么一切美好的事物都会蓬勃发展——对上帝真正的爱、上帝的荣耀以及基督徒生活所需的一切知识。

领受之义的美

这个世界上有许多种类型的义。然而，最伟大的义是信心的义或领受的义，它是上帝通过基督赐给我们的，我们在中间没有做一件事。这种奇妙的义不是政治上的、礼仪上的或文化上的义。它也与我们是否遵守上帝的律法无关。它与我们的所作所为或努力工作无关。它只是作为礼物给予我们的，我们不需要为它做任何事情。因此，它被称为“领受之义”，因为我们不必为之付出任何努力。它之所以被称为信心的义，是因为它不是我们做工而得来的义，而是我们凭信心领受的义。

领受之义是不认识耶稣的人无法理解的奥秘。事实上，基督徒并不完全理解它，也很少在日常生活中好好从中获益。因此，我们必须不断地反复教导他人，并重复地告诉自己，因为如果我们不理解它，不将它铭记于心，我们就会被仇敌打败，变得无力和灰心。

所领受的义是良心的极大安慰和灵魂的平安。例如，当我们清楚地看到上帝的律法时，我们很快就会看到自己的罪。我们生命中的罪恶浮现在脑海中，它会撕裂我们，我们叹息呻吟说："我不敢相信我又做了那样的事。主啊，我保证不会再犯了。"因为当我们陷入困境或良心不安时，魔鬼喜欢用律法让我们害怕，他试图把罪的羞愧、邪恶的过去、神的愤怒和审判以及永恒的死亡加在我们身上（攻击我们），使我们绝望，让我们成为他的奴隶，并把我们从基督身边夺走。此外，他还想把福音中基督要求我们行善的部分来与我们对立起来，并用直白的语言威胁说，如果我们不行善，就会遭到诅咒。

除非抓住领受之义，否则这颗不安的良心就无法治愈绝望。因此，当我看到一个人因律法而遍体鳞伤，因罪而惶惶不可终日，渴求解脱时，是时候把律法和主动的义从他的视线中移开，向他展示领受之义的福音，它提供了基督的应许，即他是为受苦受难的罪人而来的。这样，这个人就复活了，有了新的盼望，因为她不再在律法之下，而是在恩典的福音之下。

因此，当我们感到恐惧或良心不安时，就表明我们所领受的义是在视野之外，基督被遮住了。但是，当我们真正看见基督时，我们在主里就会有极大完美完全的喜乐和平安，我们就一定会想："虽然就律法来说，我是个罪人，但我并不绝望。我不死，因为基督活着，他是我的义，也是我永生的生命。虽然我作为亚当的儿女，在今生是个罪人，但我有另一个生命，另一个高于此生命的义，就是在基督里的义"。

我们如何获得这种义?

那么,我们是什么都不做吗?我们不做任何工作来获得这种义吗?

我的回答是:什么也不做。这就好比:大地并不生产雨水,它也无法靠自己的力量或工作获得雨水。大地只是接受雨水像从天上来的上帝的礼物。领受的义也是一样。这是上帝赐给我们的,我们不配得到它,也不需要为之努力。所以,看看大地能做什么来获得每季的雨水,以至于结出丰硕的果实,我们就会明白,我们靠自己的能力和工作能做多少事来获得属天和永恒的义。

我们看到,除非上帝亲自通过他儿子的伟大礼物,将耶稣完美的记录和耶稣完美的义赐给我们,否则我们将永远无法获得它。因此,正如我们已经有了地上亚当的形象,我们也将有天上亚当的形象。我们将成为新世界中的新人,在那里没有律法,没有罪恶,没有悔恨,没有良心的刺痛,没有死亡,只有完美的喜乐、公义、恩典、平安、救赎和荣耀。

从领受之义中产生的顺服

保罗在这封信中孜孜不倦地教导我们,安慰我们,让我们不断认识到这属于基督徒的伟大之义。因为如果我们唯靠基督称义的真理失落了,那么所有的基督教真理也都失落了。在"领受的"义和"赚取的"义之间没有中间地带。游离于"领受的义"之外的人别无选择,只能靠"赚取的义"(earned righteousness)生活。如果他不依靠基督的工作,他就必须依靠自己的工作。因此,我们必须教导并不断重复这种"领受的"或"基督徒的"义的真理,使基督徒继续坚持这一真理,永远不要把它与赚取的义混为一谈。教会就是建立在这一真理之上的。

现在，当我有这义在我心中掌权时，我就像雨水一样从天而降，使大地硕果累累，也就是说，我进入了一个新的国度，无论何时何地，只要有机会，我就会行善。总之，凡是确信基督是他唯一之义的人，不仅会愉快地、欣然地、出色地做他的工作，而且必要时，还会带着爱而甘受今生的各种重担和苦难，因为他知道这是上帝的旨意，并且上帝因他的顺服而喜悦。

勾选已完成的作业：（勾选后，可与导伴预约时间）

- ☐ 聆听信息 1
- ☐ 背诵加拉太书 4:6-7
- ☐ 招募一位祷告伙伴
- ☐ 完成作业
- ☐ 阅读“论领受之义”
- ☐ 与我的祷告伙伴更新进展

Session

3 领受之义

为什么教会在诚实上有问题？如果我们必须依靠我们所能做的来使自己得到上帝的认可，我们就不能正视我们的罪。事实上，看不到我们的罪与我们息息相关。不太诚实对我们“有利”。它太具有威胁性了。然而，正是基督的义记入了我们的账户（即领受之义），我们才得以坦然面对自己的挣扎和罪恶，而不被它们压垮。除非我们凭信心抓住这一点，否则诚实就太难、太可怕了。伪善只有一步之遥。

本次目标

- 理解“领受之义”的概念；
- 让因信称义的真理以实际而具体的方式影响我们的生活；
- 看见我们的称义如何释放我们去诚实地面对自己。

阅读讲章

上帝被动的义

约西亚·班克罗夫特（Josiah Bancroft）

“我得以站在上帝面前成义，不是因为我做了什么，
而是因为另外的‘某一位’做了什么。”

Ⅰ. 导言：“舌头作业”

在我们开始谈论主动和被动的义（有时称之为上帝被动的义）时，我需要你们每个人先做一份作业；这份“舌头练习”作业，会让你们在很短的时间内，将这个群体变成你所见过最好的群体。我来告诉你这份作业是什么，亦即，在本周内不要做以下任何事情：

- 不要说闲话或散布坏消息（即使是在祷告中，那是我最喜欢做这种事的时刻）；
- 不要抱怨；
- 不要怪罪他人（即使是你的配偶）；
- 不要为自己辩护，不要自夸。

现在我知道我可能已经夺走你最好的王牌，我知道我已经失去我的，但我相信你会意识到这不是虚构的作业，这些事情确实是上帝话语中的吩咐。（参太 12:36-37；弗 4:29；雅 1:26）我要你做的，是竭尽所能，看看本周内是否都能做到。顺便说一下，上述几项都是负面的事情，我们要加上正面的事情：

- 要向人做见证；
- 要肯定和鼓励他人；
- 要不断表达感谢和赞美。

有一年，我有幸请一群西伯利亚人做这份作业。杭特·多克瑞（Hunter Dockery）和我去西伯利亚的新西伯利亚（Novosibirsk）、巴尔瑙尔（Barnaul）、克麦罗沃（Kemerovo）和托木斯克（Tomsk）等地，与一些植堂者一起配搭服事，那是一段美好的时光。他和我在西伯利亚与一群俄罗斯牧师一起度过两个不同的一月。

我还记得当中有个人名叫伊万（拼写为I-v-a-n，那是当地的发音）。在巴尔瑙尔的一个小房间里，伊万在我右侧大约四分之三的位置，当我分发这份作业时，看到他表情坚定，是这些人当中一位安静的领导者。你会看到其他人围在他身边。到了周末，当每个人都回来时，我问了这个问题："有人全部做到了这份作业上的要求吗？"伊万看起来很得意，就像是吃到奶油的猫。你懂我的意思吧？他脸上带着平静而自信的微笑。他们都看着他，微笑着点头，我说："伊万，你做到了吗？"他说："是的，我做到了。"我说，"伊万，你是我见过第一个做到的人，你是怎么做到的？"他说，"我直到此刻才开口说话。"我说："那很好，伊万，但我希望你记住，这只是作业的一半。那些正面的事情呢？"他笑了，我们也笑了。这份作业的重点是要告诉你，你需要基督，需要不属于自己的义。我相信这会有所帮助，在你与之挣扎时，也会带给家人祝福。

II. 四个诊断性提问

我想把大家的注意力转向几个提问上，这些提问将建立我们如何看待基督的义，以及主动和被动的义。我想，你们可能已经听过如下这两个提问：如果你今晚死了，站在上帝面前，你确定祂会带你进天堂吗？你以前听过这个提问吗？我敢肯定，你们当中有人受过“三元福音倍进布道”（EE-Evangelism Explosion）培训。我在传福音时也经常使用这个提问。第二个提问与此相似：如果你今晚站在上帝面前，祂对你说，杰夫、苏西、弗雷德，我为什么要带你进入我的天堂，你认为你会对祂说什么？这是两个很有用的提问，顺便说一下，如果你对这两个提问的答案有任何疑问，我们很乐意跟你谈谈。但这些都是很有用的诊断性提问。为什么？第一个提问告诉我们，你的生命是否有保证；第二个提问告诉我们，这种保证的根据是什么。

我认为还有两个提问，你应该不时地问自己。其中一个是：上帝现在怎么看你？当耶稣在天上掌权，当祂将注意力从行星的运行和管理世界，转移到查看你的生活时，祂对你会是什么看法？会是什么态度？我们甚至可以问：当祂凝视你和你的生活时，脸上会是什么表情？第二个提问是：你可以做什么来改变这种情况？你可以做什么来改变祂对你的看法？我认为这两个提问为我们指出方向，有助于我们审视主动和被动的义。事实上，除非你相信基督已经为你做了足够的事，否则你很难从情感上诚实地回答这些提问。

我问他们的原因是，我相信在基督徒的生活中，上帝是我们的天父。但如果我想经由观察大多数基督徒的生活，来推测上帝的真正属性，就会不得不告诉你，我对祂作为天父的看法可能会是非常糟糕的。对某些人，如果他们是我对上帝父性的惟一了解管道，我会认为上帝是遥远、严厉、永远难以取悦的。从另一些人身上看到的，我会认为上帝是彻头彻尾的虐待狂，因为他们对祂有某种错误的恐惧感。你们当中有些人像我一样，做了多年的牧师，当你走进一个家庭，看到孩子们在父亲回到家时对他产生的莫名恐惧感，会让你想知道这个家里到底发生了什么事。我经常想，当人们走进教堂，听到我们生活上所说的甚至比嘴上所说的还要多，他们一定想知道，我们所事奉的，到底是什么样的上帝？祂这么遥远，这么难以取悦，天堂如此有盼望却离这个世界如此遥远。我们事奉的是怎样的上帝？或者说，我们的生活对我们所事奉的上帝，到底说出了什么？

III. 两种义

我的心在上帝面前需要确据，我认为，明白上帝被动的义是什么，可以让我的心在祂面前有确据。请大家一起翻开罗马书第三章，在这里，我想指出，我们使用主动和被动的义这些词，实际上是引用马丁·路德在《加拉太书注释》序言的宣言。这个宣言印在《为神之子》第二课，我鼓励你去阅读。有时人们会感到困惑，以为我说的是基督的主动和被动顺服。不是的，你要记得，从神学上来说，基督的主动顺服指祂所做的事；祂的被动顺服是指祂代替我们受苦。我们会论及这方面，但这不是我们所说主动和被动的义。我们真正的意思是，有两种义：其中一种是你自己或在上帝的帮助下做的，但这是你的义；还有另一种义来自上帝。这就是说：有一种义是你主动做成的，另一种义是你被动接受的；这是圣经的用语。

A. 被动的义

我们来看罗马书 3:21：“但如今，一种从神而来的义”——你现在看到这种被动的义从何而来；“从神而来的义，在律法以外”——在主动的责任和履行律法的呼召以外；“神的义在律法以外已经显明出来，有律法和先知为证；就是神的义，因信耶稣基督加给一切相信的人”（罗 3:21–22）。换句话说，有一种因信而临到我们的义，是我被动领受的义。路德说，我们领受它就像土地接受雨水。地面是怎么得到雨水的呢？躺在那里就有了，不是吗？它是相当被动的，本身并没有做什么事情。信心确实有动作，但在这种义中，我们只是领受，被动地领受；这是因信而赐给我的义，不是出于我，乃是来自上帝。“但如今神的义在律法以外已经显明出来，有律法和先知为证。”（罗 3:21）

在我成为基督徒之前，我需要基督的义来称我为义，并安息在那个义中。如果我对你说：“是基督加上你的善行让你上天堂，”我希望你会冲着我大喊：“不，不是这样的！”是什么让你进天堂？（这是一个真的提问，你可以回答。）是什么让你进天堂？惟有基督的义，是吧？你单单相信耶稣，祂没有附加任何条件，对吧？你余生与上帝同行的根据是什么？你是否因信得救，却以另一种方式继续生活？虽然行为和善行必须是信心的证据，但我在这里要告诉你，我们继续前行的方式与开始的方式是相同的。

这不是说，我抱有某种模糊的怜悯期望：“天堂是白白的礼物”，但在我后面的基督徒生活，就像是某种类型的教会炼狱，尽管天堂是白白的礼物，但上帝对我的生活总是不悦、疏远和生气。我跟你说，基督徒就是这样生活的；他们活得好像上帝一直在生他的气，而且只对他生气，让他无所适从；他不知道要怎么顺服，不知道要怎么让自己的良心摆脱律法的诅咒。他们受困于这样的事实：当他审视自己的生活时，知道自己达不到标准；他在天堂看到的，只是愤怒的上帝。所以他希望做的，就是尽自己最大的努力，直到生命的尽头，直到耶稣带他进天堂。但从现在到那时，这是一段多么艰难的时期啊！

弟兄姐妹们，我们确实会有挣扎，但我要你知道，我今生拥有一种不属于自己的义。它不仅对进天堂有效，如今也在我的生命中结出果实。今天我站在你们面前是义的，你相信吗？我的行为并不完美，我还在挣扎，但我站在上帝面前，站在你面前，是义的；不是因为我做了什么，而是因为“有另外一位”做了什么。这对我的内心来说是很难接受的事情，但现在我的头脑很快就清醒了，我可以一直这么说。我们在这里谈论的真正部分，是你的头脑神学（head theology）和你的内心神学（heart theology）之间的区别。

我知道，当我们读这些非常熟悉的经文时，你会认出其中的每段经文。你会说，对，对，对，对，我知道这一段，知道那一段；我背过这一段，背过那一段；我教过这一段，写过这一段；在哈佛大学教授过。我知道你知道这些经文……“在头脑里”，但我问的是，你的生活中流露出什么？你内心对上帝的情感和回应是什么？你的内心神学是什么？这比什么都能说明问题。

让我问你，今天上帝对你的看法如何？你对这个提问的回答可能会开始暴露你的内心神学。你能对此做些什么呢？你的回答会显出，你是在信靠除了耶稣以外的义。“*但如今神的义在律法以外已经显明出来，有律法和先知为证。*”当我信靠基督的义时，并不是有什么渺茫的指望，以为上帝会接纳我。而是，当我转离罪，信靠基督的义时，就知道知道自己可以得到上帝的接纳。这是如何实现的呢？

我想，我们忘记了福音有两个部分，耶稣真的为我做了两件事。让我们用这支笔来代表我的生活记录。我们知道且非常清楚基督为我的罪而死。祂过着完美的生活，不应该受到惩罚，而我的记录却很糟糕。那么上帝做了什么呢？在十字架上，祂将我的记录转移给基督，并让祂代我受罚，这样，因着信，我的罪就由基督在十字架上付清了。大多数人都能理解，这就是福音。

但我们有时会忘记福音还有第二部分，那就是，耶稣也有记录，一个完美的记录。当我信耶稣时，这个完美的记录就会合法地转移到我的账户上，这样我在上帝面前的合法记录就是完美的。圣经有这样的教导吗？我认为是有的。请看罗马书 4:3：“亚伯拉罕信神，这就算为他的义”；上帝饶恕了他。感谢上帝的义！我为什么要说饶恕？因为那是我内心的行为方式，而我想让你知道，饶恕和公义之间是有区别的。我们要去争取金牌，不要满足于屈居第二名。

现在让我告诉你，饶恕是一件好事，但公义更好。比尔，你和妻子吵过架吗？（比尔：“偶尔。”）偶尔，一个诚实的人，谢谢你！在那场争吵中，我问你，你愿意被饶恕还是宁愿做得正确？（比尔：“宁愿做得正确。”）这人确实很诚实。如果我选择问一位牧师，我们可能就会拳脚相向。因为他本来想说：“哦，我宁愿被饶恕”，而其实是想下去掐死对方。不，你们吵架的原因是你拼命想证明自己是对的，但这话卡在喉咙里，说不出口，而比尔向来诚实。我们发生争执的原因，是想证明自己是对的。

让我告诉你：在上帝面前，我不想仅仅被饶恕，而是希望自己做得正确。我希望自己做得正确，这总比被饶恕来得好。被饶恕很好，但做得正确更好！今天，当我站在上帝面前时，不仅仅是我的罪被洗净，尽管的确如此；但这个故事还有第二部分：我拥有一种不属于自己的义，这使我在上帝面前得到称赞、得到接纳、蒙祂喜悦、并欢迎我到祂面前；这全都是因为基督的义。这是好消息，这是福音！

你知道吗，当我的心开始把握这一点时，它继续在改变我的生活，改变我接近上帝的方式，并对我的心产生很大的影响。我挣扎了很久，不让自己在情感上误解这一点。亚伯拉罕相信上帝，这就算为他的义。“算为”这个词，就像是银行用语。我和妻子刚结婚时，她发现了我的很多事情，后来令她不悦的讶异是，我竟然只是这般能耐的人。我可以在短时间内让她刮目相看，但最终能耐用尽，失去了在她心目中的地位。我们结婚前，我处理银行帐户的方式是，我会等到银行陷入困境，再去换一家银行。我会结清所有的支票，然后无论他们说我欠了什么，我都会回去给他们或拿走什么。事实上，这对我们有利。

当我们有一次在一家银行获得 400 美元的信贷时，我妻子很惊讶，而我甚至不记得已经退出这家银行了，所以这就像提前在八月中旬来到的圣诞节一样。太棒了！但另一方面，她脑子里突然响起一个小铃声，像老鹰一样盯着它。她是对的。现在，当我和银行打交道时，我跟你说，我并不以此为荣。偶尔我会收到那些写着“NSF”（资金不足）的小通知。你有过这种情况吗？“资金不足”。现在银行跟你的交易是什么？既然你的钱不够，我们就要多收你一些。你想明白了吗？等等，等等，等等！我已经身陷坑里了，我不需要任何帮助！但你知道吗？这就是他们会做的事，他们会帮我把那个坑挖得再深一点，拿走我没有的东西。

让我们想象一下，我去银行，说：“看，伙计们，我糊涂了，是的，我跳票了七十张，但如果你收我 15 美元一张的费用，我就再也无法弥补了，对吧？”假设他们同情我，说：“好吧，我们就免了你这笔债。”那时我的银行账户里有多少钱？零！我乐死了，对吧？我不欠他们什么了！这就是饶恕，是不算在你账上的义。你知道什么是义吗？我银行账户里的钱都是耶稣的功劳，这是祂将正数的账户记入我的账户，所以我站在上帝面前时，就有了自己从未合法赚取的丰富公义。

我之所以一直说“合法”，是因为这并非诡辩。我还在罪中挣扎，上帝为此要惩罚我，但祂带着我，在生活中总是与我一起工作，好像我是祂的孩子。为什么？因为我在耶稣里成为义。上帝知道我的挣扎，但并没有据此来处置我，而是以基督的义来对待我。天哪，你谈论的事情会让你的心得到自由。你知道当我开始谈论这事，它就开始改变我的生活。这就是所谓“被动的义”。这义归在我的账户里，不是我赚来的；我是被动的，是耶稣为我挣来的，我只是凭信心领受。

这有什么影响呢？天哪！其中的一个影响就是我有了新的福音要传讲，我的生命中有了新的喜乐。为什么？当我刚信主时，能跟人分享的就是，让我上天堂的饶恕是白白的礼物。但成为基督徒大约十年后，你要我讲 1970 年 12 月 12 日发生在我生命中的那个故事，那已经是陈年往事，变得越来越暗淡了。如今我有了新的故事，我因着信，与上帝建立了关系；这是上帝基于基督的义所赐予我的恩典礼物。

天堂是一份白白的礼物，我将永远为此欣喜，但我有好消息要告诉你。你今天与上帝的关系也是一份白白的礼物，这是基于凭信心领受的基督的义，有喜乐在其中。因此，你不必只谈在你称义时发生的事，而是每天都有更新，因为把握了基督已成就之工的新信心，进入你的生命。你可以谈论耶稣这个星期对你做了什么。祂在这个星期赦免了这个罪人，并将祂的义赐给了他。对吧？

我跟你说，这改变了人们听我做见证的感受。我想，我之前的见证听起来有点像这样：“你知道吗，我过去和你一样糟糕。我确实如此，我是说，我从前真的一团糟，但后来找到了耶稣。如果你想成为想和我一样好的人，你也可以找到祂。”现在我绝对不会这样说，但我的一些见证还是会散发出这种味道。

我现在有了新的见证。耶稣仍然拯救罪人；凭着信心，祂仍然会将祂的义赐给不配的人。因此，我可以不把自己当作“成品”靠近人，而是一个与他们同行的人，对某人说：“你今天愿意再和我一起去找那位因信基督而赐人公义的上帝吗？”并邀请他们与我同去。在他们听来，这要比一个已经解决了问题、齐心协力并试图按照自己的形象改造他们的人好得多。

被动的义所做的其中一件事，就是恢复我的喜乐。我们来看腓立比书第三章。喜乐与这种被动的义之间存在着关联性，我认为腓立比书第三章很清楚地说明了这一点。保罗一开始就说：“弟兄们，我还有话说：你们要靠主喜乐。我把这话再写给你们，于我并不为难，于你们却是妥当。应当防备犬类，防备作恶的，防备妄自行割的。因为真受割礼的，乃是我们这以上帝的灵敬拜、在基督耶稣里夸口、不靠着肉体的。”（腓 3:1–3）保罗在某些程度上说，他愿意单单信基督是他喜乐的来源。

跳到第 7 节，你会看到他继续这个论点。看看他是怎么说的："只是我先前以为与我有益的，我现在因基督都当作有损的。不但如此，我也将万事当作有损的，因我以认识我主基督耶稣为至宝。我为祂已经丢弃万事，看作粪土，为要得着基督，并且得以在祂里面……”请注意下面这句话："不是有自己因律法而得的义，乃是有信基督的义，就是因信上帝而来的义。”（腓 3:7–9）这就是保罗喜乐的源泉，也是他改变人生的源头。

看看接下来这句话："使我认识基督”，你看，我们领受的这种义，并不是那种让人我行我素、随心所欲的义，而是激励我认识基督、爱祂、爱别人。我想认识基督和祂复活的大能，认识与祂同受苦难的团契，认识有能力在必要时为基督受苦的信心。在祂的死里变得像祂，从而达到从死里复活。第 9 节说："并且得以在祂里面，不是有自己因律法而得的义，乃是有信基督的义，就是因信上帝而来的义。”（腓 3:9）这是被动的义。

B. 主动的义：必要，但不是充分基础的确据

现在顺便要说的是，我们需要主动的义。请不要误解我，我来举个例子：你在 309 号高速公路上行驶，就像今天早上有些人一样，时速 80 英里（约 128 公里），有位警察将你拦下，要你靠边停车。你可以辩解说你在耶稣里已经称义了，但你还是会收到罚单。你看，我认为这会迷惑我们的部分原因是，世界就是这样运转的，我必须在国

家面前行出主动的义，必须遵守法律，无论你是不是基督徒，对吧？我与妻子需要守住婚姻，我需要遵照社会规范。如果我裸身出门，人们会避开我，因为我违反了社会禁忌；你也会远离这种人，是吧？我必须遵守法律，必须有主动的义，必须在国家、社会、家庭、工作中，都行出主动的义。如果你不去工作，他们打电话给你，你说："我在耶稣里称义了。"他们会说："那好吧，我们不会发工资给你。"这就是我们生活中人际关系的运作方式。

你需要这种主动的义，圣经也鼓励我们这样做。你需要尽所能成为最好的公民，在所有的权威和结构关系中，成为最好的工人、丈夫、妻子、父母、子女、市民、长老、会友；在每个角色中做到最好。但是，当你站在上帝面前时，乃是凭着不属于自己的义。你必须把两者分开，并记得，在上帝面前，我是站在被动的义中；在世界面前，我确实需要主动的义来生存。所以我这辈子也需要主动的义，我必须要有，因为我要工资，不要罚单。

这两者之间的关系是什么？这是有关系的。我们要说的是，正是我在基督里被动地在上帝面前称义，才真正驱使我主动地顺服；这是一种关系。但在上帝面前，我的良心不仅要关注我能做什么，还要关注基督为我做了什么。上帝有时会指出我生命中需要处理的罪吗？绝对会。希伯来书第 12 章谈到了这一点，这很重要。我认为约翰·慕理（John Murray）在《再思救赎奇恩》（*Redemption Accomplished and Applied*）[1] 一书中所说的，很有帮助。

如果我们将临到上帝爱子的惩罚，与来到基督面前罪人的惩罚，混为一谈，那将是可怕的错误；这两者是不相等的。上帝惩罚我，推动我行义，因为我有基督的义，因为我是祂的儿女；这两者之间并没

---

1 约翰·慕理（John Murray）《再思救赎奇恩》，由密歇根州大急流城 Wm. B. Eerdman 出版公司出版，1955 年。

有脱节。但在上帝面前，我的良心要能安定下来，不是因为我能做什么（尽管这是我生活中行义的证据，且是重要的证据），这还不足以做为保证的基础。在上帝面前，能让罪人放心的保证是什么？不是因为我做得更好，而是耶稣为我的罪死，并赐给我不属于我的义。现在我的心可以安息了，可以从中得到喜乐了。

IV. 真正改变的信仰根基

A. 信仰的确据使你变得诚实

如今我的心可以诚实了。我跟你说，我认为教会真的在诚实的问题上很挣扎，这是教会真正的大问题。我们一起来做个实验。你曾否邀请过任何人和你一起去教会，或者见过曾经去教会的人在一段时间后就不去了，你问他们："你为什么不去教会了？"请你在下面这句话填空。"是，我曾经去过教会，但现在不去了。因为教会里只有……（听众：'伪善'）。"我在各地都问过这个问题。除了"伪善"之外，从来没有从诚实的人得到过其他回应。现在看来，这个世界不再是我以前生活的世界了。但当你对某件事有如此程度的一致意见时，也许我们应该倾听。我认为这表明了一个事实，也许教会在诚实方面存在问题。

这是怎么来的呢？你看，如果我在上帝面前的良心软弱了，因为我必须依靠这个星期所能做的，来让自己得到上帝的认可，就无法正视自己的罪。我不想冒险看到它，因为不诚实对我有利；这太具威胁性且意味太多事情。基督的义记入我的账户，使我能够坦然面对自己的挣扎，而不被它压垮。要知道，即使我在罪中挣扎，上帝仍然与我同在；即使我很挣扎，进展缓慢，有时甚至毫无进展，但上帝并没有抛弃我，因为这并非故事的全部，我有不属于自己的义。除非我坚持这一点，否则诚实太难、太吓人了。我必须用不同的方式应对它、必须贬低上帝的圣洁；另外，我会变得沮丧，看着自己的罪一筹莫展。我会罹患所谓“防卫性抑郁”，而这种抑郁让别人不知如何是好。你知道我在说什么吗？你很沮丧，所以没有人能跟你说什么，因为这会让你感觉很糟糕，你可能会做出疯狂的事情，所以大家只能保持沉默。

我怎样才能够诚实呢？我的生活中怎么可能有诚实，而不仅仅只是一种肉体上的自信，让我对自己所能做的事情感到某种快感呢？惟有靠着基督的义，我的生命才会有些许诚实。我跟你说，教会需要基督的义，迫切需要它。如果教会是罪人聚在一起接受不属于他们义的地方，每个人的生命将由内而外深受改变，这将会是与我所带领过的教会截然不同的地方。我需要基督的义，使我有足够的信心诚实面对自己的罪，这样我就能在这方面有所进步。这不会压垮我，上帝不会抛弃我，而是藉由它推动我前进。

B. 基督宝血的现今价值：我们永远是完全的！

我想和大家简单地看一下希伯来书。我找到了这节经文，把它写下来放在桌上。“因为祂一次献祭，便叫那得以成圣的人永远完全。”（来 10:14）一次献祭……什么？……永远完全；义。谁能永远完全呢？请注意这节经文的其余部分：“便叫那得以成圣的人永远完全”。你看，它们确实是一起的。这种圣洁正在我的生命中实现，不过，是作为儿子实现的，是作为拥有不属于己义之人实现的，是由能坦然面对己罪之人实现的；我不以此为傲，而是诚实看到它并抛弃它，因为我拥有不属于自己的义。

我们一起用祷告来结束。父啊，我要感谢祢，给了我们从祢而来的义，我们因信而得的义，使我们永远完全，因为我们单单信靠基督；这种义可以每天洗净我的良心，使我在祢面前充满信心，以便与祢同行，并在与祢的关系中改变生活。父啊，我知道今天在座有些人可能良心因失败而受到重创，以致看不见基督完美的牺牲，看不见从上帝而来的义。求祢恢复他们的喜乐，不再将目光转向自己的誓言，不再转向想要做得更好的努力，而是首先转向将义作为白白礼物赐给我们的耶稣。父啊，我们祈求从那义满溢出新的顺服和喜乐。奉耶稣的名并为祂的缘故祷告。阿们！

家庭作业

需在见面 48 小时前完成（以便见面会谈）

背经：

"因为神的义正在这福音上显明出来；这义是本于信，以致于信。如经上所记："义人必因信得生。"

——罗马书 1:17

完成下列问题和练习：

1. 请脱稿写出你自己对"因信称义"的定义。

2. 在下面的陈述中，A 或 B 哪个选项是正确的？请圈出相应的字母表示你的选择，如 1A，2B 等。

1	A 称义是上帝一次性为我们做的一件事。 B 称义是上帝在我们身上持续进行的工作。
2	A 称义的意思是“使人成为义人”。 B 称义的意思是“宣告为义”。
3	A 信心加上行为 = 救恩（称义）。 B 单单相信基督 = 救恩（称义）加上行为。
4	A 归算（记入）是指不因我们的罪而算我们有罪，而是算我们如同基督一样的义。 B 归算的意思只是不认为我们有罪。
5	A 信心的本质是接受基督。 B 爱的本质是接受基督。
6	A 唯有信心使我们与基督联合，从而称义。 B 唯有信心与洗礼使我们与基督联合，从而称义。
7	A 称义使我们摆脱了遵守上帝律法的一切责任。 B 称义是宣告我们为义及我们的罪得赦免，让我们可以自由地凭信心遵守上帝的律法。

3. 查看在作业最后一页的答案。将你的选择与答案进行比较，并做出必要的更正。另外，请在下面注明你在“因信称义”的定义中可能遗漏的任何重要内容。

4. 现在，重写你对“因信称义”的定义。请务必用你自己的话写出以下关键要素：

- 有些东西被拿走了。基督的替代性牺牲（赎罪）确保我们过去、现在和将来的罪都得到了饶恕。
- 有些东西被赋予了。基督对律法的完美顺服（义）被记入我们的名下，成为我们自己的义。这是一种一劳永逸的法律行为。
- 它只通过信心这一工具从恩典中领受，与我们的表现无关。

信心是什么？信心只是一种工具，一只空空的手。它是接受只有上帝才能给予我们的东西。信心是我们领受福音的管道、管子或渠道。信心是你家中的电线——它不是电源，而是电力传输的工具。同样，信心也是圣灵大能借以工作的工具。福音的所有祝福都是通过信心这个工具进入我们心中的。信心是我们获得赦免、称义和基督之义的工具。

5. 用你自己的话描述一下什么是信心。

《海德堡教理问答》第 60 问（1975 年译本）：

Q. 你如何在上帝面前称义？

A. 唯独借着对耶稣基督的真信心。

尽管我的良心控告我严重地干犯了上帝的所有诫命，从未遵守过其中任何一条，并且尽管我仍然倾向于各样的罪恶，然而在我完全不配的情况下，出于白白的恩典，上帝将基督完全的满足、义和圣洁赐给我，记在我的名下，就好像我从未犯过罪，也从未做过罪人，就好像我完美的顺服，像基督为我作成的顺服一样。我所需要做的就是以一颗相信的心接受上帝的这份礼物。

6. 用你自己的话描述一下耶稣基督的好消息。为什么把基督完美的义记在你的账上对你而言是如此美好？

我们经常会想出一些规条或行为法则，认为如果我们遵守了它们，我们在上帝面前就更“正确”（right）了。从这一点出发，我们只需迈出一小步，就会开始用这些规条或法则来评判其他人的表现。我们为自己制定的规则往往是好事。然而，我们常常滥用它们。例如，当我们在控制自己生活的欲望中挣扎时，我们就会制定行为法则，试图维持这种控制。这些法则可能很简单，比如“不要在路上抢我车道”，或者“家里必须保持整洁”。当人们违反这些法则时，我们会觉得自己失去了控制，别人不尊重我们。此外，我们还觉得自己是对的，他们是错的。通常的结果就是愤怒，我们试图重新控制局面，证明自己是多么正确。因此，法则不是用来帮助我们爱别人，而是用来对付别人。

7. 你为自己和他人制定过什么规则，遵守时让你感觉良好，但违反时却让你恼怒或沮丧？

8. 你对规则的遵守是如何给你带来义的感觉的？被这种规则所控制会如何让你无法真心地爱他人呢？

9. 想一个例子，比如描述一下你曾经因为想成为“正确”，而用你的激烈行为吓到了别人，或者伤害或疏远了你的配偶或亲密的朋友。你认为在这些情况下，为什么你对“正确”的渴望要比对被赦免的渴望强烈得多？

10. 从耶稣那里获得的义的感觉会如何影响你在这些情况下的反应？你生活中还有哪些方面会发生变化？请具体描述。

11. 你认为上帝现在如何看你？他对你的态度是什么？

12. 想想你身边的某个人，比如朋友、配偶或孩子。你会如何描述你对那个人的爱？它与你所理解的上帝对你的爱有什么差异？

13. 你能做些什么来改变上帝对你的看法？解释你的答案。

第 2 题的答案：1:A，2:B，3:B，4:A，5:A，6:A，7:B

阅读

领受之义：软弱、刚强、正确与错误

天国的伟大悖论涉及软弱、刚强、正确与错误。这个悖论是这样的：那些被认为是刚强的和正确的人其实是软弱的和错误的。而那些被认为是软弱和错误的人却是正确的和刚强的。这是什么意思呢？我们心中有两个巨大的驱动力：一个是想要成为刚强的，另一个是想要成为正确的。

我们喜欢成为刚强。我们喜欢来自青春、金钱、美貌、智慧、名望、健康或名声的力量。我们通过操纵、控制、恐吓和愤怒，努力在人际关系中处于强势地位。我们试图控制自己的生活、家庭、家人和朋友（以及敌人!），以维持这种所谓的强势地位。我们讨厌处于软弱的地位，处于无能为力的地位。

我们也喜欢成为正确。每天一醒来，我们的心就在寻找新的方式来证明自己是对的。我们渴望把自己想得更好，也渴望别人把我们想得更好。我们努力保持自己的声誉，也会为了提高自己的声誉而迅速贬低别人。正如传道书的作者所说：“我又见人为一切的劳碌和各样灵巧的工作就被邻舍嫉妒。这也是虚空，也是捕风。”（传 4:4）我们努力工作，就是为了变得比别人更好，看起来比别人更好。

然而，当我们把自己放在力量和“正确”的位置上时，我们实际上是在远离恩典，远离圣灵在我们生命中的大能。耶稣的能力在软弱上显得完全。（参林后 12:9）站在“正确的”和刚强的位置上，我们也会远离其他人，尤其是与我们亲近的人。

“我过去很自负，但现在我很完美”。我面对孩子、配偶和工作总是正确的。我对家庭的管理方式也是正确的。关于教会该如何运作，我是正确的。面对我的敌人我也是正确的，也知道他们为什么错得那么离谱。我努力学习，力求在各种事情上都是正确的。你认为跟我一起生活会是什么感觉？

因为我是正确的：

- 我不听。（我已经知道正确的答案了，为什么还要听呢？）
- 我抱怨。（别人都错了，上帝错了，我知道什么是最好的和正确的）
- 我自夸。（让别人看到我对各种事情的看法是多么正确，感觉很棒）
- 我为自己辩护。（不要试图破坏我的义，我已经建造了很多年）
- 我攻击和指责。（你并不像你认为的那样正确）
- 我对别人很苛刻。（他们的生活很凌乱，他们有问题）
- 我很挑剔。（人们需要我的指正来帮助他们进步）
- 我说闲话。（我对别人及其问题的看法都是正确的）

要变得刚强和正确的是很自然的事。然而，福音告诉我们只有一个人是刚强和正确的，那就是耶稣。因此，只有通过福音，我才会意识到自己其实是软弱和错误的。因此，我不想去的地方就是我需要去的地方。真正有大能的地方是我放弃自己能力的地方，“因我什么时候软弱，什么时候就刚强了”（林后 12:10）。义之地是我放弃自己的义，凭信心接受基督之义的地方。

“我不是武断。我只是总是对的！”《费城问询报》曾刊登过一篇文章，介绍如何在说对不起的同时仍然是正确的。文章描述了一旦你意识到不必为了道歉而让自己成为错误的，你就会感受到一种新的力量。我读完了这篇文章！这正是我想听到的。如何既能表现出悔改之意，又能保持是正确的态度——这是多好的处境啊！最后，还有一个看起来更正确的方法——双重正确的方法！说真的，我们的内心一直在寻找变得既正确又不显得傲慢的方法。我们知道赤裸裸的傲慢通常会让我们看起来很糟糕，所以我们会想办法保持正确的，并在这个过程中看起来很好。

“主啊，当一个人在各方面都完美无瑕的时候，谦卑是很难的。”值得注意的是，在伊甸园里，亚当和夏娃堕落后做的第一件事就是通过抱怨、辩护和攻击来寻求自己的义。他们堕落之心的第一个倾向就是隐藏、责怪、指控和欺骗。他们不择手段，包括责怪上帝。亚当丝毫不浪费时间地告诉上帝，整个问题的产生都是因为“你所赐给我、与我同居的女人”（创 3:12）。

对义的追求也没有就此止步。以色列的历史就是一个民族试图建立自身之义的历史。世界宗教的一个统一特征就是渴望在他们的神面前成为义的。因此，毫不奇怪，我们在基督徒生活中的极大挣扎就是为义而挣扎。争战的焦点在于我们是否会活出基督的义，而不是建立自己的义。

“我是如此完美，甚至让我害怕！”通过福音，我们被宣告为完美和义。面对这个美妙的消息，人们总会问：“那顺服呢？”如果我们已经完美，为什么还要费力去爱别人呢？我们惧怕的是，因信而得的基督之义会导致我们无所事事。然而，要显明这不是事实并不难。相信上帝爱你并不会导致冷漠——一种“哦，我做什么都无所谓，因为上帝爱我”的心态。相反，如果我们真正相信上帝的爱，它就会促使我们去爱他人。（参林后 5:14）同样，有了领受之义，基督的义就会促使我们去爱人，而不是说闲话、抱怨、辩护、批评或自夸。它为我们提供了真正顺服的基础和动力。请注意以下几点：

- 领受之义是真正顺服的基础。
- “赚取的”义会导致自我中心和不顺服。

换句话说，如果你的生命建立在基督是谁以及他为你做了什么的基础上，你就会发现自己在活泼地爱他人。如果你把自己的生命建立在自己正在做什么以及做得有多好的基础上，你就不会去爱别人（因为你会把注意力集中在自己身上）。一种方法是活出福音，另一种方法是活出自己制造的“坏消息”。

勾选已完成的作业：（勾选后，可与导伴预约时间）

☐ 聆听信息 3

☐ 背诵罗马书 1:17

☐ 完成练习

☐ 阅读“软弱、刚强、正确与错误”

☐ 跟你的祷告伙伴更新信息

Session

4 律法与福音

我们滥用律法，把它变成我们的福音，把律法当作我们的好消息，而不是基督为我们已经做成的。这样做，我们既失去了律法，也失去了福音。这种滥用的核心是一颗律法主义的心，它说："给我一条律法，我就能遵守它，并为此感到义"。

本次目标

- 了解生活在律法之下与生活在福音之下的区别；
- 看到我们是多么容易生活在律法之下——既有微妙的方式，也有明显的方式——以及这种生活方式是如何向外涌流，变成对他人毫无爱心的态度的；
- 以更大的方式认识到基督已经使我们摆脱了律法的束缚，并通过福音赋予我们力量，使我们在实现律法精意的过程中不断成长。

阅读讲章

律法与福音

戴夫·德斯福吉（Dave Desforge）

律法与福音的区别，以及恩典如何将两者结合在一起。

I. 问题出在我们身上！

这一讲的主题是律法与福音。当我思考这个主题时，老实说，我认为，我们之所以与社会上的“法律”起冲突，很多时候确实是因为法律存在问题。我们的社会中有些相当古怪的法律，我有一本书概述了其中一些，对我来说很有趣，而这些都是真实的法律。在明尼苏达州的国际瀑布城（International Falls），他们禁止猫追狗上电线杆，这是真的，这条法律至今还在册上。在田纳西州的孟菲斯（Memphis），法律仍然明文规定：女性开车是违法的，除非有男性在车前行走或奔跑，挥舞着红旗警告接近的驾车者和行人。在田纳西州的雷巴农（Lebanon），法律规定，即使妻子的脚冰凉，丈夫也不能把她踢下床，但妻子可以随时以任何理由将丈夫踢下床。我相信每个丈夫都已经知道这一点。

但是当我们审视上帝的律法时，事实上，我们的问题并不是因为律法有问题，而是因为我们自身有问题；我们与律法的关系存在着问题。在提摩太前书，保罗这样说：“我们知道律法原是好的，只要人用得合宜。”（提前 1:8）或者直译为，只要人得法地（lawfully）使用它，我们知道，如果得法地使用，律法是好的。当保罗在那里谈论律法时，不仅仅是在谈论旧约中的礼仪律或民事律；他说这话时，至少包括了道德律，即旧约的伦理。因为紧随其后的第 9 节和第 10 节，他列出了一系列道德或伦理上的罪，甚至在该清单中，也遵循出埃及记第二十章的顺序；在其他经文段落亦然。所以最起码，当保罗这样说时，他包括了道德律。

他的意思是，我们实际上是可以遵守或尝试去遵守道德律的，甚至是那些在圣经中可以找得到，但我们却以不得法、不顺从、或不引以为意的方式去行的伦理规范。因此当我们一起探讨这个主题时，我希望大家思考一下：法律本是好的，但我们是如何经常滥用或误用它的呢？如果我是对一群初信的基督徒或没有经验的基督徒讲课，那将是完全不同的讲法。如果不是对一群像你们这样经验丰富的基督徒讲课，那么我可能会从贬低律法、不认真看待律法、蔑视上帝的律法、放肆地对待律法，来谈论误用和滥用律法的问题。但为了你们这些有经验的信徒，我想集中讨论的是，我们是怎样将律法当作福音，与福音相混；是怎样通过将律法当作好消息，而非基督已经为我们成就的事，来误用和滥用律法的？当我们这样混淆律法与福音，就会两者尽失；不仅失去福音，也失去律法。这是怎么回事？这看起来像什么？

Ⅱ. 错误的期望：翻覆律法

你们有一份大纲，我们要看的第一件事就是：不得法地遵守律法，或经由对律法的错误期望而不得法地追求律法，从而翻覆律法。也就是说，我们寄望律法，期望它能为我们保证惟有福音才能够保证的义。当你让律法承担它本不该承受的负担时，就像让一艘船超载它本不该承载的重物，结果船就翻覆了。我们就是这样对待律法——错误的期望。当我谈到这一点时，所说的是所谓“功能性律法主义”（functional legalism）或“实用性律法主义”（practical legalism）。在谈论律法主义时，我的意思不是指对律法的狂热或激情。律法主义者难道不是热衷律法吗？使徒保罗当然热衷律法，耶稣自己也热衷上帝的律法。所以我不是说热衷上帝的律法是律法主义，而是说，真正的律法主义是指，用上帝的律法来证明自己的善，用它来视自己为义，认为自己在别人和上帝眼中是义人。因此，当我谈论律法主义时，说的是我们本能地使用律法和规则，来证明自己的善。

我敢说这是一种本能。最近我与“世界丰收布道团”（World Harvest Mission，现改名为Serge）和一些宣教士朋友，去了非洲的塞内加尔（Senegal），从事我们现在所做的部分事情。我们从未体验过他们那种文化的饮食方式。我们坐下来吃第一顿饭，他们在房间中央放了一个大碗，碗里装满了米饭和各种我无法辨识的其他食物，碗中间有一些大块的鱼和肉。然后我们每个人都拿到叉子，围着大碗坐着，各自吃着。我们当然都不熟悉这种吃法，从一开始就觉得很奇怪，有点不自在。

但真正有趣的是我们所有人的本能反应。你认为那是什么？我的意思是，你认为我们本能地首先想知道的是什么？那就是：吃饭的规则是什么？我们想要知道规则，我们担心在不知道规则的情况下，如何融入这种文化。我们想知道如何使用叉子，想知道是否每个人都有那个大碗中属于自己的一份。还有，叉子已经放进嘴里，要怎么将当中的肉和鱼分开？从大碗里偷拿别人的那份食物可以吗？（那天晚上有人这么做了……对我来说这成了原不原谅的问题。）所有这些问题都浮现在脑海里，我们的内心马上就想知道这些规则，这样就可以证明我们“塞内加尔人”的善，可以证明我们这些宣教士的义，我们知道，只要遵守规则就没有问题，我们就是好人……这是本能。

事实上，我在生活中的每个领域都在追求这种自己生成的义。我敢说你也是如此。我追求为人丈夫的义、养育子女的义、演讲者的义，甚至对这次的讲课、开车等等的义……我的意思是，在生活的方方面面，我都想知道规则，这样就可以证明我的善；这也就是我所说的律法主义。

可能最奇怪的，是发生在去年秋天的事情。当时我参加另一个“为神之子”大会，发现自己甚至有“上洗手间”的义。我正准备就这个主题宣讲，但想要/需要在上台之前使用洗手间。我路过大厅时看到有张桌子上面摆放着点心和各种饮料，其中有苹果汁，我顺手拿了一杯。进洗手间时，看到有个空位，那是惟一剩下没人使用的，里面很拥挤，因为是在介于休息时段……我走进去，准备把装苹果汁的杯子放在旁边的窗台上，再开始“解手”，但不知何故，一个转身，手肘撞了一下，杯子掉到地上碎了。我转过身来，满脑子想的都是：“哦，糟了，我打碎了杯子，我得把它清理干净，但待会怎么准时上课呢？”诸如此类。然后突然另一个念头袭来，我开始恐慌起来。我想，“这个洗手间里到处都是人，而从杯子里漏出来的东西是黄色的！”

我手足无措，因为我正在“解手中”，我看着这些黄色的液体流到下一个隔间，再从那里流到下一个有人使用的隔间，然后流出洗手间。我所能想到的就是：“这些人会怎么看我？他们会以为我是某种猪，你知道的，像那种无法自我控制的任何物种。”而我内心所想的就想大喊：“这只是苹果汁而已！”我必须证明我上洗手间的善。这就是我所说的功能性或实用性律法主义，亦即，试图经由了解并遵守规则来证明我们的善。因此，当你思考自己的生活时，有哪些警示迹象表明这种情况发生在你我的生活中？我想其中是有一些。我们怎么指望律法给我们并保证惟有福音才能够真正保证给我们的义？

A. 警示迹象 1：为你的善行寻求功劳

我认为有件事你会看到，自己很需要别人的称赞——想让人知道你的义、你的善行、你的正确行为；你想要别人认可你的善。你会看到自己的这种倾向。就如，圣经以弗所书第 5 章给出其中一条法则：作丈夫的要爱妻子，正如基督爱教会。不久前有一天，我独自在厨房，把一些盘子放进洗碗机时，注意到洗碗机外面有点脏。我弯腰关上它时，就看到了那些污迹，我的第一个反应（你知道的，典型的丈夫反应）是："天哪，佩吉（Peggy）应该做点什么吧！"然后我注意到附近水槽外面有块海绵，便产生了一个独特的想法："嗯，也许我可以这样做。"于是拿起海绵，开始清洁洗碗机的外部，我感觉非常良好，认为自己在做一件神圣的事情。我心里想："佩吉绝对不会知道的。"我就是为了她才这么做的，这真的是一个罕见、神圣、为妻子服务的时刻。但后来，令我吃惊、震惊和懊恼的是，那个星期我竟然三次向佩吉提起这件事。足足三次。第三次我听到外面的鸡叫声，公鸡的叫声。但这就是我内心的动力，想证明自己的善，而要做到这一点，就必须得到别人的认可，是吧？所以你会在生活中发现，需要获得称赞来证明自己的善。

B. 警示迹象 2：防卫性

而另一件事是，我们会有防卫性迹象。圣经给出的另一条法则是："要习读圣经，使自己得蒙悦纳"，这对我来说也很重要。我有一本用了很多年的圣经，我很喜欢它，虽然已经破旧，但我得到许多因这本破旧圣经而来的义。你知道人们是怎么想的吗？要看一个人研读圣经的多寡深浅，是看它的破损程度，里头写了多少字，经文底下画了多少线条和做了多少标记。好基督徒会读圣经，而真正研究圣经的人会有一本看起来老旧破烂的圣经，是吧？所以我很喜欢这本圣经，很不想扔掉它。不过，我一直在成长，并学习到，不需要藉由圣经的外观来得到义。

于是，在座有人来找我，对我说：“我想为你修复圣经，重做封面，重新装订。”她做到了，我很感激。但她说这话时，我感受到“我不需要圣经外观而来的义”那种真正的神圣感。好吧，我要扔掉这本圣经，我会得到一本新的圣经，我那时候甚至非常高尚地告诉她：“很好啊，我不需要它了。”然后我就出去买了一本新的圣经。用了这本新圣经不到一个星期，我和一位教会领袖共进晚餐（那是在教会外的用餐），我讲完道后很晚才到餐馆，坐下来吃饭时，我把这本新的圣经放在桌上。这位领袖拿起我的圣经翻来翻去，突然说：“这本圣经里没写什么东西。”他说，“你知道吗，我爸爸，他真的研究过圣经，他的圣经上写满了笔记和标记，破旧不堪，我很敬重他。”我发现自己立刻说：“你应该看看我的旧圣经。”我在心里想（没有勇气说出来）：“我敢肯定它比你爸爸的圣经写了更多东西，我的圣经里还有希腊文和希伯来文呢！”我需要那本破旧圣经的义和防卫来证明我的善。

C. 警示迹象 3：拿自己和别人做比较

我认为另一个迹象是，执着于和别人做比较。有次我和一位朋友一起谈论有关纪律的事，他请我对他的生活提供一些指点，帮助他看到正在发生的事。我和他分享的一件事是：“你知道吗，弟兄，我认为上帝可能想在你生命中做一件事，一个你可能需要成长的地方，就是你真的很挑剔；我想上帝真的想帮助你克服这种批评的精神。”我知道这话对他可能有点定罪意味。我之所以知道，是因为他马上说：“嗯，这也许是真的（看得出他有点受打击），但你不认为我至少比同性恋者好吗？”我说，“弟兄啊，你刚刚把批评的精神提升到全新的高度了！”

其实发生在他身上的事情，也是我的经历。那就是，当律法开始定罪你、开始进入你的内心时，你想做的第一件事就是大声疾呼。而这样做的方法之一，就是从律法本身寻求拯救。怎么做呢？——藉由拿自己和别人做比较！我的朋友说的是律法，具有判断力和批评性。这不见得是自己做得好，也可能无法证明自己的善，但至少如果拿自己和别人做比较，如果认为别人比我更差，那么律法就能以某种方式证明我的善，我就能得救，就能获得我不相信能在基督里找到的义。你看到了吗？而且，有趣的是，就在这一切发生时，我开始在心里觉得："至少我比这家伙强"，因为我立刻想到："我绝不会那样想"，或"至少我不会大声说出那种话"。你会发现自己偏爱这种比较性的义，而这正是我们在做的。我们会经由与他人做比较来证明自己的善。这将是另一个警示迹象。

D. 警示迹象 4：迷恋声誉

我认为最后一个迹象是，迷恋声誉。自从过去几个星期回到这里以来，我发现有一股抱怨和批评的浪潮席卷而来。这在事工中偶尔会发生，而如今恰好是其中的一波。今天早上，我和我们的一名工作人员科林（Colin）在一起，谈到这些事让我灰心丧志、情绪低落、感到揪心。你知道吗，当有太多批评或抱怨时，我就会周期性地感到揪心。我的问题是，为什么会这样？为什么那些抱怨和批评会掳走我在基督里的喜乐？原因是：我的表现不能证明我的义，不能保证我的义，不能证明我的善。当人们指出这一点，人们抱怨时，它就开始掀开我生命中实用性或功能性律法主义的本相。

我希望你也想想，这在你的生活中是怎么表现出来的，因为我希望你明白我在说什么，问题到底出在哪里？

我在这里努力强调的是，你和我总是陷入那种不得法、不得当的守律法行为中，这里面有非常严重的问题；这是道德主义的宗教方式，而非基督信仰应该有的方式。这本是基督信仰与道德主义宗教（如伊斯兰教、摩门教或其他类似宗教）之间极为不同之处。当我这样做时，基本上是将基督信仰降级为一个“自我改善”的节目（a self-improvement program）。因此，我认为我的生活中迫切需要记住，保罗是如何强烈抨击这种不得法、不得当的守律法行为。他是如何在罗马书 3:20-21 等处，将其归结为：“所以凡有血气的，没有一个因行律法能在上帝面前称义……但如今，上帝的义在律法以外已经显明出来……”（罗 3:20–21）这就是福音。在加拉太书 2:21，保罗说：“我不废掉上帝的恩；义若是借着律法得的，基督就是徒然死了。”

所以我现在要邀请大家做的，是悔改。我说的悔改，不仅仅是我们所需的一次性悔改经历，而是需要像我所有举出的当前生活实例，在生活中持续、每日、不断地悔改。当我说悔改时，意指不仅需要理解和质疑自己是否遵守上帝的律法，还需要质疑：我为什么遵守上帝的律法？我为什么努力地在遵守上帝的律法？我是说，我想用它来做什么？我是想创造自我生成的义吗？是想经由律法来证明我的善吗？我是否试图获得惟有福音才能够给的义，从而混淆两者并失去两者？

老一辈神学家（我指的是几百年前的神学家）过去常常谈论两种悔改：需要为你的不义悔改，也需要为你的义悔改。纽约救赎主长老教会（Redeemer Presbyterian Church）的牧师，提摩太·凯勒（Tim Keller）这样说：“我们不仅需要悔改那些让我们变坏的事情，也需要悔改让我们在上帝之外赖以变得更好的任何事物。”这包括依赖律法，也包括错误地看待律法。他还说，我们必须明白，当我们这样做时，就是陷入道德主义，而不是依靠基督信仰的力量。

因此，我呼吁你，也呼吁我自己，不仅要悔改，也要有相信福音的信心，并相信在福音中我们拥有所需要的一切。当我陷入实用性的律法主义，对律法有错误的期望，就会翻覆律法。当我这样做时，基本上是在要求律法成为我的耶稣，是在对律法说："律法呀——救救我吧，救我脱离罪恶。让我不再被定罪、让我有价值、让我得到成全、让我变得良善、让我变得可爱、让我不再被定罪"，而这是惟有福音才能够做到的，我却将律法变成我的耶稣。

然而，福音说（比如罗 10:4），保罗说："律法的总结就是基督，使凡信祂的都得着义。"福音说的是，我不需要从律法中得义，因为我在基督里已经得着了；基督释放我从律法得义的需求。因此，我可以热爱律法、追求律法、仰望律法，而不是依赖它来创造我自己的义；相反，我可以对律法充满热情，仅因为它反映了上帝的义。我不试图用律法来证明自己的善，反倒可以对法律充满热情，因为这是上帝的美善，因为我被祂的美善吸引，你明白吗？这两者之间有很大的区别。所以，错误的期望最终会翻覆律法。

III. 错解的诊断：轻视律法

请看大纲的第二部分……我们不得法、不得当地遵守律法，通过在错解的诊断，我们不得法、不得当地遵守律法，以致轻视了律法。我从三一神的角度来看这个问题；我们不仅将律法当作耶稣，而且将律法当作圣灵。

A. 问题 1：我们赋予律法本来就没有的能力

我们这样做的第一种方式是，赋予律法本来就没有的能力，期待它能够改变我们，但律法本来就没有这种能力。我们 / 我倾向于认为，如果知道正确的事并做正确的事，那就等同于改变。因此，我依靠律法来做惟有圣灵才能够做的事；惟有圣灵才是我们生命中转化和改变的力量。我认为这种思维方式，或看待基督徒生活的方式，存在几个问题。

第一个是：当我们这样做时，首先是误解了律法本该扮演的角色。在加拉太书 3:24，保罗这样说："律法是我们训蒙的师傅。"为什么？"为了引我们到基督那里。"而在第 21 节的后半部，他还写道："……若曾传一个能叫人得生的律法，义就诚然本乎律法了。"他在加拉太书 3:21 说："断乎不是！"义是来自福音，来自圣灵，从来就不是来自律法。生命和公义，改变和转化，都无法经由律法实现。因此，我要说的是，问题在于我们必须认识到，律法本身没有能力去做它所描述的事情；它向我们描述改变的样子、改变的结果、或结出果实的样子，但没有能力让我们达到目的。

我最近为我的孩子们组装了一套篮球架。经过多年，我们家的车道总算完工了，而我一直期待能够和女儿们在车道上打篮球。圣诞节我们买了这套篮球架，我花了很长时间才把它组装起来，原因之一是它有复杂的说明书（就像你所买那些需要自己组装的货品，对吧?）而问题就出在，这份说明书告诉我目标是什么、应该怎么做、应该如何着手做；它给了我方向，但没有给我能力。我坐在那里看了好几个月，但很难达成目标，那是因为方向没有附带让我达成目标的能力。这全要靠自己，靠我的精力和使用工具的超凡技术（这是我真正缺乏的），以便达到目的。基督徒的生活也是如此，律法提供一套指示，描述了义结出果实的模样，描述了上帝的品格，描述了上帝要我们达到的品格。但它没有能力让我们达到那里，就像那份说明书一样。

另一个例子是，我的妻子和女儿要去南卡罗来纳州参加赛马大会，她们不太确定当晚要住的房子在哪个方向，只好打电话问路，并制作一张小地图。当然，一旦有了地图，她们就不会搞不清楚目的地。地图描述了目的地以及到达那里的路线，但要到达目的地，她们真正需要的是上车，而我们家的福特小货车和后面的马拖车，就是把她们带到那里的交通工具。“地图”与“能让你到达目的地的动力和交通工具”，是有区别的。

律法就像地图，但我们不能将它与带我们到达目的地的交通工具混为一谈，否则最终会失去两者的真正意义。老一辈的神学家们对此也有记载，他们当中有些人写道，律法就像一面镜子，让你看到脏脸，但没有能力清洁你的脸，需要肥皂或毛巾这些别的东西，才能够做到。较现代的教师们以 X 光为例，说律法就像 X 光，能告诉你体内的问题，看到自己骨折的情况。我妻子的背部受伤，照了 X 光片，从医生朋友得知她背部一根骨头骨折了，所以她才那么疼痛。但他们做的 X 光检查并没有让她好转，要能够治愈需要其他大量的工作和力量。律法亦然，它就如 X 光片，可以让你看到破碎的地方、看到需要成长之处，但没有能力治愈你或让你达到目的。所以，这就是我们误以为“律法可以改变人”的首要问题。

B. 问题 2：我们依靠律法来改变自己的动机可疑

我看到的第二个问题是，当我们指望律法以这种方式改变我们时，存在可疑的动机。我有位朋友是某个城市的地方检察官，我们有次在谈论法律及维护法律和执法的必要性时，他说：“戴夫，你知道吗？让我心碎的是，我们这些在这个城市执法的人并不真正热爱法律，但我们热爱法律赋予的权力；这两者之间有很大的区别。”我认为，我看到的第二个问题是，我们为什么想用律法作为改变的力量？可疑的动机在于：我生活上并不真的喜爱律法，但喜爱律法赋予我的权力。我想要的是控制，是参与在这种精神上的自我管理中，这样就能掌控一切，最终真的得到荣誉。事情是这样的，当我开始认为改变等同于守律法，它就让我真正成为自己生命的灵魂、成为自己生命的圣灵。我实际上开始将律法视为圣灵，看不到两者之间的区别，认可它并以此为生；我参与了“罪的管理”，而非真正的基督信仰。

C. 问题 3：我们忘记了上帝的真正目标

我看到的第三个问题是，错失目标。当我将守律法等同于改变时，就忘记了上帝的真正目标是什么。耶稣清楚地教导说，我们生活中的一切言行，都是从内心发出，真正的目标是人心。祂说，所有的律法都可以归结为一条诫命，那就是爱人如己，但首先祂说要全心全意地爱上帝。上帝的真正目标是人心，“人是看外貌，上帝是看内心”；而且，当我开始认为这种改变仅仅是经由守律法来实现时，就错失了目标，忘记上帝真正的目标是人心。问题就在这里：律法无法触及我的心，惟有圣灵能够触及并改变我的心。

D. 问题 4：我们低估了肉体

第四个问题，也是我一直在思考的最后一个问题，就是，我们低估了肉体（the flesh）。罗马书 8:3-4 谈到律法的局限，保罗说：“律法既因肉体软弱，有所不能行的（或更直白，我认为是更好的翻译 - 因为律法被肉体削弱了），上帝就差遣自己的儿子……”（罗 8:3）上帝必须用律法以外的东西，来解决我的改变以及罪的问题，因为律法受限于我肉体的力量，所以上帝必须差遣祂自己的儿子来实现需要发生的事情。

我女儿还小的时候，有一次我和她们在娱乐场所玩，我迷上了一种特别的老式娱乐。它的原理是这样的，你面前是一整块有洞的大木板，你站在那里时，会有一只小地鼠从洞里冒出来，你应该拿起手上的槌棒，在地鼠再次回洞之前击打它，如果击中了，就会得到一分之类的。累积到足够的点数就能得到奖品，大概是蜡笔或类似的东西（你知道的……一千点就能得到一些小玩意儿）。

所以我们站在那里死命敲打这些地鼠，样子看起来特别傻。因为打到一只，就会有另一只冒出来。很快，到处都是地鼠，我像个疯子一样站在那里，试图把这些地鼠赶走。我记得当时在想，这很像是我基督徒生活的写照。当我尝试用自己的力量去改变罪恶时，就像试图用律法之槌打倒一只活生生的地鼠，结果呢？又有另一只冒出来，到处都是。我需要认识到，这并非我所能控制的。我的肉体已经够麻烦了，我不能将自己交给罪恶管理，否则会出现精神错乱。这就是问题所在，我不仅赋予律法本未拥有的能力，而且在这个过程中，还否认律法本该拥有的能力（我在与其他人打交道时，发现他们也是如此）。

这两件事是一起发生的，我这么说的意思是，律法本该有能力驱使我们归向耶稣基督；它的本意是赋予我们力量来依靠圣灵产生改变。而当我做这种“守律法等同于改变”的事情时，是在否定律法本该拥有的力量。我的意思是，我将律法简化为心灵改造，最终使它变得无足轻重；我基本上是将其贬低到某种脱口秀的心灵改造，满足于肤浅和本不该成为的外表主义。就像耶稣所说的，我们满足于成为粉饰的坟墓，或满足于清洗杯子外部，却不关心惟有圣灵才能够触及的杯子内部。

当我去年秋天去参加那个“为神之子”大会时，我的妻子一如既往，非常细心体贴地，在我要走之前送给我一份礼物。我打开礼物，这是那种“我真的很高兴你这么体贴，但我真的不确定是否要这样东西”的时刻。你知道吗？那是一套新睡衣！我原想告诉她这会让我感到不自在的原因：“佩吉，我不知道是否想穿这套睡衣，因为这个星期我要和一个男人住在一起。我觉得很酷、很有男子气概的穿法（其实我是说不想看起来很娘娘腔），应该是穿四角裤和 T 恤之类的衣服！”而她送的是这种漂亮的睡衣。

我本不想说什么，但我还是说了：“听着，我是要跟一个男人同住一屋的，我不确定是否该穿这种睡衣。”她一本正经地看着我的眼睛，说：“没错，但是，如果发生火灾怎么办？”我心想：“你到底是从哪个星球来的？”然后脑海里闪过这样的画面：旅馆失火，人们尖叫着跑过大厅，到处都是燃烧的尸体，我不得不从四楼的窗户跳下去，但我看起来很不错，因为我穿着新睡衣！而且，你知道吗？妈妈也是这么说的：“你必须换掉内裤，因为那可能……如果你出了车祸怎么办？”或者说：“你必须穿没有破洞的袜子！”（真不知道这些想法是从哪来的？）

但你知道吗？这就是我们的属灵光景。我们这么关心属灵的睡衣，这么沉迷于外表看起来如何；问题的真相就是，你我更关注外表甚于内在。我们或许可以把美国北卡罗来纳州的这句格言，作为自己一生的座右铭：“外观莫如实质”（To be and not to seem），我认为这句格言很棒。但你知道吗？我大部分的人生都与此格言相左：“实质莫如外观”（To seem and not to be）。外观不仅是一切，而且是惟一，对吧？

如果你认为我所言不实，那就想想如下这些景况在我们生活中孰是孰非。让我问你：你是为自己不守法烦恼，还是为不守法被抓烦恼？我是说，你是为自己犯罪烦恼，还是为自己被人看到犯罪而烦恼？我所说的是，我们将自己置于外表主义，而使律法变得无足轻重，你明白吗？我再问你几个问题。男士们，丈夫们，你是为自己在看别的女人烦恼，还是为你的妻子发现你在看别的女人而烦恼？男士们，你是否担心在收银台排队时，瞥一眼那些辣妹杂志封面，还是更担心别人真的注意到你在瞥一眼收银台的辣妹杂志？我们是否更在意别人注意到我们的孩子犯罪，甚于他们真正犯罪的事实？当别人真的看出我们的婚姻并不完美时，难道不会比婚姻真的并不完美更让你烦恼吗？

我最近就有过这样的经历，当时我们夫妻和教会的其他一些人共进晚餐，我们俩对何时离席意见相左，居然当着他们的面，对彼此发火，而且不加掩饰。说实话，比起我们真的相处不好，我更担心的是，让别人看到我们相处不好，你明白吗？被人看到犯罪比犯罪本身更令人烦恼。比起我不守法，我更担心被人抓到我不守法。你呢？你真的不快乐，比让人看出你真的不快乐，难道不会更让你更烦恼吗？或者沮丧？或者愤怒？或者无聊？对我来说是这样。当有人说我的讲道无趣时，我真的很烦恼，因为他们真的看出我的讲道无趣；如果他们看不出来，就没那么糟糕了，对吧？我们不能再隐瞒自己喝多了或吃多了，这难道不比我们真的喝多了或吃多了，更让人烦恼吗？相较于我不记得会众的名字，被看出我不记得他们的名字，更让我烦恼。被佩吉看出我没有在听她讲话，比起我真的没有在听，更让我烦恼。

你呢？当有人看出你不在乎，比起你其实真的不在乎，你不觉得更烦恼吗？当你在赞美诗集里找不到那首赞美诗、或不知道它的歌词，或者当你找不到那节经文、或不知道那节经文，或者当你在圣经里找不到那卷书时，又是如何呢？我是说，比起你真的找不到它，每个人都看得出来你找不到，不是更让你烦恼吗？佩吉发现我在偷懒，难道不比我真的在偷懒，更让我烦恼吗？（对我来说就是这样）我的意思是，我一边看动作片一边消磨时间，享受其中，但我会把遥控器放在手边，如果她进来，我就可以切换到《麦克尼尔 / 莱勒报道》（*MacNeil/Lehrer*）这种新闻节目或类似的节目，因为这不像看动作片那么偷懒。我更关心的是她看到什么，而不是我可能真的在偷懒。你在听我讲课时睡觉或心不在焉，比起我注意到你在这样做，会不会让你更烦恼？

事实上，我们更热衷于“看起来……”，“实质莫如外观”，因此我们在外表主义中轻视了律法。我们不仅将律法、将基督信仰简化为心灵改造，还将上帝完美的律法简化为人类可以实现的标准，来使它变得微不足道。

你知道吗，我惊讶地发现自己有足够的聪明，不会在生活中的许多其他领域这样做。尽管我有时会打垒球、高尔夫之类的，或无论擅长什么，都会有自知之明，不会站在屡创战绩的马克·麦奎尔（Mark McGuire），或贝比·鲁斯（Babe Ruth）或老虎/泰格·伍兹（Tiger Woods）这样的体育明星人物身边，说：“我能做到！”然而，我们却胆敢站在律法面前说：“我能做到！”诗篇第十九篇提醒我们：“耶和华的律法全备，能苏醒人心。”（诗 19:7）

去年的某一天，我们夫妻俩都正好待在厨房的时候，佩吉在水槽那边突然抬头说：“戴夫，你的杯子在水槽里，没有放进洗碗机。”在这一切背后，你必须明白我们家有这样的共识，这是佩吉定的规矩：大家都要把杯子放进洗碗机，不要等她做，她不是女佣，来做这些事！没错，我们都知道这一点；把杯子放进洗碗机是我们都知道的潜规则。所以这背后也意味着，这个要求并不过分，而且真的要求不多。

我们家还有一个规矩就是：提问。所以我对她说：“听着，我没有做什么坏事，其实我是做了好事。那个杯子在楼下，甚至不是我的杯子。我大老远把别人的杯子拿过来放在水槽里，就是为了你，这是件好事哦。”她说：“嗯……（半开玩笑的语气，这不是严肃的争论），其实这只是一半的好，因为你只走了一半，你没有把它放进洗碗机。”我说：“对不起啊，我认为从楼下走到水槽，远不止一半路程呢，我可是十分之九的好哦。”她毫不迟疑地说：“戴夫，你触犯了律法啦”，她有点在暗指雅各书第二章那节经文。她说："戴夫，如果你遵守了所有的律法，只在某一条上犯错，就是犯了众条；没有功劳可言啦！"我只好说："你说得都对，都是你对！"

加拉太书说："凡以行律法为本的，都是被咒诅的，因为经上记着：'凡不常照律法书上所记一切之事去行的，就被咒诅。'"（加 3:10）"基督既为我们成了咒诅，就赎出我们脱离律法的咒诅。"（加 3:13）有些事情提醒我，尤其是某些律法（问问你自己，那对你来说是什么），提醒我律法不是某种可行的人类标准，它是在促使我归向基督；"饶恕"的律法对我来说就是这样。当雅各讲到教师的责任时，当保罗讲到丈夫的责任时，这些都是在促使我归向基督，提醒我不能傲慢地站在律法面前说："我能做到！"我也认为其中之一是舌头，这就是为什么我们在这门课程中要你们做"舌头练习"的作业；为得是让它能促使我们归向基督。

我听到有些人说："我不做，我甚至懒得去做。我知道这是什么游戏，我知道我控制不了自己的舌头，所以我不会费这个心去做。"当你这样想时，就错失了整个要点，因为重点不在于你不去尝试，而是在于你必须依靠圣灵来做这事。因此，我们要求你去探索这事。这对你来说意味着什么？请看，事情是这样的。福音将我们从"指望律法成为改变的力量"中解放出来，基督藉由祂自己和祂的灵，提供了这种力量；祂已经为我们赢得了圣灵。罗马书说："这福音本是上帝的大能，要救一切相信的人。"（罗 1:16）我们看到这节经文时，它是在邀请我们相信福音。

IV. 错位的依赖：崇拜律法

最后，大纲中的第三点是，我们经由错位的依赖，不得法、不得当地遵守律法，从而崇拜律法。就着三一神的角度而言，我们也错误地将律法与天父相关联，或认为律法不仅是我们的耶稣、我们的圣灵，还倾向于以律法来取代天父。当你这么做，就是偶像崇拜。而这正是我一直在做的事情。

我们夫妻俩要以坐游轮的方式庆祝结婚二十周年纪念，去银行支领一些旅行支票时，柜台人员看到我的职业是牧师，在我们要离开时先是说了声："祝你们游轮之旅愉快！"然后她看着我们紧接着说："我知道你们会的，因为你们过着正确的生活。"——我知道你们会的，因为你们过着正确的生活。她这么说的意思，可以解释为，我们的盼望在于遵守法律、遵守规则；当你遵守规则时，生活就会一帆风顺。这成为我们微妙的盼望，也成为我们在很多方面微妙的属灵盼望。不仅仅是为了一次愉快的游轮之旅，而是为了我的生活不那么痛苦；如果我表现得好，生活就会变得更容易、更美好。我认为，只要过正确的生活，一切都会好起来。

当我这样做，就是把盼望放错了地方；我没有寄望于天父，而是寄望于律法，因此混淆两者，将律法当成偶像。这就像是，我在寻求律法而不是寻求天父；我是在说："律法是我的天父，是保护我、供应我的那一位，是我生命中的权威。"然而，律法从来就不应该是这样的，惟有福音是这样，惟有天父是这样。而且，当我指望律法，将盼望寄托在律法上，就成了律法的奴隶。

我记得有次在"为神之子"的讲课之前，大家在唱一首赞美诗："我心所望别无根基，惟有基督宝血公义……立在基督坚固磐石，其余根基全是沙土……"当我唱的时候，这成了我的悔改。我开始在心里想，其实我的盼望向来是建立在耶稣和祂的义之外。而我经常这样做的方式，就是寄望于律法；我是站在律法上、站在我的行为上、站在我坚实的表现上，其余全是下沉的沙十。不，事情不该是这样的，对吧？但我经常这样生活，而不是单单依靠基督站立。

因此，无论我将盼望寄托在哪里，当我放错地方时，就会成为它的奴隶；这将使我受到束缚，将我置于它的权威和控制之下，从而否定福音所说的。福音就如罗马书 6:14 所说："你们不在律法之下，乃在恩典之下。"加拉太书 3:25 说：你我这信的人，"……不在律法的监管之下"。这就是说，耶稣是我的主，律法不是，它没有权力管我；天父是我的父亲，祂对我有权威，祂使用律法。然而，将盼望寄托在律法上，与将盼望寄托在祂身上，是有区别的。

你可能会在生活中以两种方式感受到奴役和束缚，大多数时候是无意识的。我认为第一种方式是，在某些时候会感受到压力，无论是有意识还是无意识的；你会有一种无限的义务感。当你寄望于律法时，会本能地知道自己不可能真正取悦它；律法就像"批判先生"或"完美小姐"，当你想要全心全意为它服务时，会感受到无限的义务和压力。

有个小方法会让我时不时地感受到这一点（虽然不会常常发生）。主日崇拜后，总有人会来跟我说："很好的讲道，牧师"，不，是"今天的讲道很好，牧师"。在这句话中，你认为哪几个字会萦绕在我脑海中，并让我耿耿于怀？"今天"！你知道我心里马上会想："你说'今天'是什么意思？难道上周的讲道有什么问题吗？上个月你去哪儿啦？"也许我应该回去听听讲道录音吧？为什么你说今天讲得好，而不是说其他周讲得好？你为什么要来跟我说这种话？（那人可能会在之后说，这只是为了惹恼我）即使对我来说，这种不安全感也会存在。再说一次，这并不是经常发生，但上帝在我的生活中用它来提醒我，我是如何让自己成为好牧师、好讲员、或好人的律法奴隶。随之而来的，是无限的义务感，是永远无法履行它的束缚和奴役；是永远无法取悦它，以及伴随的不安全感和压力。

我感到这种束缚的第二种方式，你可能也会感受到，就是失去激情、失去喜爱。我最热衷的事情之一，是在休息日时打高尔夫球。我是说，我就是喜欢它，打球时真的很开心。然而，我发现自己立即就会失去这种快乐，也知道这种情况何时会发生——就是，当我开始赋予高尔夫凌驾于我之上的权威时，这就会发生。任何你全身心投入、任何你寄予盼望的事物，都会变成这样。

就在上个星期，我在练习场上了一堂高尔夫球课，有几杆打得比以往任何时候都来得好，我很享受这些时刻。这是个美好的一天，但我发现自己回家时很懊恼。我开始反思为什么，原因是我想到自己打出的坏球是好球的两倍；这发生在我不知不觉地赋予打高尔夫球权力，来控制我、界定我、左右我的心情，而这本不应如此。我往往以各种方式、用各种事物来这样做，你可能也是这样。我们感受到这种奴役的方式，是因为感受到压力，感受到失去快乐、失去激情和喜爱。

因此，我需要再次被呼召的是，悔改和相信福音，而不是将信心和盼望寄托在律法上，乃是相信福音。加拉太书 4:4-7 提醒我，我藉由与耶稣基督，保证了与天父的关系；是天父在供应我、保护我，祂是我的权威，别无其他。当其他任何事物变成那样时，就变成了偶像；律法和其他事物一样，本是好的，但它也会变成我们的偶像。

听听加拉太书第四章所说的福音，让它来冲洗你的心灵：“及至时候满足，上帝就差遣祂的儿子，为女子所生，且生在律法以下，要把律法以下的人赎出来，叫我们得着儿子的名分……可见，从此以后，你不是奴仆，乃是儿子了。”（加 4:4–5, 7）

家庭作业

需在见面 48 小时前完成（以便见面会谈）

背经：

我们知道律法原是好的，只要人用得合宜；

——提摩太前书 1:8

完成下列问题和练习：

1. 请阅读以下有关律法的总结（如图），写下你的观察：

律法是好的，因为它	律法无能为力，因为它不能
向我们展示了信心应该如何表达	维护我们与上帝及他人的关系
让我们看到耶稣的样子	赐给我们义
彰显上帝的品格	为违背的人开脱 / 辩护
带来理智、智慧与方向	让我们摆脱束缚、内疚和堕落
驱使我们归向基督和他的圣灵	赐给我们力量
约束邪恶	给予我们生命
定罪	为我们提供代替者 / 替罪羊
写在我们心上	赐给我们圣灵的恩赐
是爱的一部分	清洁我们的良心

2. 以色列人拥有有史以来最完善的法律体系，但他们都死在了旷野中，没有到达应许之地。关于律法的能力，这告诉了你什么？以色列人缺少什么？

当我准时参加礼拜，这是一件好事。然而，当我利用这个事实来觉得自己比经常迟到的人更有义时，我就是在滥用律法来觉得自己比那个人优越。当我为了让别人对我有好印象而准时出席时，我就是在为了自义（self- righteousness）而扭曲法律的本意。当我对迟到的人愤恨时，我也在像法利赛人那样扭曲律法。上帝真正的律法告诉我要爱我的邻舍，而不是因为他所谓的失败而愤恨。此外，有时连我也会违反自己的法律，迟到。这时，我就会觉得自己没那么义，于是就会找借口为自己辩解。

3. 请描述你倾向于在基督的工作上添加的三条律法，以产生自己义的感觉。当你遵守了自己的律法而别人没有遵守时，你有什么感觉？当你没有遵守自己的律法时，你有什么感觉？

4. 这种生活方式如何影响你与耶稣的关系？请举例说明。

我们的内心是一个不停生产律法的工厂。根据我们的欲望、恐惧和盼望，我们制造律法，试图实现我们的渴望。“不要迟到”，“为什么这里这么乱?”，“别跟我顶嘴!”当然，不顶嘴、不打断别人说话是爱的表现。但问题是，我们常常用自己的法律来敲打别人的头，并觉得这样做是有理的。在这种情况下，我们试图用法律来控制、操纵和胁迫他人。值得注意的是，保罗在罗马书 1:5 中并没有说“因唠叨而来的顺服”！相反，他说的是“信服真道”(从信心而来的顺服)。对保罗来说，律法没有能力产生上帝所期待的内心的顺服。

5. 列出你为配偶、子女或朋友制定的三条律法。

6. 这些法律有没有哪条有效地改变过对方?

7. 你对这些律法的使用给对方带来了什么感受？

注意：请直接询问对方，但要以邀请的方式，因为他或她可能害怕告诉你！例如："我一直在思考我的言行举止。我意识到，我常常看起来很严厉、很紧张。你能告诉我，当我说……时，你是什么感觉吗？"写下对方的回答。

8A. 凭不信而活，且活在律法之下——

（在下面每个类别中，在你身上最能看到的三四个项目旁打勾。）

☐ 我活着，就好像我的行为会让上帝或其他人认可我。

☐ 我变得只顾自己。

☐ 我培养了独立自主的精神。

☐ 我变得挑剔和容易论断。

☐ 我为自己和他人发展了一种表现导向的生活方式。

☐ 我往往被恐惧和焦虑所支配。

☐ 我需要付出额外的努力才能完成一项任务——这暴露了我的不信。

☐ 我产生了爱别人的障碍。

☐ 我觉得很难甚至不可能饶恕。

☐ 我远离了基督的爱，这影响了我对失丧之人的福音外展。

☐ 我对基督弥合上帝的圣洁与人的罪性之间宏沟的能力丧失了信心。

☐ 我把自己的价值建立在我努力所得的"成功"之上。

☐ 我喂养自己的自义，在自己错的时候很难看到。

8B. 凭信心在恩典之下生活——

（在下面每个类别中，在你身上最能看到的三四个项目旁打勾。）

☐ 我奔向天父，因为我知道祂爱我。我领受祂对我的喜悦（参番 3:17），并以祂为乐。

☐ 我相信我的罪都得到了赦免——使我能够通过圣灵去爱和赦免他人。我能够培养饶恕的生活方式！

☐ 我凭着信心接受我作为儿子 / 女儿的新地位，现在对我来说，不再被定罪。

☐ 我了解罪性的力量、它所能造成的伤害，以及律法对罪性控制的无能为力。

☐ 我知道，只有通过圣灵的能力，我才能爱我的邻舍。

☐ 我能打破障碍而爱他人。

☐ 我能体验到和平与满足是我生活的主要旋律。

☐ 我能在祷告中向我的天父倾诉我所有的挣扎、问题和需求。

☐ 在圣灵的赐予下，我体验到一种与日俱增的渴望，那就是在我所做、所说或所想的一切事情上看到上帝得着荣耀。

☐ 我的价值由福音决定。

☐ 我开始专注于耶稣，并渴望看到祂的旨意和国度的目标得以实现。

在基督里，我从律法的定罪中脱离了。在基督里，我的罪债已被付清，我有耶稣完美的顺服。律法不能决定我是否被上帝所接纳。现在我知道律法不能使我成圣。它不能让我变得更仁慈、更温柔、更有爱心。我也不再用律法来对付他人。既然我知道律法没有能力改变我的内心，我也意识到这对其他人也是如此。

9. 描述一种你一直“活在律法之下“的情形。当你凭信心活在恩典之下时，这种情况会有什么不同？请具体描述。

10. 描述一个最近的例子，说明你在什么时候更在意自己被他人看到是个罪人（being seen as a sinner），而不是自己就是一个罪人（being a sinner）。凭信心并在恩典之下而活会如何改变你对罪的看法？请再次具体说明。

为第5课做准备：

教导另一个人（基督徒或非基督徒）因信称义的实际意义。重点放在领受之义的影响上，并举例说明或讲述自己最近为义而挣扎的故事。在解释称义时，请务必引用圣经中的相关经文。

教导结束后，请这个人向你解释因信称义的一个实际应用，特别是领受之义。他或她究竟从你的教导中“得到”了什么？

完成本作业后，请尽快进入第 5 课，回答问题 1 至 8。

阅读

挣扎的终结

耶稣，你的宝血和义

是我的美丽，是我的荣美衣。

一天，一个小男孩从主日学回来说："妈妈，我们今天唱了一首新的赞美诗。它说耶稣知道我们所有的挣扎。"然后他沉思着补充道："你知道，那不对。我们不挣扎。只有蜗牛才会挣扎。"这让我想起了曾经在一本宣教士杂志上看到的一个标题。上面画了一只爬行的蜗牛和一只飞翔的小鸟，下面写着，"你是什么——蜗牛还是小鸟？"一些非洲基督徒在一次大会上受到祝福，他们唱着歌回家，脸上洋溢着喜悦。其他人说："瞧瞧那些基督徒，他们就像鸟儿在飞翔。"但他们自己也知道，当他们的心与耶稣不对时，情况会有多么不同。那时他们就会像蜗牛一样，被属地的东西束缚，被自我束缚，挣扎而不是翱翔。

如果我们只看到标准（plumbline，铅垂线）把我们放在罪人位置上，使我们持续地处于罪恶感中，我们就会像蜗牛一样挣扎。看到罪并不能让我们自由，我们需要看到耶稣。慕理·麦琴（Murray McCheyne）说，每看一次罪，就要看十次基督。这样，我们就会像鸟儿一样飞翔。

为义而挣扎

菲利普（J. B. Phillips）把罗马书 10:4 翻译为："基督意味着为义的挣扎已终结"，这阐释了钦定本（KJV）的含义："基督是从律法得到义的终结（Christ is the end of the law for righteousness）”。我们每个人都在为得到和保持自己的义而挣扎，这就是为什么我们很难站在罪人的位置上。

这种挣扎跟亚当和夏娃一样古老，当他们在伊甸园被控有罪时，立即相互责怪，最后归咎于蛇，同时他们还用无花果叶子做成衣服，想在上帝圣洁的眼目面前给自己一点遮盖。到了新约时代，这种挣扎继续展开，因为整个犹太教都在试图通过行为来成就义。对于当时的犹太人，保罗说，他们一直在“忙于建立自己的义”，而不是降服于上帝的义。

我们都一样。你看过孩子们在潮水来临前在沙滩上堆砌沙堡吗？他们拼命地堆砌城墙，把松软的沙子拍得结结实实，再用木棍和石头加固，最后却只能眼睁睁地看着它被冲走。我们也这般不断地建立自己的防御工事，以抵御他人的批评浪潮。对我们中的一些人来说，生活成了一场漫长的争扎，挣扎着要成为我们明知自己不是那样的人。

为成就而挣扎

为我们自己的义而战的一个阶段就是为达到完美的标准而挣扎。我们已经看到上帝的铅垂线是如何将我们置于完美的标准之下的，而危险的是，我们的生活可能会变成达到这一标准而进行的漫长尝试。我们成了活在律法之下的基督徒，而不是恩典之下，因此我们在张力中被撕裂，而不是生活在和平中。有时，我们通过想象自己应该成为什么样的基督徒来设定自己的标准。我们追随心中的理想形象。当我们徒劳地想挣扎着爬上斜坡时，我们仿佛看到我们应该成为的那个人站在某个崇高的地方呼唤我们，然而他却从未向我们伸出援助之手。

当然，其他人也会为我们设定标准。每个人都可以告诉我们应该成为什么样的人。我们听讲道、读书，告诉我们应该成为什么样的基督徒，这只会让我们感到罪疚（如果我们敏感的话）和自满（如果我们不敏感）。人们把我们放在高台上，期望我们这样那样，直到生活变成一场漫长的挣扎（成为别人要求的样子）。因此，我们生活在律法之下，试图达到标准，而在我们身后，是上帝无情的律法，永远不会放过我们，或让我们受到鼓舞。

你是生活在律法之下的基督徒吗？活在持续的定罪之下，因为你总觉得自己应该成为一个更好的基督徒，祷告更多，事奉更多，奉献更多？你被道德的戒尺束缚着。你活在轭和重担之下，而耶稣却一直都想给你安息。

为维护声誉而挣扎

为义而挣扎的另一个方面是为声誉而战。我们都注重声誉。我们中的一些人有声誉——可能是因为虔诚、效率、领导力、讲道、料理家务等等！我们中的其他人则希望自己拥有声誉。名声一旦获得，或一旦被假定，就会缠绕、困扰、威逼我们，让我们心力交瘁。名誉的束缚可以是纯粹的奴役，然而我们知道，这只是我们为自己的义挣扎的一种形式。我们不愿意在任何方面被称为失败者。

为外表而挣扎

为义而挣扎结果变成了为外表而挣扎，这就意味着我们最终会对自己不诚实。我曾经听过一个人给孩子们讲述鸡蛋。他有三个贴着标签的鸡蛋。一个鸡蛋已经变质了，标签说：它已经不是过去那样（it was not what it used to be）。第二个鸡蛋孵化了一半，标签介绍：

它不是所希望那样（it was not what it hoped to be）。第三个鸡蛋虽然看起来还不错，却已经腐烂了，但标签还是够诚实地说：它不是看起来那样（it was not what it seemed to be）。

我们似乎是我们所不是的样子，就像犹太人一样，他们为义而奋斗，使他们不可避免地陷入虚伪，这难道不是事实吗？成功的烦恼在于我们不敢失败，因为如果我们要保持声誉，就不能承认自己无知或有罪。因为如果要保住名声，我们就不能承认自己的无知或罪过。那样的话，沙堡就会在潮水到来之前倒塌。与其承认自己有某种需要，让别人了解我们的真实面目，不如坚持下去，哪怕是到了崩溃的边缘。

这一切的悲剧在于，我们以为达到标准就能得到上帝的喜悦。这正是我们的错误所在。在罗马书 10:5 中，菲利普的翻译再次帮助了我们："完全遵守律法的人，必在其中得生命"——这在理论上是正确的，但在实践中是不可能的。如果我们能达到上帝的标准，就会得到祝福。但我们做不到，所以我们最终受到了诅咒。律法本是为了给我们生命，但它却成了死亡的手段，这并不是因为标准本身有什么问题，而是因为我们这些罪人无法达到它。

基督，挣扎的终结

当我们看到基督是这一切的终结时，是何等的安慰啊！祂是义之挣扎的终结，因为祂不仅为我们成全了律法，还为我们受了咒诅。祂不仅成就了我们的完美，还为我们的不完美赎了罪。没有什么需要再挣扎的了，因为祂已经为我们做了一切，并且上帝现在什么也不要求了，只要我们的悔改和信心。

> 祂向你所要求的一切
> 就是感受到你对祂的需要。

乔伊·大卫曼（Joy Davidman）说得如此优美："摆脱罪孽的唯一办法就是承认它，因为离了诚实，悔改，就不可能有宽恕和恩典。基督徒不会总是感到罪咎。对他来说，罪是一个可以放下的重担，因为他可以承认它、悔改并得到赦免。对那些否认罪的存在，并且尤其否认自己的罪的人，才是必须继续背负罪的不幸者。通往自由的道路在于坦诚的认罪和悔改，这能让我们的心灵向那安慰者敞开"。向上帝的恩典敞开我们的灵魂，意味着他不仅拯救我们脱离我们原来的样子，而且改变我们，使我们成为应该成为的人。

这多么容易！摆脱罪的唯一办法就是承认它！为什么这么困难？当然是因为这意味着放下我们自己的义，而这正是我们不喜欢做的事。然而，如果我们坚持保留自己的义，又怎能拥有基督完美的义袍呢？这是不可能的。

耶稣是我们完美的义。当我们来到祂面前时，我们不再需要其他。为义的挣扎已经结束，祂成为了我们的声誉和荣耀。我们不必惧怕来到罪人的位置，因为当我们来到这里时，就是停止我们自己的工作，停止试图成为我们所不是的人，而是承认我们真实的样子。在那时，我们接受基督自己的义，在上帝面前被称义，并进入平安。这是神给我们的基本祝福，也是唯一真正的平安和喜乐之道。

将你死一般的行为抛下，
抛弃在耶稣脚前。
站在祂里面，唯独在祂里面，
荣耀完全。

〔斯坦利·沃克（Stanley Voke），《个人复兴》（*Personal Revival*），©1964 年〕

勾选已完成的作业：（勾选后，可与导伴预约时间）

- ☐ 聆听信息 4
- ☐ 背诵提摩太前书 1:8
- ☐ 完成练习
- ☐ 阅读“挣扎的终结”
- ☐ 跟你的祷告伙伴更新信息

Session

5

赐下能力的圣灵

讲员得罪女儿最大的地方，是她没有触及女儿的良心。事实上，她甚至都没有尝试。她觉得，如果她对女儿的外在行为下功夫，就会对她的内在产生影响。但真正的生命改变从来不是这样的。用这位讲员的话说，" 我建了一座没有门的房子。我把福音展示成了律法，在她面前我也没有破碎 "。

本次目标

- 认识圣灵在我们生命中大有能力的事工——保证、提醒、安慰并将福音应用于我们的心灵；
- 知道圣灵使我们知罪，并引导我们归向基督，将我们改变成基督的样式，且使我们有能力去服侍；
- 了解信心和祷告如何成为我们与圣灵同行的中心。

阅读讲章

儿子学像儿子行事

罗丝·玛丽·米勒

本课是关于上帝的儿女学习如何像儿女一样行事、生活和相信。

今天的讲课真的让我很烦恼，我找不到重点。我觉得要讲的内容很零碎，就像没有细绳串起来的珠子在地板上滚来滚去，直到今天下午我听了杰克的讲课，才开始意识到，福音之歌总得有个去处。当我意识到这一点时，才发现其实上帝一直在我心里动工，让我明白，“列国”并非事不关己，而是上帝对“广大禾田”的心意。然后我的讲课内容就有了中心思想，谢谢你，杰克。

I.主要障碍：“我”的问题

我想再详细说明一下“舌头练习”的作业。加拉太书说：“基督释放了我们，叫我们得以自由，所以要站立得稳，不要再被奴仆的轭挟制。”（加 5:1）再往下看，经上又说：“我再指着凡受割礼的人确实的说，他是欠着行全律法的债。”（加 5:3）

我确实相信，上帝给了我们这么多自由，若不是圣灵一直在感动和掌管我们的生活，我们就会放纵自己。有趣的是，在所有可以挑选的罪中，祂竟然用舌头来形容我们如何放纵自己。在加拉太书 5:14-15，保罗说：“因为全律法都包在‘爱人如己’这一句话之内了。你们要谨慎，若相咬相吞，只怕要彼此消灭了。”杰克称之为“基督徒的同类相食”；这破坏了家庭、教会、差会、机构和企业。就连企业也开始意识到，在市场上，舌头可以有多么恶毒。

新生命教会（New Life Church）成立之时，丹尼·赫伦（Dan Herron），后来成为长老、如今是我们在非洲宣教的团队负责人，他组织了新生命教会的第一个门训小组。他们在“舌头”上做出了承诺：不说闲话，如果彼此之间有嫌隙，会去找对方谈论，而不是到处跟别人说；并承诺相互肯定。上帝藉由新生命教会传递这种承诺，成为教会成长的稳定因素。我相信圣灵极为喜悦这个没有充满争斗和相咬相吞的教会。事实上，新生命教会成立大约十二年后，该地区的一间教会分裂了，有些人来到了新生命教会。他们离开的原因开始在会众当中流传，当时与杰克一起牧会的约翰牧师出面说：“我听到了这些事情，不想再听了！”流言止住。圣灵喜悦这种合一。

舌头作业首先是“不抱怨”。我向来就是这种爱抱怨的人，我可以用整堂课来讲述自己这辈子抱怨过的所有事情。杰克的座右铭是：“要么冒险，要么生锈。”而我的是：“杰克，就让我生锈吧！”在那之前，我会抱怨他想冒的每一个风险。乌干达就是其中之一。写书对我来说苦不堪言，我知道自己做不到。我在写书的整个过程中，一路抱怨、一直在说：“我做不到！”多年来，我对杰克说：“我真的已经原谅你选择进入牧职，但我们至今没有一起谈论过这事，也没有达成共识。而且，还有一些事困扰着我，我不知道那是什么。”就在我对他说这些话时，突然想到，在杰克开始当牧师时，我既不能、没有、也不愿接受上帝对我生命的主权掌管，认定这就是我们俩要走的方向。我内心有一个抱怨的强烈倾向：所有的船都下河了，河水改变了航向，船翻了，船上没有救生衣……

我认为对我来说，问题归结在：我能否接受上帝对我生命的主权意旨，即使我不理解。当我以热情好客闻名时，却抱怨所有住在我家里的人，抱怨那些不尽职尽责的人，也抱怨杰克为什么不让他们尽自己的一份力。这让我看到，在这一切的背后，我只是想吸引别人的注意力，让自己陷入自怜之中；我的思维模式是："我好倒霉！"

我最喜欢的儿童读物是《小红母鸡》(*The Little Red Hen*)。[1]她因为没有人帮忙，所以最后只能自己做；而那就是我的写照。上帝的主权包括我的罪和别人的罪，祂把这些拉在一起，也适用于天堂，那里是我的心必须不断去往之处。在波湾战争（Gulf War）中功勋卓著的将军科林·鲍威尔（Colin Powell），在他就读过的南布朗克斯（south Bronx）高中演讲时说："我们如今生活在我称之为'受害者主义'的病态国家，这可能是现在美国的主流意识形态。"我们是这样地推卸责任和制造借口。

我记得女儿芭芭拉第一次向我们宣布她生活中发生的事，并因此离家。她将自己的问题归咎于我们。我责怪她的朋友，杰克和我也可能在暗中互相指责，心想如果我们善尽为人父母的职责……这种感觉是这么沉重。其实这始于伊甸园[2]，夏娃基本上立刻说的是："魔鬼叫我这么做的！"然后亚当就责怪上帝。我们想把这些事提出来，让它们曝光，然后摆脱它们。我没有涵盖所有关于"舌头"的作业，但我认为当你鉴察自己的内心时，会发现自怜和防卫的倾向有多深。在人际关系中，我们总认为自己是对的，我们说的话都是对的。

---

1 这个故事是关于一只想要烤面包的母鸡。她向一些动物朋友寻求帮助，没有一只愿意，所以她和自己的小鸡宝宝一起做。面包烤好后，她的朋友们都想吃一些，她拒绝给它们任何东西，因为它们好逸恶劳。

2 摘自马丁·路德《属灵辅导信函》(*Letters of Spiritual Counsel*) 中一段有趣的内容，第 283 页。"亚当和夏娃在一起的九百多年里，一定互相责骂过对方。夏娃会说：'都是你吃了那个果子！'而亚当会回答说：'那你为什么要把它给我？'毫无疑问，在他们漫长的人生中，必定会感叹自己当初的堕落，带来了日后多少的罪恶。这必定是个异乎寻常的家庭状态！因此，创世记是一卷非凡的智慧和理性之书。"

Ⅱ.首席帮助者：圣灵

我们得和大卫一起呼喊："耶和华啊，求祢禁止我的口，把守我的嘴。"（诗 141:3）是吧？我们做不到。当你承受压力，感到紧张，认为这是别人的错时，就会抱怨和责怪，为自己找借口，想让自己看起来更好。上帝慈悲地没有撇下我们为孤儿，并赐给我们圣灵："我要求父，父就另外赐给你们一位保惠师，叫祂永远与你们同在；我不撇下你们为孤儿，我必到你们这里来。"（约 14:16,18）所以，耶稣在我们的心里，但祂也差遣儿子的灵进入我们心里；我们不需要行得像孤儿，我们不需要说话像孤儿。

我说过，乌干达独裁者阿敏遗留的，最可悲之处是他留下的所有孤儿。但他们并非你想象中的可爱小孤儿，而是当时的杀人犯和小偷。我们家收养了一些受虐待、即将被送进机构的寄养儿童，这些孩子，无论我们为他们做了什么（我们真的努力让我们家成为他们的家），他们却总是不管多困难都想回家。在我们里面的心，对我们说，我们不是孤儿，上帝确实是我们的家。

圣灵来了，祂是保惠师、教师、定罪者；祂的工作是使人知罪；圣灵所结的果子是爱。我在约翰福音 14 章和 15 章中数了数，有十八次提到，最重要的是"爱"。

我想带你一起来看我们与女儿芭芭拉归家之旅的经历〔就如《回来吧，芭芭拉》(*Come Back*, *Barbara*) 一书中所述〕，并向你展示，在这条路上的每一步，圣灵是如何使人知罪，成为辅导者、教师，以及最终教导我如何祷告。当这种事情发生时，我们多半先是责怪别人，然后觉得自己是受害者，因为自认为已经善尽为人父母的职责；之后就自怜自哀，困在其中，若非圣灵在我们生命中带来更深的知罪，否则无法从中摆脱。

过了一段时间，我终于准备好听一听“判决”是什么。我对芭芭拉真正的罪，是没有触及她的良心，我没有试过这么做。我真正在乎的是外在行为，认为如果在外在行为下功夫，就会在内心起作用。但事实并非如此，你在内心下功夫，然后才会有外在的行为表现。我盖的房子没有门，自己心里没有福音在动工，因此无法将此传达给她；我像讲律法一样讲福音，在她面前没有破碎。八年后，我们其中一个人最终破碎时，她听到了；当你的心在孩子面前破碎时，他们能听到。如果你用这种强势的方式来呈现真理：“这是你必须做的、是你必须相信的、是你必须表现的”，他们根本就听不见。

这个旅程的下一步是圣灵，祂确实是教人如何祷告的原创者，祂教我如何祷告。“况且，我们的软弱有圣灵帮助，我们本不晓得当怎样祷告，只是圣灵亲自用说不出来的叹息替我们祷告。”（罗 8:26）我喜欢罗马书中这段经文，因为这段经文将你包裹在三一神之中。当你按照圣灵希望你祷告的方式祷告时，就不会失败。我学会如何为女儿祷告，就是：针对仇敌撒旦的所作所为，为她祷告。仇敌在我女儿生命中播下极深的不信种子，我认为只有这种祷告才能够让她摆脱困境。我们为她生命中免受罪恶的欺骗祷告；为她脱离黑暗国度在生命中的辖制祷告；并再次将她交托给上帝。

在那之前，我们的祷告很笼统，只知道祈求上帝拯救芭芭拉，并请求朋友们为上帝拯救芭芭拉祷告。最后，圣灵教导我：“罗丝·玛丽，尽管你和她都犯了罪，但这确实是仇敌做的工作；牠真的做了这事，现在让我们针对牠所做的来祷告。”不到两个星期，女儿打电话给父亲说：“爸爸，我不知道问题出在哪里，但我不能再撒谎了。”几个月后，她打电话问：“我可以回家吗？”她准备离开和她住在一起的毒贩子。我们对这事从未说过一句话，只是祷告，并看到了上帝亲自动工。

圣灵所做的另一件事，就是开始在我内心深处建立信心；深信上帝过去和将来都是芭芭拉的上帝，会带她回到祂自己身边。祂给了我等待的灵，即使当女儿搬回家，然后去读天普大学，并找到一份餐馆女服务员的工作，又开始夜不归宿。杰克跟芭芭拉说，她不可以住在那种地方做那种事，她就气冲冲地离家了。我们帮她安置了一套公寓，有天过去看望她时，发现她的男朋友安吉洛（Angelo）已经搬进去住。令我惊讶的是，我当时并没有感到丧气，因为上帝的应许已经深入我心；我学会爱、学会原谅、学会接受，并且没有真的对她抱持任何期望。

但我确实期望上帝会做伟大的事情。他们俩后来结婚，我们现在已经和芭芭拉、安吉洛以及他们的四个孩子一起生活了八年；这是非常美好的八年。有人问芭芭拉："你们是怎么做到的？"她说："如果我们必须努力这么行，就会行不通。"这不就是恩典吗？你总是需要为一段关系努力，而这样做非常耗费心神。有些关系我们是必须努力维护没错，但当两个家庭生活在一起时，如果总是在想应该要怎么做，那就很难做到了。

III. 问题的核心：培养儿女的心

问题的核心在于，我这一生到底是在讨谁的喜欢？保罗在加拉太书中写道："我现在是要得人的心呢？还是要得上帝的心呢？我岂是讨人的喜欢吗？若仍旧讨人的喜欢，我就不是基督的仆人了。"（加 1:10）

我现在要对姊妹们说，我犯的一个错误，是用顺从来取悦杰克。我真的必须摆脱"为取悦他而做"的心态，这样才能够明白什么是真正的顺从。如果你想取悦别人，就会生活在很多恐惧中，有很多潜藏的恐惧和罪咎。

你可能读过杰克写的很多书，也听过他的讲道。他的心总是向着丰收，总是超越他的教会视野、超越他本国的疆界，而我的心总是："让我待在家里，杰克，你自己去吧！"但事情并非总是如此。我们第一次去了乌干达，第二次我怀着极大的喜悦去了，第三次和第四次去，是因为小女儿凯伦和女婿鲍伯在那里。那时，为了真正讨天父喜悦而做的动机已然消失。当小女儿夫妇俩离开乌干达，只剩我们两个人时，我对杰克说："就这样吧，我受够了这个国家，受够了这些人，再也不想回来了。如果你还想来，就自己来吧！我已经厌倦了去你有呼召而我没有呼召的地方！"所以，我们回家了。

六个月后，杰克回去乌干达，就在他准备离开之前，心脏病发作。我人在美国的家，凯伦陪着我，鲍伯在乌干达陪杰克。当电话打过来时，我知道我必须去乌干达。我想去，那不是问题，但对我来说有个大问题："上帝啊，祢与我同去吗？"这是最重要的事情。我在得知杰克的消息并打电话给家人和牧师后，走进旁边的房间，问上帝："祢与我同去吗？"上帝和我独处，祂从出埃及记第 33 章对我说话。当摩西问同样的问题时，耶和华回答说："我必亲自和你同去，使你得安息。"（出 33:14）

我去了，带着喜悦去了。我花了三天才到那里，而且没有签证。我去了，不知道到达那里时，杰克是否还活着。最重要的是，我去是因为要讨天父喜悦，因为这是祂的呼召。信不信由你，那是我的宣教呼召。从那以后，我去了乌干达两次，上次我是一个人去的。杰克得了淋巴瘤，他们认为他不应该去乌干达。我去了，带给乌干达的妇女有关上帝饶恕的信息。上帝在我们内心最深处动工来讨祂喜悦，然后你就知道能讨祂喜悦的是什么。你就是会知道！

IV. 新的信心：结束挣扎，成为全新的“我”（加2:20）

大纲的最后一点是，新的信心。过去几年我开始研究以赛亚书，在第 52 章和 53 章中读到的，都是关于耶稣的十字架以及祂所忍受的一切。第 54 章转为一首歌：“你这不怀孕、不生养的要歌唱！你这未曾经过产难的要发声歌唱，扬声欢呼！……要扩张你帐幕之地，张大你居所的幔子，不要限止；要放长你的绳子，坚固你的橛子。因为你要向左向右开展，你的后裔必得多国为业，又使荒凉的城邑有人居住。”（赛 54:1–3）

使徒行传 1:8 说：“但圣灵降临在你们身上，你们就必得着能力；并要在耶路撒冷、犹太全地和撒玛利亚，直到地极，作我的见证。”我现在才开始明白，当这首歌在心中时，你就必须去某个地方、去找某个人、去另一个国家。看看在奈洛比（Nairobi）的龙格一家（Longs）“强尼、贝姬和伊莉莎白 · 龙格是肯亚（Kenya）奈洛比的宣教士，差派自 Mission to the World 和 World Harvest Mission（now Serge）”他们听到了音乐，唱着这首歌，将它带到奈洛比。我唱着这首歌，将它带到伦敦。上帝今天在世界上做什么？祂在为自己的名召聚众人。如果任何基督的教会、家庭、机构，只是为了自身而存在，就会枯竭；舌头也将被用在错误的地方。

几年前，在我最疯狂的梦境或最吓人的噩梦中，从未想过自己会坐在俄罗斯精神疾病的宗教部门教室里，向他们讲述耶稣，而我竟然这么做了！当我们讲完后，他们说：“我们以前从未听过这样的事。”

杰克讲论的主题是“伟大的交换”。俄罗斯之旅是我一生中最奇妙的经历，我第一次踏上这条荣耀的道路！我很惊讶，如果是在前一年，我不可能以同样的方式做这个演讲，我心里没有想过要做这事。

然后是在英国，我们夫妻俩在团队到来之前，坐在一家餐馆里。

有个男人和他的两个小男孩坐在我们旁边，两个孩子一直很不安份。我们俩总是试着和坐在旁边的人交谈，这位父亲喜欢美国人，这很好。他开始与我们交谈，随着谈话的继续，我开始分享自己的见证。我原以为他不想听，他却说："别停，我想听。"值得庆幸的是，女服务员端来了冰淇淋，两个男孩安静了大约十分钟，让我得以与他分享基督为我所做的一切。

然后他邀请我们去他家喝茶，我们就去了他家，喝了茶。在英国这段期间，杰克租了一辆车，那天下午需要还车。这位先生主动提出带我们去归还，并载我们到其他需要去的地方。然后我们告诉他杰克写的书，他说想要《回家吧，芭芭拉》那本书，所以我们又和他们共度了一个晚上。在离开英国之前，杰克打了个电话跟他们道别，这位父亲说，他刚刚读完《回家吧，芭芭拉》，很受激励。

在英国的时候，我们还去过商场里的一个小食堂，有位女服务员坐在那里，没有其他桌子可用。杰克问她，是否可以坐在那里，她说可以。她在看报纸，杰克和我试着跟她交谈，但没有什么进展。最后杰克说："你听起来好像有口音"。她告诉我们，她来自波兰。杰克说："我们才去过那里，你住在哪里呢？"她答道："克拉科夫（Krakow）。"我们告诉她，我们正好才去过那里，很喜欢她的家乡。十分钟后，她邀请我们下次去她克拉科夫的家。我们请她喝茶，分享了在克拉科夫拍的照片。离开英国的最后一晚，我们和她共进晚餐，此后她一直写信给我们。列国啊！上帝在动工！能够参与其中真是令人兴奋！

当我们搬到伦敦时，留下 103 岁的母亲（她于 1994 年 8 月去世，享年 105 岁），离开二十个孙子，但带上其中三个与我们同去。现在我们有八个家庭委身在伦敦服事。这是令人振奋的城市，我确实相信圣灵会在那里的各族裔中动工。如今，舌头有很多可以歌颂之事；它不必用来抱怨、推卸责任、找借口，或是责怪杰克。我相信杰克和我一样，对这次讲课的进展感到惊讶。

去年我又读了以赛亚书。我不断地说："上帝不会将祂的荣耀归给别人。"祂就是不会。夸口的意义何在？最后我想："罗丝·玛丽，你为什么不按计画行事呢？将荣耀归给上帝呢！"这就是我正在做的事。我非常感谢圣灵，祂进入我的心、寻找我、让我知罪；祂洁净、全面、深入地更新我；并将我带到基督面前，教导我，引导我过更加顺服的生活。这是个相当冒险的旅程！

家庭作业

需在见面 48 小时前完成（以便见面会谈）

背经：

> 但愿使人有盼望的神，因信将诸般的喜乐、平安充满你们的心，使你们藉着圣灵的能力大有盼望！
>
> ——罗马书 15:13

完成下列问题和练习：

1. 反思你的教导任务：因信称义的实际意义（见第 4 课家庭作业的最后一段）。描述你所使用的个人例子。

2. 事后，当你请这个人解释因信称义（尤其是领受之义）的一个实际应用时，他的回答是什么？请写在下面。

3. 如果有机会再做一次这样的练习，你会采取什么不同的做法，为什么？

4. 总的来说，你认为你们的讨论产生了什么影响？你认为对方真正理解了多少？

5. 在与他人分享基督的态度和方式上，你有什么想要改变的或更进一步发展的？

6. 请结合你教导的经历，思考下面的问题。有什么特别的问题让你印象深刻吗？以这些问题为指导，再次反思你的教导时间。

- 接到这项任务后，你有何反应？
- 有逃跑或者恐惧的反应吗？
- 是反抗或者咬牙切齿？
- 你是否发现自己像奴仆一样反应——质疑任务、抱怨，或者感到任务繁重？
- 你是否尽职地完成了任务，却没有热忱，或者带着自信或自义的感觉？
- 你是否发现自己的反应就像一个孤儿——依靠自己的资源，感到孤独、无能、无助、内疚或无力？
- 在你进行的过程中，是否有一份对基督的爱和分享基督的渴望？
- 你对他人有爱吗？
- 害怕失败和害怕被拒绝在多大程度上影响着你？
- 你是否想寻求对方的认可？
- 你的祷告是什么样的？
- 你的忙碌是否挤掉了你的祷告？
- 你完成任务时，是否对上帝的大能和荣耀的彰显没有太多期待？
- 在分享的过程中，你是否感受到了天父的同工和圣灵的同在？
- 你是否从谦卑、平安、喜乐、温柔、信心和勇气的果子中看到了圣灵的证据？

完成反思后，请勾选这个方框。

☐ 已经完成

7. 结合你对上述问题的回答，这项教导任务对你的综合影响是什么？

讲员总结说，她对女儿真正的罪在于她试图控制女儿的外在行为。直到圣灵使她对自己生命中的罪有了更深的认识后，她才能真正与女儿建立连接。只有在她自己破碎之后，她的女儿才能开始听到她的声音。大多数父母都愿意说："对不起，我生气了。"然而，当我们自己的心在神面前真正破碎时，我们的孩子才会听到我们所说的话。孩子们需要知道，爸爸妈妈是家里最大的罪人，他们迫切需要耶稣，跟孩子们一样。因此，我们通过自己的破碎、软弱和悔改——而不是通过向他们灌输律法——来影响我们的孩子和其他人。

8. 试想一份家庭关系，对方需要听到关于你和福音的真理——你是一个困苦 / 需要帮助的罪人（a needy sinner）。你可以如何将所学的应用到这份关系中？

9. 讲员讨论了圣灵如何教导她祷告——尤其是针对仇敌在她女儿生命中的所作所为。你的生命在哪里受到仇敌及其谎言的攻击呢？写下你一直在相信的谎言；然后，针对每个谎言，写下你应当相信的福音真理。

10. 想一位你所关心的人，你认为仇敌在他或她的生命中做了什么。把这些事情写在下面。开始为你对问题 8 到 10 的回答祷告，并将这些告诉你的祷告伙伴。

阅读

死囚漫步

在电影《死囚漫步》(*Dead Man Walking*)中，男主角被关在死囚牢房里，从牢房被带出，穿过走廊，到死刑室，在那里他将被电死。因此，他是一个“漫步的死囚”。

这个场景也是我们每个人的写照。我们都走在通往死亡的走廊上。我们生活在死囚牢房。我们都是“漫步的死囚”。然而，上帝的公义和我们的罪要求我们接受比电椅更可怕的惩罚；我们应该受到上帝永恒的愤怒。

令人惊讶的是，当我们被带到走廊上时，我们发现我们被带进了一个大法庭，而不是死刑室。狱警在我们身后关上了门，我们抬起头，看到一位庄严雄伟的法官坐在法官席后面。

“你知道自己即将被送上电椅吧?”我们每个人都点头承认。

“好吧,”他说，“我要赦免你。你愿意你许多的罪行和罪恶被赦免吗？你是否愿意被赦免，从而不再有罪咎，不再为你的罪行被定罪?”当然，我们每个人都说，“是的，法官大人!”

此时，法庭上的灯光闪烁，变得昏暗。法官解释道：“一位爱你超乎你想象和梦想的人，刚刚代替你被电死了”。他继续说：“凭着赋予我的权利，我宣布你被赦免了。你被宽恕了!”

这就是因信称义的第一部分：赦免和宽恕。但还有更多。想想某些被审判系统宣告无罪或赦免的名人。在我们的心目中，许多人仍然认为他们有罪。赦免或“无罪”判决并没有改变我们对他们的看法。

让我们再次回到法庭的场景。法官看着我们说：“我知道，当你离开法庭时，很多人——甚至是你们自己的家人和朋友——仍然会认为你们有罪。因此，我不仅仅原谅你们。

“我要送你一份礼物，这礼物就是新的声誉。这份新的声誉意味着你是完全义的。我宣布你没有瑕疵、没有罪过、没有罪咎。所以，你不仅得到了赦免和完全的宽恕，而且现在你也是完全的义了。你将带着这一新的声誉离开法庭。”

这就是因信称义的第二部分：新的声誉——我们为义的宣告。我们不仅仅被宣告为“无罪”，我们还拥有了新的声誉。因此，活出我们的称义就是不断地回到法庭上的那一幕。每天，我们都必须不断地认识到，我们被赦免了，被宣布无罪，而且被宣告为完全的义人。

让我们再次回到法庭。这位伟大的法官还对我们说了一件事：“你们已被赦免，并被称为义。我会放你自由。但是你可能无家可归。”于是，法官脱下他的长袍，并从法官席上走下来。（他穿着牛仔裤、T 恤衫和运动鞋。）他搂着我们说：“你愿意作为我的孩子来跟我一起生活吗？你愿意被收养吗？在我的庄园里，我为你准备了一个房间。我会为你提供生活所需的一切。在那里，你会有无数的兄弟姐妹，他们会爱你，你也会爱他们。我会让你继承我所拥有的一切。”

我们问：“这一切究竟是如何实现的？”法官接着解释说：“我希望你明白，这一切之所以可能，是因为我的独生子耶稣。祂活了完美的一生，所以你才能拥有祂完美的记录。祂为你受尽苦难，又为你的称义复活。这一切，祂都是为你做的。因此，一旦我收养了你，我就会像看待祂一样看待你——你是无罪的、圣洁的。既然你被收养到我的家庭里，我就让你成为祂的共同继承人。此外，我还会为你提供在我的家中生活所需的一切帮助。”

因此，这位伟大的审判官现在成了你的父亲，祂为你提供了另一位——圣灵，让祂住在你里面，给你力量来过这新生活。圣灵是引领你“走永生之路”的那位，你的天父知道，单靠你自己是不可能过好这一生的，所以他赐给你圣灵住在你里面，使你知罪，安慰你，教导你，并让你确信上帝对你的大爱。

因此，举例来说，当你对自己的这一真相越来越有安全感时，你就能够倾听批评——即使是不公平的批评——而无需证明自己是对的。你可以倾听，看看你能学到什么；你可以倾听，看看你能如何帮助批评你的人。你竟然能够更加关心对方，超过对自己的关心。你不再需要证明自己是对的、没问题的，因为你在神里的身份是对的、安全的。

勾选已完成的作业：（勾选后，可与导伴预约时间）

☐ 聆听信息 5

☐ 背诵罗马书 15:13

☐ 完成练习

☐ 阅读“死囚漫步”

☐ 跟你的祷告伙伴更新信息

Session

6

与父神的团契

要想活在上帝面前，我们就必须停止活在人面前。乔治·穆勒指出，在他有效地以上帝为乐并进入祷告的争战之前，他的生命中必须发生两件事。首先，穆勒说："我必须向乔治·穆勒对乔治·穆勒的看法死。如果你只想着你对你自己的想法，你就无法为上帝的荣耀而活，也无法与上帝相交。"其次，他还说："我必须向别人对我的看法死，这一天必须到来。"

本次目标

- 通过祷告与我们的天父有更多的团契，享受祂，并建立伙伴关系；
- 更加认识到祷告是福音的有力武器；
- 了解是什么阻碍了我们的祷告生活。

阅读讲章

儿子与天父会面

杰克·米勒

我们这次讨论的主题是：儿子在清晨与天父会面，也可以说女儿在清晨与天父会面；甚至可以说儿子们和女儿们一起在清晨与天父会面。因为这里所说的，不仅适用于个人祷告，也适用于团体祷告。

I. 真正的问题：与你天父的团契相交

当我们谈到与天父相交，以及从清晨开始与天父相交这个主题时，就会在脑海中浮现各种各样的问题。首先是反对意见："也许他会说，每个人都需要每天早上六点起床，祷告一两个小时。"我认为这对所有懒惰的人来说，一点也不会伤害他 / 她脆弱的灵魂。不过，这不是这次讲课的重点，这不在于上帝希望你在清晨花多少时间，甚至不在于你的清晨真的是早上或下午。这不是问题所在，真正的问题是：你是否愿意藉由祷告、读经、向天父敞开你的生活、愿意遵循祂那天对你的旨意，来与祂团契？

人们清晨不早起的真正原因是，这整个想法对他们来说毫无意义。如果祷告是"对讲机"，你从中呼唤服务员为你的房间提供更多枕头；或者如约翰·派博（John Piper）所说，它确实是战场上的"对讲机"。那么，如果是后者，你会想要起来战斗，如果是前者，那又何必呢？[1]你会认为，在你需要休息时，你躺在床上会更好、更健康，而不是浪费精力从床上爬起来。

我们再次来看上帝的话语，读加拉太书中与这个主题相关的段落。“我们靠着圣灵，凭着信心，等候所盼望的义。原来在基督耶稣里，受割礼不受割礼全无功效；惟独使人生发仁爱的信心才有功效。”（加 5:5–6）惟一重要的是，信心是藉由爱而发挥强大功效——除了清晨，也可以加上正午和夜晚。“弟兄们，你们蒙召是要得自由，只是不可将你们的自由当作放纵情欲的机会，总要用爱心互相服事。因为全律法都包在‘爱人如己’这一句话之内了。你们要谨慎，若相咬相吞，只怕要彼此消灭了。”（加 5:13–15）

“情欲的事都是显而易见的，就如奸淫、污秽、邪荡、拜偶像、邪术、仇恨、争竞、忌恨、恼怒、结党、纷争、异端、嫉妒、醉酒、荒宴等类。我从前告诉你们，现在又告诉你们，行这样事的人必不能承受上帝的国。圣灵所结的果子，就是仁爱、喜乐、和平、忍耐、恩慈、良善、信实、温柔、节制，这样的事，没有律法禁止。凡属基督耶稣的人，是已经把肉体连肉体的邪情私欲同钉在十字架上了。我们若是靠圣灵得生，就当靠圣灵行事。不要贪图虚名，彼此惹气，互相嫉妒。”（加 5:19–26）

我们在帖撒罗尼迦后书中，发现了一段引人注目的经文：“弟兄们，我还有话说：请你们为我们祷告，好叫主的道理快快行开，得着荣耀，正如在你们中间一样。”（帖后 3:1）这里更白话的说法是：“弟兄们，我最后要说的是，请继续为我们祷告，使主的信息迅速地继续传开，并不断地得到荣耀，就像在你们那里一样。”这就是我们要祷告的内容。

---

1 约翰 · 派博（John Piper），《神的喜悦》（*The Pleasures of God*），Multnomah 出版，Portland, Oregon，1991 年，第 231-232 页。

II. 伟大的基督带出伟大的基督徒

我们有圣灵所赐的两种武器：一是福音，其次是祷告；藉由祷告赋予福音力量，没有别的了。一旦意识到这一点，你我的祷告就会变成截然不同的事情。你要嘛有武器，要嘛没有武器；要嘛因祷告而变得高效，要嘛因不祷告而变得低效。就这么简单！另外，我们需要看到的是，成为战士——战士儿子或战士女儿，是多么丰富多彩，多么美妙的事。

在开始思考这个问题时，它又把我们带回这个问题上："这种信心是如何藉由爱而产生强大功效的？"你可能会说："当我审视自己的经历时，这真的没有发生在我的生活中。"其实我们每个人都必须说："的确，这是我一而再的经历。"如果你着眼于自己的经历，而不是福音的应许，情况就会继续如此。信心不是看外表，乃是惟独定睛在上帝的应许上。

那么，为什么在加拉太书第二章中，信心被描述为纯粹的接受？"既知道人称义不是因行律法，乃是因信耶稣基督，连我们也信了基督耶稣，使我们因信基督称义，不因行律法称义，因为凡有血气的，没有一人因行律法称义。"（加 2:16）这就像小鸡跑向母鸡，让它用翅膀遮盖；就像大地躺在那里，被动地喝着从天而降的雨水；就像新娘只不过说了句："我愿意"。如果是这样的话，保罗怎么会在这个时候，突然用这么有力的字眼来描述信心，说它会使我们有能力做原本做不到的事。

汉斯·迪特尔·贝茨（Hans Dieter Betz）的解经，其优点之一是，他认为这是加拉太书的注释者尚未解决的主要问题，而且没有解决办法。他们当中有些人一直在努力解决这个问题。为什么前面把信心描述为接受、领受并依靠基督，在这里却描述为战斗的信心、行军式的信心？有什么区别呢？贝茨说得对：“区别在于上帝的爱介入其中，而基督和祂爱的占有，使福音变得不同。”我并非毫无保留地称赞他的解经。我认为，现代对加拉太书最好的注释，可能是冯荫坤近年来写的那一本。尽管如此，贝茨已经看到了这卷书“以赎罪的能力为中心”的结构。

我想请大家注意一些在我看来更深刻的内容。如果你回到加拉太书第四章，会注意到那里说：“及至时候满足，上帝就差遣祂的儿子，为女子所生，且生在律法以下，……你们既为儿子，上帝就差祂儿子的灵进入我们的心，呼叫：阿爸，父！”（加 4:4, 6）这里有两个历史性的行动：上帝差遣祂的儿子，以及上帝差祂儿子的灵。一方面，上帝差遣祂的儿子进入历史，祂是由女子所生，是真正的人；也因为生在律法之下，以致这位真正的人受到诅咒，满足了顺服的要求。

第二个行动是，上帝差祂儿子的灵进入祂子民心中。这两个都是历史性的行动，都发生在历史上，都是事实。我们通常认为，圣子基督道成肉身的降世是历史和事实，却忽略了圣灵的降临也是历史和事实。请注意保罗描述的方式，他本可以说：“上帝差遣基督”，或“上帝赐下耶稣”，或任何其他的用词，但在这里，你会注意到，他说：“上帝差遣祂的儿子”。

如果你回到加拉太书第二章，会发现保罗又用了这个词：“上帝的儿子”。他在这里说：“我已经与基督同钉十字架，现在活着的不再是我，乃是基督在我里面活着；并且我如今在肉身活着，是因信上帝的儿子而活，祂是爱我，为我舍己。”（加 2:20）如果你回头看加拉太书第一章，保罗说：“上帝既然乐意将祂儿子启示在我心里，叫我把祂传在外邦人中，我就没有与属血气的人商量。”（加 1:16）这位道成肉身的受苦者是谁？这位赎罪者是谁？将诅咒加在自己身上的是谁？奥秘中的奥秘：神是在肉身中的全能者！

那些想将律法加在耶稣身上，并将“行律法”视为被上帝接纳且成为一流基督徒之基础的人，保罗在与他们辩论时说，你已经得到超级的救恩，这是因为它是由名叫全能者的那一位为你买的。因此，在加拉太书 4:4-7 中为我们描述的那一位，就是全能者——伟大的基督。我记得英国神学家约翰·欧文（John Owen）曾经说过：“伟大的基督带出伟大的基督徒。”如果你有伟大的基督，就会有伟大的救恩。

我还记得第一次去爱尔兰时，走进一家酒吧（请滴酒不沾的人放心，我只是进去看看）。当我坐在那里，看着周围那些人，脸上布满了疲惫、黑暗和沮丧。我的心呼喊着：“哦，深愿你们知道那位被钉在十字架上，上帝之子的真相；深愿你们知道祂的能力，深愿你们能接近祂！”你看，这就是我们所说的，信心生发仁爱，信心因爱而产生强大的功效；因为它与救主、救赎者，以及不可抗拒和至高无上的救恩紧密相连。上帝的恩典令人无法抗拒，这不只是写在书上，乃是写在永恒里，上帝已经这样做了。这不是你从神学书中拿出来的东西，而是关乎存在的真相。

你有没有想过，上帝为什么要创造了这么广大的宇宙？它无远弗届。我无法理解英国著名物理学家史蒂芬·霍金（Stephen Hawking），甚至不确定他是否了解自己。宇宙再广阔，也不足以应对十字架的威严。上帝将它作为基督在十字架上得荣耀的小舞台，这就是为什么祂将宇宙造得这么大。十字架在物理上看起来很渺小，但实则不然；它主宰着我们的存在。

III. 为神之子的信心与奴仆的信心

当我们思考是否要清晨早起祷告时，可能会这么想：“是啊，我是个孤儿，只有一本小福音书和一位小耶稣，祂从未经历过真正的苦难，并非真正的上帝之子。我的罪并不全是真的，只是一种画面而已，临到我身上的压力才是真的。”我们都是这样生活的，不是吗？今天的呼召是，杰克要为他的小信悔改，要为他与其他的一切连结，而不是与基督连结来悔改。

我知道现在要给你们举的例子有点令人沮丧，但没关系，振作起来。这是摘自十八世纪文学巨匠，塞缪尔·约翰逊（Samuel Johnson）的日记和祷告日志。他是真正的伟人，自称是基督徒，甚至写过证道集。他记录了自己多年来清晨早起祷告的努力：

1738 年：他写道：“哦，主啊，请让我弥补在懒散中花费的时光。”

1757 年：（19 年后）：“哦，全能的上帝啊，请让我摆脱懒惰，勤奋地利用剩余的时日来弥补浪费在懒散和罪恶中的时光。”

1759 年：（2 年后）“让我摆脱懒惰和懈怠。”

1761 年：“我已经下定决心，直到我下定决心，我害怕再下定决心。”

1764 年：“自从上次领圣餐后，我的懒惰已经达到最严重的地步。从现在起，我的目的是避免闲散并早起。”

1764 年：（5 个月后）他决定早起，“如果可能的话，不要晚于 6 点。”

1765 年：“我打算 8 点起床，因为虽然我不会早起，但会比现在早得多，因为我经常躺到下午 2 点才起床。”

1769 年：“我现在还不能做出任何决定，我打算并希望早上 8 点起床，然后逐渐在 6 点起床。”

1775 年：“当我回顾年复一年做出后又失败的改进和修正决心时，为什么还要再次努力做出决定呢？我努力，因为改革是必要的，绝望是犯罪。”他又决定 8 点起床。

1781 年：（他去世前 3 年）“我不会绝望，帮帮我，帮帮我，哦，我的上帝啊。”他决定 8 点或更早起床，以免偷懒。

我知道你的祷告日记可能比这更好一些，但是，尽管如此，当我们对他的情况哑然失笑时，会问自己：“那我呢？我就那么无能为力吗？我的信心与耶稣基督紧密相连了吗？”我在想，我们的信心往往没有与耶稣基督紧密相连，是因为不清楚自己想要成为什么样的人。你到底想成为什么样的人？你为什么要早起？你想改变这一天吗？你想在这一天被改变吗？

卫斯理对怀特菲德有很多说词，他们两人之间有过相当严重的冲突，但在生命后期，当他与怀特菲德会面的那个特殊日子，他这样评价怀特菲德的性格：“他只呼吸和平与爱。信心在乔治 · 怀特菲德身上，借着爱有力地发挥功效，偏执在他面前无法立足。”这就是卫斯理对他朋友的描述。我想成为那样的人吗？你想成为这样的人吗？“他 / 她只呼吸和平与爱”——这会成为你我的习惯吗？

我们已经看到被人亲切地称为“约翰逊博士”，塞缪尔 · 约翰逊的例子。耶利米 · 杰克逊（Jeremy Jackson）说：“怀特菲德、卫斯理兄弟，与塞缪尔 · 约翰逊之间的区别在于，前两者为神之子的信心，后者有奴仆的信心。”杰克逊这样说：“我认为，卫斯理在自己的生活中看到，作为‘上帝的奴仆’以及‘知道自己是上帝的儿女’这部分的区别。这意味着对天父的属灵信任，知道在我们求饼的时候，祂会给面包而不是给石头；也意味着充分认识到，耶稣为我而死，因此也为我而活；祂是为我而复活。”

这是一个目标，一种正在培养的心态，它涉及圣灵的动工，让人从孤儿心态、信任、到知道自己是上帝儿女的信心。身为上帝儿女的信心与上帝亲生之圣子的存在、能力、现实和工作有关。与天父同等的这一位赐给我们上帝儿女的名分，使我们成为上帝的养子和朋友。整个问题的核心是："身为上帝的朋友，我是否想在清晨起来会见我的朋友？"

约翰逊被冲突压垮了，用他自己的话来说，他的基本矛盾是：身为孩子，他对父亲不忠；身为丈夫，他至少在情感上对妻子泰蒂不忠。我认为他并没有通奸，但随着妻子日益年老欲退，他的性欲却如年轻时一样强烈，因此他觉得被抛弃了，夫妻经常争吵。他背负着满身的罪恶感，但他最深的罪是，拒绝接受赎罪来洁净心灵。某天有人来找他，说："约翰逊博士啊，你总是情绪低落，难道你没有想到基督的宝血和它的大能吗？"他说："是的，我有，但你不知道我的罪有多严重！"他所信的基督是多么微小啊！当有人被这种羞耻感抓住时，我们必须说："是的，约翰逊博士，你的罪可能比自己所知道的还要严重得多，而你更严重的罪是藐视十字架！"这就是不信的核心所在。

你看，救恩的整个恩典之路是说，你必须完全脆弱才能够拥有它，而且必须越来越脆弱才能够享受它。我们喜欢读那些提供恩典几何图解的书，但不喜欢恩典的显露。恩典说："自始至终，没有任何东西来自你，全是来自天上。"无论你相信与否，从根本上来说，我们很难给予爱；但当我们清楚自己不值得爱时，就更难接受爱。比利是我们的生命故事，在剧中，你看，他总是想赢得与父亲的关系。[1] 这就是为什么我们在任何时候，无论是清晨还是其他时候，祷告都没有力量，因为我们错失了目的。

---

1 《比利》（*Billy*）是一部由奇特人物，查理和露丝·钟斯（Charlie and Ruth Jones）表演的小品。比利是个被收养的男孩，他一直努力作个乖孩子和做好事，来赢得爸爸的爱。爸爸却一直坚持说，比利之所以被爱，只是因为爸爸选择了他，并想要爱他。我们就像比利，不断努力想要赢得已经拥有的关系。

IV. 真正的问题：我们享受上帝吗？

真正的问题是，我们必须问自己，这也是约翰·派博所问的：“我们真的享受上帝吗？我们享受恩典吗？我们是否又再次学会享受战争？”无论你喜欢与否，都被卷入一场战争。如果波湾战争发生时，你已经报名上大学，征兵人员说，这将带给你大学福利，某些医疗福利等。突然间，头条新闻出现一个名叫胡笙（Hussein）的奇怪家伙，而你对他一无所知。你被带上飞机，下了飞机后，得到一套沙漠迷彩服，听到远处的射击声和枪声，你说：“我只是来这里上大学的，大学在哪里？”他们说：“它就在你面前，第一课就是躲避。”如果你是战区的平民，没有比这更让人难受的了。

你并不理解整个事件的目的，一旦你去到那里，要嘛成为孤儿，要嘛成为幸存者。你在那里是为了捍卫自我，并藉由行善或助人在他人心中累积好感度。你真的没有任何好理由参战，你不是战士。然而，你若不是基督徒战士，就不可能是基督徒。所以，耶利米·杰克逊说：“重点在于，知道天父会给你面包，而不是石头；祂真的爱你，祂有强大的爱。这是不要求资格的爱，是无条件的爱。”我们在“为神之子”这个课题上所说的全部要点是：“上帝的恩惠在你身上，这是颠扑不破的事实。”上帝的恩惠在你身上！

请看加拉太书中突出的三件事。你因信称义，这与你被收养成为儿子直接相关；两者都合乎律法。上帝出于爱，按着律法赦免我们，并出于爱，按着律法收养我们，这是永恒与持久的爱。我们在上帝的恩惠下，得到祂所赐恩惠的灵，也就是为神之子的灵；我们所拥有的高尚地位、以祂为乐、法律基础、法律权利、个人愉悦，都是出于祂的恩惠。这就是你要早起祷告的原因。

如果这是真的，那么你会怎么做？我认为你真的要向其他人学习。你们当中有些人是牧师，你曾否传讲过一段经文，后来听到别人传讲同样经文时，觉得自己从来没有真的理解过它？我有过。你曾否看到有人活出这段经文，然后突然觉得自己从未体验过它？这就是我们所谈论的。基督信仰，亦即上帝的道，圣经的话语，住在我们里面，祂的脚和手在我们里面发出声音；这是一个我们的血液流淌着福音的基督信仰。这不是很棒吗？你能想像天父对你我的爱是怎样的吗？我觉得自己就像个小侏儒，站在阿尔卑斯山或喜马拉雅山前，说："看！看！看！"我几乎睁不开眼睛，它们就在那里，以雄伟的姿态向我招手。

我认为，乔治·穆勒（George Mueller）[1]是个帮助很多人，也可能让很多人感到困惑的人。我想，很多人都对上帝如何大大地回应乔治·穆勒的祷告，感到困惑。你知道这个故事，有几百名孤儿坐下来等着吃饭，他们面前没有食物。但就在他们祷告时，有辆面包店的卡车在孤儿院门前抛锚，车上的人把面包拿进去，因为怕面包要坏掉了。他们的祷告大大地得到回应！

另一个故事，是乔治·穆勒与一位正要将船驶进圣罗伦斯河口的船长对话。当船只在河里移动时，天气变得雾朦朦的，船长停住了船，因为无法在雾中前行。眼看乔治·穆勒的演讲时间就要到了。如果是我，我就会说："我要迟到了。"但乔治·穆勒说："不，我不会迟到的。"他催促船长启动引擎，船长说："不行！"他们进去祷告，出来时雾就散了。我们大多数人会认为，我们出来时雾会更浓。

乔治·穆勒令人们着迷的地方，就是上帝像这样地大大回应他的祷告。据说他从未向人募款，但我认为这可能有点误导。然而，这并非乔治·穆勒的伟大之处；其伟大之处在于他知道如何早起祷告，而

1 参看罗杰 · 斯蒂尔（Steer）的《穆勒传：以神为乐》。

其伟大的一个秘诀就是他以天父为乐。他早起的全部动机是为了荣耀他的天父，其目的不是做什么大交易。他说：“说实话，我所追求的，是让普通人看到他们的生活和一切供应都来自天父。我并不是要别人非得像我这样生活不可。”重点在于让人们享受上帝。罗杰·斯蒂尔（Steer）写了一本关于乔治·穆勒的精彩传记。书中说，乔治·穆勒以上帝为乐；他就是懂得享受上帝。

乔治·穆勒生命中的方方面面都表明了这一点：人们在他的讲道中信主、孤儿得救、上帝伟大供应的见证；最重要的是他享受上帝、是个好战士、上帝很乐意使用他。人们非常确信上帝与他同在，于是奉献了成千上万的英镑；他在为中国内地会（China Inland Mission）获得大量支持方面，发挥了重要作用。

话虽如此，他确实说过，他的生命中必须发生两件事，才能够使他有果效地以上帝为乐，并真正投入战争。他说：“我必须死于对自己的看法，如果你总是想着对自己的看法，就真的无法为上帝的荣耀而活，也无法与上帝相交。总有一天你会说，我怎么想真的不重要，发生什么事对我来说都不重要。”哇！他认为惟一要紧的，是上帝的荣耀、他人的福祉、以及失丧之人的得救。他说：“总有一天，我必须死于别人对我的看法。”我们是“被认证的笨蛋”，总有一天必须死于别人对我的看法；换句话说，这意味着抛开名誉，活在上帝面前，而不是活在别人面前。

如果我是你，我会做的是：请一些人为你祷告这两件事，甚至在离开这个会议之前就为你祷告。他们会为你祈求上帝，死于你对自己的看法，也死于别人对你的看法。当这种情况开始发生时，你的早起祷告就不会那么无聊了。你有没有注意到，你的晨祷有多么无聊吗？你在祷告时听到了背景中微小的沙沙声，这是天使在你的祷告中打哈欠，他们感到很厌倦。一万个天使俯身听着老调重弹。你能想像吗？他们说：“我们的祷告勇士又来了，他又来了，唉！”这些可怜的天使。

所有的魔鬼都在那里咧着嘴笑，甚至可能懒得露面。他们不必这么做，是因为认为：“这家伙早就心不在焉了！”他为什么让天使和魔鬼都感到那么无聊？答案是：他很乏味，很自我中心，很无趣。是吧？你就是太乏味了，我们让你变得有趣些，好吗？这难道不是今天的好主意吗？我们要为令人厌烦的人做一次讲坛呼召。在座有多少人觉得自己实在让人感到无聊至极呢？

你需要人们为你祷告，让你能跟得上计划，让你能听到枪声。当你听到大约 30 英尺远，机关枪的扫射声和小型武器的开火声，就会开始警觉起来。当你听到重型步枪在轰隆作响，就会知道有人在射击你。生命是很警觉的，它是如此警觉，以至会感受到难以置信的痛苦。你会意识到，“外面那个家伙正想置我于死地，我最好想办法先干掉他。”想要抓你的家伙是魔鬼，你要为自己的灵魂、为百姓的灵魂、为失丧者的灵魂而战。

V. 忘我的祷告

你要如何“向人们的想法死”呢？关于祷告时发生的事情，你脑海中要清楚掌握两个原则：你是在请求上帝与你会面，而更好的是，你意识到祂已经准备好与你会面，你会打开眼睛看到祂就在那里。这是“会面与开启”(meeting-and-revealing)，而这种“会面与开启”的基础，本质上是圣经和上帝将要做之事的应许。我们要祈求“爱的福音”在世上兴起；如果福音不是世人生命中的力量，我们会要求人们做出解释并探查自己。我见过许多不法之徒因福音而戏剧性地归主，也见过很多自称是真正改过自新的归信者，其中相当多人是被某人单单“用圣经敲打脑袋”（引用其中某人的说法）而信主的。

人们谈论律法，但不知道什么是守法。在清晨，新时代的复活清晨，我们与天父会面，祂能给你力量去探究自己的生活，找出与永生上帝相会的地方，并带着喜乐去做。从真正的意义上来讲，你要向自己传福音，问自己：“当我在清晨与天父会面时，这对我有什么作用？”这是“会面与开启”，两者相互结合。我应该祷告到与天父相互交融：爱祂，以祂为乐；尤其是，意识到祂也爱我，并以我为乐。最重要的是，当我意识到祂对我的爱和喜悦，我就愿意整天顺服祂。

你要如何为此做准备？我已经说过，一个方法是，请人为你祷告，这样你的眼睛就会打开，看见福音的荣耀。惟有上帝的信息能改变人心，当你自己以它为食时，就会开始意识到这些伟大的话语：“上帝的恩惠临到我和教会。”如果人们没有行在上帝的恩惠下，请他们解释一下：“你的喜乐都到哪里去了？”保罗说：“我要一个解释。”我曾问过人们：“你曾经因为爱耶稣而做了某件事吗？你曾经因为爱耶稣而停止做某件事吗？”

我在全国各地举办过这些福音课程。我想，我甚至经由教导这个问题，而让一些人从中信了主。有一次，我问了上述的那个问题，有个男人跳起来，跑到教堂后面，然后消失了。礼拜结束后，牧师和我去他家，他和妻子站在屋子中间，互相搂着对方，嚎啕大哭。我们问：“发生了什么事？”他说：“我想我刚刚信主了。”他的妻子说：“他的确不太一样。”然后他告诉我们，他是一名婚姻辅导，他从未爱过任何人，包括他的妻子。他现在爱耶稣。他说：“这才是爱！”他建立了规范：上帝的规范，新约中教会生活和信仰的规范。然后你让人们解释为什么他们没有这个规范。太多牧师在从事防卫性的事工，他们试图保护自己免受“笼中狮子”的伤害。把门掀起，让狮子跑吧！你近距离见过狮子奔跑吗？真是令人印象深刻！福音就是像这样运行的——它是上帝的狮子！

VI. 凭信心祷告

那么，信心的预备就是用福音喂养你自己，这样，当你准备好去祷告时，就不用担心了。你已经在前一天晚上做好了准备，开始想要随时准备祷告。在“你是怎么做的?”这方面的实践中，实际上意味着，简单地看看自己决定早上想做什么。你想做的其中一件事，就是看到自己的态度发生了变化；你从孤儿心态转离，成为儿女心态。你必须祈求圣灵加快苏醒为神之子的灵，以便你抓住上帝的应许。

如果你是个大罪人，就需要得到大的应许。我们大多数人都需要大的应许——我就需要。“耶和华说：你们来，我们彼此辩论。你们的罪虽像朱红，必变成雪白；虽红如丹颜，必白如羊毛。”（赛 1:18）当大卫犯罪时，就把这句话当作祷告的应许。他求了一件听起来荒谬的事，他曾犯过通奸、撒谎和谋杀罪，但他祷告说：“求祢用牛膝草洁净我，我就干净；求祢洗涤我，我就比雪更白。”（诗 51:7）

这听起像是荒谬的祷告！但如果你原本与上帝圣子全能的救恩隔绝，而当你看到祂用宝血带来公义、祂被钉十架，祂就是大能的那一位时，这就不是荒谬的祷告了。对我们来说，这是多么大的盼望啊！我们有什么理由生活在沮丧、悲伤和绝望中呢？我可以一而再地对自己的灵魂说：“我的心哪！你为何忧闷？为何在我里面烦躁？应当仰望上帝，因我还要称赞祂。祂是我的救主，是我的上帝。”（诗 42:11）为什么呢？因为我们有大能的福音。我的祷告即使微弱，却有翅膀武装；正如荷兰神学家亚伯拉罕·凯波尔（Abraham Kuyper）所说：

“乘着信心的翅膀和爱的翅膀，直奔上帝的宝座。”[1] 信心因爱而大有功效。

然后，我会简单地这样做。你们当中有些人热爱律法（至少在口头上如此），但要如何学习遵行律法呢？你一整天要怎么做呢？耶稣说，律法的总纲是这样的：“所以，无论何事，你们愿意人怎样待你们，你们也要怎样待人，因为这就是律法和先知的道理。”（太 7:12）这是黄金法则，都写在这里了。所以，你祈求以这种方式去爱别人时，你将在一天当中照你愿意被对待的方式对待他人。

如果你要进入一个充满恐惧的环境，祈求上帝消除你的恐惧，靠圣灵的能力，用羔羊所赐的灵粮，来改变你。然后，当你进入那种情况时，求主给你一双充满爱的眼睛。你祈求天父的眷顾，并希望那个人（如果是基督徒）也蒙受眷顾；如果他们是敌人，你还是想祝福他们。你真的整天都在祈求奇迹；祈求改变现状；祈求有勇气参与冲突，因为你必须参与其中，不能逃避。有时你只需要安静、倾听，提问；其他时候，你需要劝诫甚至冲突。无论在什么场合，你都需要圣灵的引导。

你始终应该关注的是，有一天，我们都要站在全能者的宝座前，并作出交代。祂对我们说：“因为耶稣的缘故，你们这些站在我面前

---

1 亚伯拉罕 · 凯波尔（Abraham Kuyper）是荷兰神学家和政治领袖。他的许多著作包括《神圣神学原理》（*Principles of Sacred Theology*）、《圣灵的工作》（*The Work of the Holy Spirit*）、《基督的死与复活》（*The Death and Resurrection of Christ*），以及《亲近神》（*To Be Near Unto God*），默想诗篇 73 篇关于父子关系。他说：“多年来，你可能对上帝有一般的爱，但却从未认识上帝。只有当你对上帝的爱开始具有个别性时，才会真的认识上帝……当上帝和你进入一种有意识的、重要的、个人的、特殊的关系时，祂是你的父亲，你是祂的孩子……祂的孩子以独特的方式，以不同于上帝其他孩子的个人关系，与祂有着天上和地上可以想像的最亲密相交；祂是你的天父、你的牧者、你的知己朋友、你的上帝！”《亲近神》，Presbyterian and Reformed Publishing co., 出版，Phillipsburg, NJ，1925 年，1979 年，第 22 页。

的人都是宝贵的灵魂。”这应该让我很感动。当我想到耶稣代替了我，我抬头看着那些失丧的人，意识到耶稣已经做了伟大的交换，我只需要做小小的交换。我可以将自己想像成这个迷失的人，为他 / 她哭泣，并愿意告诉他 / 她，地狱是现实的，这不是玩笑。

基本上，当人们带着问题来找你时，事奉的核心就是活在全能者面前，享受祂；享受圣父、圣子、圣灵。然后，作为基督徒，当你与其他人一起祷告时，他们会带着所有的问题和要求而来：“为我做这个，做那个。”当你为他们做某些事时，他们绝不会想到，你已经与上帝同行，他们无法将你拉进所有的紧张和恐惧中，相反，你凭着信心悔改了你的紧张和恐惧，站在全能者面前祷告。你祷告、再祷告、又祷告。

人们应该会经由你的祷告而信主。当你开始带着破碎、爱心和权柄祷告时，他们当中有些人甚至可能离开教会。我们称之为苏格兰式复兴（Scotch revival），在这种复兴中，教会生活的品质，会因一些成员的离开而得到改善；复兴几乎总是涉及这一点。如果你早起祷告，你的心可能会在这事上受到考验。你愿意让别人对你敬而远之吗？如果你不愿意为可能发生的事付出代价，就无法大胆、勇敢地祷告。

你在清晨真正要祷告的是：“天父啊，主啊，我现在有个理由与祢会面了。我希望祢在我有生之年祝福我，赐给我圣灵，将人们带到我身边，让他们变得友好和善良。”你生活在多么虚幻的世界里？那是仙境，外面没有那样的世界。你抽了什么毒品吗？我是说，这太疯狂了。有些受过神学训练的人，给我的印象就是他们自己版本的大麻；他们生活在奇怪的梦幻世界里。不要那样，你是一名战士，在为永恒的灵魂而战。或生或死都要勇敢，无所畏惧，包括承认自己的罪。最大胆的是，你要一直相信，上帝真的赦免世人的罪！

家庭作业

需在见面 48 小时前完成（以便见面会谈）

背经：

耶和华你的神是施行拯救、大有能力的主。他在你中间必因你欢欣喜乐，默然爱你，且因你喜乐而欢呼。

——西番雅书 3:17

完成下列问题和练习：

1. 阅读以下关于祷告的积极态度清单：

- 上帝对我与他的互动非常感兴趣。
- 祷告会成就上好的事，它不是毫无意义的。
- 上帝渴望抓住我的心。
- 我就像上帝说的那样，自我依靠、自立自私。
- 我有一颗胆怯的灵，迫切需要上帝的帮助。
- 通过祷告，天父会将他的灵赐给我。
- 祈祷是值得花时间的。上帝是可享受的。
- 祷告是对我的时间的一项最棒投资。
- 即使没在危机当中，我也迫切需要上帝。
- 天父就在那里，他听我说话，他也会回应我。
- 即使我的情况没有改善，他的回应也总是非常好的。
- 我卷入了一场属灵争战当中。
- 我祈祷的不是改变上帝，而是让上帝改变我。

• 通过我的祷告，人们可以归信基督或被改变。

• 祷告是尊崇性和个人性的敬拜时间。

2. 你最希望上述清单中的哪三项是你祷告态度的真实写照？为什么？

诗篇 37:4 写道：“又要以耶和华为乐，他就将你心里所求的赐给你。”我们常常把这句话理解为，只要我们以耶和华为乐，就会得到我们想要的，这样我们的“以耶和华为乐”变成了操纵上帝的一种方式。然而，我们需要提醒自己，只有当我们凭着信心接受上帝对我们的喜悦时，我们才会以神为乐。我们越多领受上帝对我们的爱和喜悦，我们就会越多以他为乐并渴慕他。当上帝成为我们的首要渴望时，上帝的渴望和我们的渴望就开始变得一致。

因此，请关注上帝为你所做的一切。思考本课背诵经文的含义：上帝喜悦你，并用他的爱使你安静。圣灵有能力将这一真理注入你的心中，使它不只是言语，而是改变你与天父之间的体验。你在灵修中“成就”了什么并不重要，重要的是你领受了什么。与其说是“灵修”，不如说是享受每天与天父的关系。考虑把“灵修”改名为“团契时间”，来强调你的时间的主要目的不是达到一个目标或完成例行公事，而是与你的父在一起。

3. 与父亲共度时光的想法看起来是毫无意义，或令人兴奋，还是其他什么？请解释你的回答。

4. 与天父会面跟“灵修”有什么区别？这对你来说，是什么样子的？

乔治·穆勒指出，他与天父的伙伴关系因他越来越意识到他必须向“对自己的看法”死，以及必须向“他人对他的看法”死，而变得越来越好。

5. 为了使你与天父的关系成长，你可能需要在哪些方面死去？请举两个例子，可以是你对自己的看法或观点，也可以是别人对你的看法。

雅各书 4:1-4 写道：“你们中间的争战斗殴是从哪里来的呢？不是从你们百体中战斗之私欲来的吗？你们贪恋，还是得不着；你们杀害嫉妒，又斗殴争战，也不能得。你们得不着，是因为你们不求。你们求也得不着，是因为你们妄求，要浪费在你们的宴乐中。你们这些淫乱的人哪，岂不知与世俗为友就是与神为敌吗？所以凡想要与世俗为友的，就是与神为敌了。”

然而，耶稣在马太福音 21:22 中说：“你们祷告，无论求什么，只要信，就必得着。”如果我们相信，我们在祷告中祈求什么就会得到什么，为什么没有实现？为什么我们得不到？雅各给了我们答案：我们祈求的动机是错误的。我们祈求，是为了把得到的东西花在享乐上。这比金钱要宽泛得多；它说的是满足我们自己的欲望。但我们大多数人不都是这样祷告的吗?

当我们以这种方式祷告时，我们成了什么样的人呢？雅各说得很清楚：我们是奸淫的人。通奸者是什么样的人？通奸是一个可怕的词！它其中的一个意思是，我们试图利用他人来取悦自己。但在这里，我们试图利用的是上帝。这不仅仅是操纵。通奸也很诱惑人，因它试图从对方那里得到我们想要的东西。因此，我们必须牢记，我们的内心是有诱惑力的。我们试图操纵和诱惑上帝，以获得自己的快乐。因此，我们试图“取悦”他，好让他给我们想要的东西。只要我们的快乐得到满足，我们就会继续“取悦”他。雅各最后警告说，这样生活就是与世界为友。

6. 你曾在什么时候带着错误的动机为某件事——甚至可能是好的事——祷告过？上帝是如何回应你的祷告的？你从那次经历中学到了什么?

7. 如果你失去了这世上的一切——所有的金钱、地位、家庭——除了与上帝的关系，你什么都没了，你是否还拥有你所需要的一切?请解释一下。

8. 再次思考你对问题 7 的回答。你认为你目前的视角是如何影响你与上帝的关系的？请再次解释你的答案。

律法主义（legalism）和放纵（license）是真正祷告的两大障碍。律法主义会破坏真正的祷告，因为它祷告的目的是为了自义——要在神、他人和自己眼中看为好。它祷告说："感谢主，我不像其他人，他们不像我这样祷告，不像我这样生活"。它的祷告没有怜悯和关系。它冗长的祷告是为了作秀，为了给人留下印象。放纵也会破坏真正的祷告，因为它不祷告。它懒惰、漠不关心、自给自足。"放纵"寻求从这个世界的事物中得到自我满足；因此，它不关心那些不属于这个世界的事物。

9. 你是如何看待自我满足和自义阻碍真实的祷告的？请举例说明。

通常，我们不会大胆地祷告。相反，我们会陷入陈词滥调，这源于我们对上帝的疏远和缺乏亲近上帝的渴望。我们的祷告常常是"安全的"；它们只关注我们内心以外的任何事，试图与神保持一定距离。很多时候，我们没有诚实地告诉上帝我们的处境，也很少考虑我们祷告的意义。

10. 对你来说，怎样的祷告才是勇敢、大胆、冒险的？

11. 这种冒险的祷告会带来哪些影响？换句话说，为了使这个祷告得到应允，你的心必须在哪些方面发生改变？

12. 与你的祷告伙伴分享你对问题 10 和 11 的答案，并开始就这些方面祷告。完成后，请在方框中注明。□

13. 因着这次学习，你对“灵修”和祷告的理解有什么变化或拓展？

阅读

忘我的祷告

成为一名“繁衍的基督徒”——即通过自己的见证和榜样促进他人相信耶稣——应该是每个基督徒的渴望。这样做是为了实现耶稣在马太福音 28:19 中给我们的最基本的呼召："去使万民作我的门徒"。这是一个极棒的目标。它的意思不亚于要求所有人放弃自我意志，回归对上帝的完全依赖——为了救赎，为了脱离罪及其惩罚（死亡），也为了生命和与生命有关的一切。这意味着借着基督耶稣以上帝为中心，而不是以自我为中心。

现在，如果正确理解这项任务，我们在努力完成它的过程中就会不可避免地产生一种紧张感——因为从根本上说，我们自己仍然是自私自利的。我们仍然滋养着自己的野心、对自己和他人的期望以及自己的欲望。更糟糕的是，我们仍然声称有权对他人怀有某些怨恨。我们对从他人来的伤害耿耿于怀，而这些伤害是我们通过多年的悉心照料和投入培养出来的。简而言之，我们是自私的。如果我们希望有效地向他人讲述放弃自我意志、成为耶稣门徒的道理，我们就必须首先去除自己眼中的梁木。我们必须越来越以上帝为中心，越来越忘我，渴望他的旨意，并寻求他实现旨意的方法。

如何做到这一点？祷告是上帝所选择的方法。它与信心一起，是提供给我们的最有效的属灵争战武器。通过祷告，我们会失去我们的自我意志，变得以神为中心。祷告使我们有能力以上帝的方式遵行他的旨意。它使我们能够认同神的旨意，顺服神的旨意，并使他人敢于委身于神的旨意。通过祷告，自我的国度被打破，上帝的国度被提升。

我们如何以这种方式祷告？

显然，如果是这样的话，教导他人以国度的方式祷告对所有基督徒的健康生活至关重要。

以下步骤概述了祷告中的两个重要因素：

步骤 1：以君王儿女的身份祷告（参加 4:4-7）。在祷告的一开始，就认识到我们是来与神相交的，这一点至关重要。我们是他的孩子，来与我们的父亲交流——来享受他、敬拜他、崇拜他。如果我们在确认这一基本事实之前就急于进入其他的祷告领域，那我们就犯了一个错误。

有时，这种团契相交会以一种体验的方式呈现在我们面前。当你向神打开心扉、赞美他、回顾神呼召你信主的方式、为神的供应感恩时，特别是当你思想基督的十字架和它为你提供的亲近神的道路时，你可能会感受到神的同在。“我们因信耶稣，就在他里面放胆无惧，笃信不疑地来到神面前。”（弗 3:12）另一方面，有的时候也会感觉不到神的同在。不要为此焦虑，也不要费力去感受什么。要相信圣经的真理。当你奉耶稣的名呼喊时，无论你是否感觉到，你都是在上帝的面前。耶稣在约翰福音 14:23 中说：“人若爱我，就必遵守我的道；我父也必爱他，并且我们要到他那里去，与他同住。”

无论我们有没有感觉到，来到万王之王、万主之主面前是我们的特权——享受与我们天父的交通，他在基督耶稣里赐给我们天国各样属灵的福气，他在创世以前就拣选了我们，命定我们作他的儿子，救赎了我们，并将大事启示给我们（参弗 1:3-8）。享受他！

步骤 2：整天时时祷告，与那些妨碍我们与神相交的事情争战。这包括向神承认我们的罪，所有妨碍我们与神相交的罪。阻碍我们与神相交的罪有很多。例如，一个主要的罪就是焦虑（参罗 8:15)。它是重大的，因为它揭示了自我中心。它清楚地表明，自我的王国正在肆虐并掌权。焦虑暴露了我们的追求、奉献、欲望、梦想、要求和期望。它表明我们对上帝的供应能力明显缺乏信心。它关注的是自己，而不是上帝。

要消除焦虑及其对团契相交的绊脚石，最好的办法就是确定我们的追求是否属于主，然后为天国的成功祷告。这就是以神为中心，使我们成为神的伙伴。我们的忧虑也会成为了他的忧虑。如果我们关心的是他所关心的，而不是我们自己的忧虑，我们就可以让他来“忧虑 / 操心（worry）”这些最终将如何实现。“不要照我的意思，只要成就你的旨意 "，这是耶稣教导门徒的祷告的核心。值得注意的是，当耶稣面对他生命中最焦虑的时刻，当他害怕被钉在十字架上的残酷死亡时，他做了那个祷告。虽然他在祷告时，因当时的恐惧而汗珠连连，但他却带着力量离开。他将自己交托给了天父。他放下了自己的渴望（存活）和该渴望在当前困难面前滋生的焦虑，接受了天父的旨意（死在十字架上，为我们赎罪）。借着祷告，他经受住了考验。

耶稣的忧心曾试探他到如此的焦虑，而天父最终以自己的方式在他的时间为他解决了，认识到这一点真是太好了。耶稣胜利地从坟墓中复活——以不朽坏的身体复活，不会再死去，而是永远过着丰盛的生活。当我们的心“定睛在不可见的事物上”时，焦虑就会消失，这块阻碍我们与神团契和发挥功效的可怕绊脚石也会被挪走。

勾选已完成的作业：（勾选后，可与导伴预约时间）

- ☐ 聆听信息 6
- ☐ 背诵西番雅书 3:17
- ☐ 完成练习
- ☐ 阅读“忘我的祷告”
- ☐ 跟你的祷告伙伴更新信息

Session

7

悔改的生活方式

悔改并不是要弄清一切，了解自己的罪，并且能用一套方法，能以雄辩地口才大谈你罪恶的本质，却不做任何事情。正如约翰·加尔文所指出的："信心和悔改这两个词容易说，但它们却是最难实行的。因此，把对上帝的敬拜归结为这些的人，绝不是放松了纪律的缰绳，而是迫使人们走上了他们最害怕走的道路"。

本次目标

- 了解虚假悔改的无力，以及真悔改的喜乐和力量；
- 看到福音如何激发真实的悔改；
- 提醒我们：上帝呼召我们过一种悔改的生活方式。

阅读讲章

悔改

理克·唐斯（Rick Downs）

我们在这里要讲的，是在“为神之子”光中的悔改。
我们要将所有与为神之子相关的其他事情，
如白白称义、上帝常存的怜悯，用来推动我们悔改。

I.信心与悔改的生活

A. 悔罪的行动

当我最近在思考“为神之子”时，可以将生活中的一件事归因到这一点上。当杰克（Jack Miller）谈到，乔治·穆勒在服事中真切感受到，无论在孤儿院或其他的事奉上，他与上帝之间都是伙伴关系，而非敌人或敌对关系。上帝不会想要故意让他出错，或因他有一丁点失误就蔑视他，而是真正的伙伴。因此，我想根据为神之子与天父的伙伴关系，来谈论悔改。的确，悔改是一个机会，让我可以喜乐地参与上帝在我生命中所做的事。

我最近读了一本书，作者在书中批判了现代教会，她说的一件事令我印象深刻：“认为改过、改变、改造，是我们自己的事，不是上帝的事，这种想法是从哪里来的？”这话真的让我记忆犹新。所以，上帝为了让我们更像耶稣，定意促使我们悔改，这就是福音。

我想简要地告诉你，为什么这对我来说这么有意义。我原本是道道地地在罗马天主教会长大的信徒，我无意冒犯罗马天主教会，因为如今似乎越来越统一了，即使这种统一有欠周全，但无论如何，我不想完全贬低它。我确实认为，在许多方面，如果你看罗马天主教的教条，会发现它深植在你的内心；如果你看仪式的制定方式，会发现它能与肉体产生共鸣。

当你在那种背景下长大，犯罪的时候就会尽可能地去告解，向神父忏悔你的罪。神父会用拉丁文为你赦罪，然后你祈祷“痛悔经”(Act of Contrition)。“痛悔经”的结语是：“我在祢恩典的帮助下，下定决心不再犯罪，避免接近犯罪的场合。阿们！”这里的恩典指的是，只要你参加圣礼、顺从祂、行善，上帝就会赐给你能量。这就是宗教改革的真正论点所在。问题不在于称义是因着信，还是因着恩——大家都同意这一点。问题是：你从哪里得到恩典？天主教会说，你只要经由顺从、参加圣礼，就可以获得恩典；改教家说，上帝的恩典是我们不配得的。

我在大学一年级的时候归信基督教，我当时的生活一塌糊涂，知道自己不是基督徒。就像在查理和露丝·钟斯表演的《比利》小品一样，我说：“赞美主，我成为基督徒，我的重担已经卸下了。”太棒了！在很短的时间内，我犯了严重的罪，而我认为惟一需要做的事，就是向上帝说：“我在祢恩典的帮助下，下决心不再犯罪，避免接近犯罪的场合。”从某种意义上，我是在说：“上帝，我保证会做得更好，如果祢原谅我，这种事就不会再发生了。”我没有意识到的是，这样做，几乎是将福音从我的生活中抹去了，或者至少严重地阻碍它。

有趣的是，几年后，在读完神学院并蒙召进入牧职后，杰克·米勒递给我一本马丁·路德注释的加拉太书。我读到他在第五章的解经。他说："当你面对自己的罪而去见上帝时，不要假设从今以后去满足律法，打算重新好好过日子就可以了。"这是对"你若是想靠律法称义，那么基督就与你无益了"这节经文的注解。这让我大吃一惊！如果你承诺要做得更好，并且这样做是为了满足律法，那么基督对你就没有价值，你也不需要耶稣了。为神之子在正式确立之前就对我很重要了，上帝在我身上动工，使我符合基督的形像并对律法主义敏感；这一切都在我心中产生共鸣，使我想经常追求这一目标。这是让我欲罢不能的事情！

B. 信心与悔改交织在一起

当我们今天谈论悔改时，我想让你们知道，从许多方面来说，我们所谈论的，确实是指信心的生活。这才是真正该讨论的主题。有个人开始来参加我牧养的教会，当时他正在开始做出版生意。有一天午餐后，他问我，如果我写点东西，会是什么内容？我说："我想，应该是关于信心的生活。"后来我发现，有一份很久以前清教徒写的文档，现在已经无法复原了。它叫作《论信心生活》(*On the Life of Faith*)，我从中简要摘录的这段话，绝对是金科玉律："我们需要明白，信心与悔改相互交织、密不可分，只谈悔改而不谈信心，实在是在伤害自己，只谈信心而不谈悔改，同样糟糕。"

二十世纪有位伟大的改革宗神学家说："我们不可能将信心与悔改分开，得救的信心中充满着悔改，而悔改也充满着信心。"因此，我们谈论的是信心与悔改的生活。悔改比我们想像的要重要得多，耶稣公开传道时说的第一句话是："天国近了，你们应当悔改！"（太 4:14）

我不晓得你们是否知道，马丁·路德九十五条论纲的第一条是这样说的：当我们的主耶稣基督说"你们要悔改"时，祂的意愿是希望信徒们毕生致力于悔改。”在路加福音中，耶稣说的最后一段话是：“照经上所写的，基督必受害，第三日从死里复活，并且人要奉祂的名传悔改、赦罪的道，从耶路撒冷起直传到万邦。”（路 24:46–47）在马可福音中，门徒们的事奉就是出去传道，劝人悔改。“耶稣走遍这村到那村，祂叫了十二个门徒来，差遣他们两个两个地出去，也赐给他们权柄，制伏污鬼。”（可 6:7）彼得说：“你们各人要悔改，奉耶稣基督的名受洗，叫你们的罪得赦，就必领受所赐的圣灵。”（徒 2:38）

我认为，在改革宗神学中，我们对“救恩实施次序”（Ordo Salutis）的传统理解，存在这个问题。你们都知道什么是“救恩实施次序”吗？我在我们的会众中使用这种方法，效果很好，因为他们大多数是浸信会信徒。他们作为一般福音派人士，将归信称为“得救”。他们说：“哦，我是在某年某月某日得救的。”这并非不恰当的说法，但却是狭隘的说法，因为圣经将得救视为一长串事件。圣经中可能说“我得救了”，也可能说“我正在得救”，或说“我有一天会得救”。改革宗的“救恩实施次序”，在创世之前就以上帝预定的目的开始，并以上帝的荣耀结束。它的运作方式是：你有上帝的预定，在某个时间点，上帝呼召你，让你认罪。

祂使你重生，在你的信心与悔改中动工，你就称义了。这就是我们说：“我得救了”的时候。然后，你就成圣，与上帝联合，被收养为祂的儿女，最后得到荣耀。问题在于，信心与悔改在称义之先，但称义与成圣之间没有任何关系。我真的认为，如果我们要理解路德和他所关注的重点，需要看到的是信心与悔改，称义；信心与悔改，成圣；信心与悔改，在与基督联合和被收养的拱门下成圣；然后是得荣耀。我们要明白，在上帝的子民中，悔改是持续存在的现实，信心也是持续存在的现实。

有个人最近刚写了一本关于这个主题的书，我们在他写书之前见过面，比较了彼此的想法。我们曾一起在研讨会上演讲，他说："你知道吗，你和我之间真正的区别在于，我认为信心在本质上具有未来的导向；信心期待上帝将来要做的事。在我看来，你认为信心更倾向于当下。"他说这是很多基督徒的区别，也许对大多数人来说，信心只限于过去。这让他很抓狂，但我同意他的观点。

对我来说，信心有当下的取向，我需要活在信心中、需要明白福音、需要应用基督洒下的宝血。当人们来我们的长老教会接受查验时，我通常会问他们，基督对他们当前的价值是什么。他们看着我，好像这是一个有陷阱的问题。据我所知，这并不在《威斯敏斯特信条》中，但确实是司布真（Charles Spurgeon）的讲道标题。我们现在就立即需要应用基督的宝血。

C. 信心与悔改的困难

我认为信心与悔改的生活不是一件很容易的事。我想很多人会说："信心的生活是小菜一碟，我相信这些东西，我在那里，我支持你。"在你为此沾沾自喜之前，我想读一下约翰·加尔文（John Calvin）和马丁·路德的作品。约翰·加尔文这样说："信心和悔改这两个词容易说，但它们却是最难实行的。因此，把对上帝的敬拜归结为这些的人，绝不是放松了纪律的缰绳，而是迫使人们走上了他们最害怕走的道路"。这一声明是他为改革派辩护的背景下说的，改革派想要摆脱天主教弥撒中所有的仪式和繁复的程序，并将对上帝的崇拜简化为"信心与悔改"这些简单的事情上。

当时的天主教会说（就像如今甚至很多福音派人士会说的那样），如果你将它降低到那种水平，人们会发疯的。他们认为，如果只有信心与悔改，而不是传讲律法和严格管束人，他们就会发狂。加尔文说，这是因为他们不理解信心与悔改。有位红衣主教写信给他说：

“你知道吗……这些人……会变得疯狂，会放弃教会和服从。”加尔文对他们的回应是：“你们的神学和所有这些律法的东西都有点太懒了，我经常在那些从未有过严重良心痛苦的人身上发现这一点。”如果你的良心还活着，信心与悔改就成为最难做到的事。

马丁·路德说：“我们很难养成另一种思维习惯，将‘信心与爱’截然分开。”他的意思是指服从。爱是律法——信心和爱的行为；很难区分这两者。

“尽管我们现在有信心，心里却随时准备在上帝面前自夸说：‘毕竟，我已经传了律法，生活得这么好，做了这么多事，祂肯定会把这些都算在内的。’我们甚至想与上帝讨价还价，让祂重视我们生活中所做的一切，然而，这都无济于事。你可以向人夸口说，我对每个人都竭尽全力，如果有什么亏欠，我也会设法做出弥补，但当你来到上帝面前时，就得把所有的夸口留在家里。要记得，公义乃是诉诸恩典。

但是，让任何人尝试一下，他就会看到并体验到，对毕生都在为了行义而受损和努力的人来说，要将自己从中拉出来，单单全心全意信靠惟一的中保，是何等的艰难，何等的苦楚。我自己花了将近二十年，从阅读和写作来宣扬和培养这样的信念，但仍然有一种旧有的执着污垢，想要与上帝交易，认为自己可以做出一些贡献，这样祂就会给我祂的恩典，以换取我的圣洁。我仍然无法让自己完全臣服于纯粹的恩典，但我知道这是我应该做，也是也必须做的。”

在我看来，路德在二十年后想通了，他比任何人都懂得这个信念。然而，当我阅读路德的作品时，仍然想知道，为什么之前或之后，没有人像他那样写作。他的公诉人是约翰·埃克（Johannes Eck），埃克最后总算让路德闭嘴，他说：“马丁·路德啊，为什么所有神学家当中只有你是对的？怎么可能只有你是对的，而其他神学家都莫名其妙地忽略这一点?”这时路德要求睡一晚上，以解决这个问题。他回来后告诉他们，他的立场仍然一样，无法改变。我想，路德明白了，他说:“在写作和阅读了二十年后，我仍然感觉到旧有的执着污垢。”对于我们当中的任何一个人来说，假设自己已经超越了这一点，并以某种方式过上了有信心与悔改的生活，这是无稽之谈。

Ⅱ. 关于悔改的错误观念

A. 混淆悔改和悔改的果子

认为悔改必须与悔改的果子区分开来，是一种错误的观念。在马太福音 3:8，施洗约翰说:“你们要结出果子来，与悔改的心相称。”在路加福音 3:8，他说:“你们要结出果子来，与悔改的心相称；不要自己里说：有亚伯拉罕为我们的祖宗。”在使徒行传的结尾还有一个地方，保罗在亚基帕王面前为自己的事奉辩护。书卷中说，他去外邦人那里，传讲他们应该悔改，然后用他们的行为证明他们的悔改。在这两个情境中，你可以看到施洗约翰和保罗都将悔改和悔改的果子分开。在我们所处且可能一直处于其内的律法主义文化中，悔改通常是由悔改的果子来界定。

人们会随口说自己很后悔，他们觉得这意味着没有购买想要的新车，或是觉得自己没有安静灵修的时间；他们将悔改等同于行为。施洗约翰说，要结出与悔改相称的果子。悔改本身并不是可观察到的行为，这就触及了天主教“痛悔经”的核心问题，以及它对人们生活的影响。你来到上帝面前，说:“好吧，我犯了罪，我请求饶恕，我保证会做得更好”，这是悔改过程的捷径，你还是没有到达上帝要你到达的地方。

这或许就是我所有想讲的主要观点。我认为悔改本质上属于关系范畴，而不是行为范畴。它更多地与“你与上帝的关系”有关，而不是与先前甚至产生错误行为的关系方式有关；在某种程度上，新的关系方式需要先于行为、并培养新的行为。我不想说相应的行为不重要，这很重要，因为这是衡量悔改是否发生的好标准，但这不是悔改。

B. 不仅仅是行为的改变

第二，悔改不仅仅是行为的改变。无论是善行、苦修、或是没有恶行，都不是悔改。我在注记中引用了弥迦书中的一段话：“我朝见耶和华，在至高上帝面前跪拜，当献上什么呢？岂可献一岁的牛犊为燔祭吗？”（弥 6:6）这真是一种嘲讽。也许另一段经文更贴切，但我确实认为，在整个旧约中，以色列人都想与上帝协商和解。他们想说：“听着，如果祢不再烦我们，我们会做祢想要我们做的事。如果祢会再来祝福我们，我们就照做这些事。”从某种意义上说，你不能责怪他们，因为这是与摩西之约交织在一起的，摩西之约是律法之约。

在申命记的末尾，上帝说，如果他们顺从，将蒙祝福，如果不顺从，将受诅咒；若想要上帝的祝福，就要正确地顺从。这完全是一种嘲讽。他们去朝见上帝，说：“耶和华岂喜悦千千的公羊，或是万万的油河吗？我岂可为自己的罪过献我的长子吗？为心中的罪恶献我身所生的吗？”（弥 6:7）你看，他们说得太过分了。一开始他们谈论的是，上帝在经济上合理要求犹太人做的事。你可以看出这是一种嘲讽，看出他们所说的不是真心话，看出他们只是想藉由谈判达成和解。我深信，这等同于说：“我打算更好地过日子，我下定决心不再犯罪。”

在辅导的场景中，你经常会遇到，当事人知道东窗事发后，会觉得悲痛和大祸临头，这都是恰当的表现。那时当事人通常会问我该怎么办，他们泪流满面，需要有人指点迷津。在这时候我会非常小心，想知道这是不是孤儿请求谈判的重点。作为辅导员，如果处于那种情况，我会拒绝回答。

我告诉他们，他们应该悔改，然后去做他们想做的事。我不想给他们列出通常有用的一系列律法，让他们开始顺从上帝，重新获得祂的恩惠。这不是重点！他们需要的，是奔向基督；这就是路德在《加拉太书注释》中所说的。他说："你知道吗，如果想要藉由更好地过日子来满足律法，那么基督就会拒绝你。祂宁可你对自己过去、现在和未来的义感到绝望，大胆地信靠基督。"如今这是一种思维，一种新观念，但它是福音的核心。

C. 不要光说而不改变

第三，不要光说而不改变。我们很擅长这样做。我清楚记得我遇到的某个人，他一方面是个好人，另一方面也有一些真正的挣扎。我们谈论了那些挣扎，找到问题的核心，也想出解决办法。他知道该怎么做了，我问他怎么想，他说这看起来有点吓人，他有点犹豫，不想在这一点上与上帝打交道。他不想半途而废，但又不想往那个方向走，因为他可以很清楚地看到这一切的走向。

其实我与这样的人并没有什么差别，但我在那一刻几乎抓狂了。我解释说："这是生死攸关的问题，我们在这里面对的是永生的上帝。你正在踮着脚尖跳舞，试图弄清楚如何保持在祂美好的那边，而不是给祂你需要给祂的东西。"我想我们很多人都会这样，只想绘制明年会更好好过日子的宏伟蓝图，却不肯面对当下。这不是悔改。悔改不是搞清楚一切、了解自己的罪、并能够用方法论来雄辩讲述罪的本质，却什么都不做。这是一种嘲讽。

D. 不卑躬屈膝

第四，这不是痛苦和卑躬屈膝的生活。我稍后会说，悔改中包含着一些悲伤，但不是卑躬屈膝。卑躬屈膝本身就是一种律法主义，而福音本身是让人喜乐和愉悦的，使你的灵魂以最丰富的美食为乐。在当代的辅导中非常流行卑躬屈膝，说："我是个可怜虫，上帝不爱我。"我记得有次和一位朋友在一起，他坚信上帝不爱他，希望上帝能偶尔为他做点好事。他说："可以是极小的事情，例如商场里有个开放的停车位，或一些表明我得到祂眷爱的迹象。"

抱歉，我当时脑海中闪过这样的念头："哦，祂儿子的死没什么大不了，罪得赦免和在恩典宝座前自由出入，都是小事吗？我们宁愿要的是，在商场里有个开放的停车位而已？"卑躬屈膝本身就会变成这种自以为是，仿佛我们在上帝面前是个受害者，从而为自己找借口，不必在祂面前正直地生活。我不知道你是否知道这在我们每个人心中驻留的程度，我们渴望向上帝举起拳头说："如果祢知道我的生活有多么艰难，我不得不忍受的是什么，祢就不会这么苛求了！"上帝确实知道你的处境，但我要再说一遍，这都是律法主义、自以为是和不洁的思想！

III. 仔细观察

A. 何西阿书第六章

我们来看何西阿书中的两段经文。我认为这两段经文对我来说，真的是概括了虚假的悔改和善意真诚的悔改。"来吧，我们归向耶和华！祂撕裂我们，也必医治；祂打伤我们，也必缠裹。过两天祂必使我们苏醒，第三天祂必使我们兴起，我们就在祂面前得以存活。我们务要认识耶和华，竭力追求认识祂。祂出现确如晨光；祂必临到我们像甘雨，像滋润田地的春雨。”（何 6:1–3）这是一段很受欢迎的经文。有一次，我在会众面前讲论这段经文，其中有个人真的是位毫不留情的学者，有很强的分析能力。我以前听过他猛烈抨击讲员，让他们简直体无完肤。我一直站在他这边。当我开始谈论这个议题时，他脸上露出惊恐的表情，开始潦草地做笔记，我以为我完蛋了。我刚讲完，他就跑去拿希伯来圣经。

我的论点是，在希伯来文中，何西阿书第 6 章所讲的，是一种不好的悔改。问题是，英文的标准修订版圣经（RSV）在第五章的结尾说：“我要回到我的地方，直到他们承认自己的罪，寻求我的面；他们在痛苦中，会恳切地求我，说……”这个版本为这里悔改的合法性，提供了可信度。幸好这不是希伯来文圣经。新国际本圣经（NIV）说：“我将回到我的地方，直到他们承认自己的罪过。他们必寻求我面；他们在苦难中必切切寻求我。”（何 5:15）然后会有悔改的表现。

我们来分析一下。“来吧，我们归向耶和华！祂撕裂我们，也必医治；祂打伤我们，也必缠裹。过两天祂必使我们苏醒，第三天祂必使我们兴起，我们就在祂面前得以存活。我们务要认识耶和华，竭力追求认识祂。祂出现确如晨光；祂必临到我们像甘雨，像滋润田地的春雨。”（何 6:1–3）当我在校园团契（InterVarsity）服事时，我们常常把这些经文当作诗歌来唱，这是一首可爱的诗歌，让人有种明白什么叫作“热切悔改”的意思。不过我对此有点存疑。

托马斯 · 华森（Thomas Watson）是位相当有名的清教徒，他写过一本关于悔改的书，列出了六种类型的悔改。他说，第一种悔改是看到自己的罪；第二种悔改是为你的罪忧伤。你是否为自己的罪感到后悔，这确实是对灵魂最大的考验。自以为义的人不为自己的罪忧伤；自鸣得意的信徒不会为他们的罪忧伤，他们可能会承认，但并非打从心底承认；迷信的人不会为他们的罪忧伤，只会迅速采取行动，试图减轻罪所造成的影响；懒惰、安逸的信徒不会为罪忧伤。

第三种悔改是认罪，华森解释说，这是指承认特定的罪，并渴望在上帝面前澄清。从哥林多后书可以看到这是在指什么罪。“你看，你们依着上帝的意思忧愁，从此就生出何等的殷勤、自诉、自恨、恐惧、想念、热心、自责。在这一切事上，你们都表明自己是洁净的。”（林后 7:11）你热切地要高举上帝的名，并排除上帝可能犯错的任何暗示；很多时候，当你陷入自己的罪中时，确实会想责怪上帝，说：“如果不是陷入这种境地，我会做得更好；如果不是在倒霉的日子被逮到犯错，我会做得更好。”

第四种悔改是以罪为耻。在我们这个时代，羞耻已经成为一个坏词，这是好事。华森谈到了“羞耻”的惹人怜爱之处，他说，脸红是美德的颜色。他引用了耶利米书 6:15，上帝在其中针对以色列人说：“他们行可憎的事，知道惭愧吗？不然，他们毫不惭愧，也不知羞耻。因此，他们必在仆倒的人中仆倒，我向他们讨罪的时候，他们必致跌倒。”研究羞耻这个话题的人指出，虽然现在我们中间有一种弊病，就是为不该羞耻的事感到羞耻，但往往伴随着拒绝为该羞耻的事感到羞耻。

第五种悔改是恨恶罪。第六种悔改是转离罪。我确实认为这种顺序很有趣，而华森是故意用这样的顺序。他说，改过自新放在最后，因为这是在悔改之后，是你结出与悔改相称的果子，但这不是悔改的核心。

问题是，何西阿书中哪里有这些东西？下面这些话听起来确实像是他们在责怪上帝：“看看祂所做的事。来吧，我们归向耶和华！祂撕裂我们，也必医治；祂打伤我们，也必缠裹。”同样，这也是我们许多人的习惯：当我们犯罪时，就责怪上帝，认为这是上帝的问题，而不自觉羞耻或承认己罪。我们对罪没有憎恶、没有个人的谦卑、没有心灵的破碎，没有真心的痛悔。这些都不存在于这种悔改中。我要告诉你，这是虚假的悔改。

在约伯记 42 章的结尾，约伯说：“我从前风闻有祢，现在亲眼看见祢。因此我厌恶自己，在尘土和炉灰中懊悔。”（伯 42:5–6）在耶利米书第 31 章中，耶利米说：“我回转以后，就真正懊悔；受教以后，就拍腿叹息；我因担当幼年的凌辱，就抱愧蒙羞。”（耶 31:19）我认为这是真正悔改的表现。但我不想将它与卑躬屈膝混为一谈。卑躬屈膝是：“哦，我很悲惨，我是个可怜虫。”你不是真心的；你只是用它作为很好的机制，让别人不再烦你。

我在这里要说的另一件事是，你看看上帝对这种悔改的反应。“以法莲哪，我可向你怎样行呢？犹大啊，我可向你怎样作呢？因为你们的良善如同早晨的云雾，又如速散的甘露。因此，我借先知砍伐他们，以我口中的话杀戮他们，我施行的审判如光发出。我喜爱怜恤，不喜爱祭祀；喜爱认识上帝，胜于燔祭！”（何 6:4–6）看来上帝确实不喜欢这种悔改。

我必须告诉你，我所建议的只是少数人的意见。大多数学者在第三章与第四章之间做了切割，说它们没有联系，说何西阿书是不连贯的。有少数人说它们是相连的，说这是上帝对以色列人悔改的回应。我要说的是，如果你用其他标准来评价他们的悔改，这确实不够。以色列人所做的，是试图达成一个契约：“来吧，我们归向耶和华！祂撕裂我们，也必医治；祂打伤我们，也必缠裹。过两天祂必使我们苏醒。”

我的孩子们就是像这样。他们每次吵架，都是与之前彼此的不友善行为有关；这是日积月累的。他们给对方的惩罚就是将电源线从盒里子拿走，说："这是我的。"然后一个孩子来找我，说："我可以要回我的电源线吗？"我想先谈谈他们的罪，以及对手足的所作所为，而回答通常是："我已经受苦两天了，别的不用说，只要把电源线还给我就好！"

这就是以色列人在这里所做的。过了两天，他们提醒上帝："第三天祢要恢复我们。我们已经受够了，我们会举行祭祀典礼；祢要恢复我们的命运。"上帝说，祂喜爱怜恤，不喜爱祭祀；喜爱他们认识祂，胜于燔祭。这一点我们要稍微调整一下。上帝要人们祭祀吗？是的，祂要，这是律法的规定；在那个时代，祂确实要人们祭祀。祂要人们献燔祭吗？是的，祂要。祂现在想要你改变生活吗？是的，祂要。祂想要你好好过日子吗？是的，但如果你把这作为谈判的筹码，来反对上帝以达到自己的目的，那你就输了。你在世上就无法指望上帝了。然后问题就变成："我怎样才能够做上帝要我做的事？我怎样才能够过讨上帝喜悦的生活，而不是讨价还价的工具？这是怎么发生的？"

B. 信心的顺从

试想一下现代基督信仰的表达方式。一些初信的基督徒来找你，说："我才信主不久，想继续在信心上成长，该怎么做？"一般的想法是，让他们参加门徒训练计划，开始灵修时间，然后参与一些事奉。我们认为，他 / 她做所有这些事情，就会在信心上成长。我还没有见过哪个门徒训练计划，是要每天操练相信福音。你需要每天操练到上帝面前悔改；在信心中悔改，在悔改中相信福音。

尽管有很多反面证据，我们还是倾向于认为，顺服来自于严格遵照律法；很多时候，甚至遵照的不是律法。事情是这样的，我认为在我们的文化中，律法常常受到负面评价，但往往抨击我们的，并不是律法而是传统。我们建立了这些传统，要求人们必须遵照某种细节的方式生活，才能够在教会或保守的基督教次文化中被人接受。我们几乎没有仔细思考过律法，只要求别人必须像我们一样。

在罗马书中，保罗说："我们从祂受了恩惠并使徒的职分，在万国/外邦人之中叫人为祂的名信服真道。"（罗 1:5）这确实应该又是一次的打脸。我们说："等一下，我不知道顺服来自信心；我以为顺服来自灵修时间、来自成为长老教会的会友、来自真正理解《威斯敏斯特信条》、来自从最新的大师那里得到全部真传。"这些东西本身都不坏，但我们把希望寄托在它们身上，并靠它们成长。保罗说，你的顺服源于你的信心。

这就回到"上帝是改变我们生命的那一位"这个重点上。我们必须说："我要如何改变？我怎样才能够过着讨上帝喜悦的生活？"无论如何，我需要藉由信心与悔改，将自己与耶稣紧密相连，祂就会在我里面动工。我不想对你我每天要做的选择提出争论；我们都有自由意志，不是被动者，不能坐等上帝来改变我们。每天的每分钟，我们都要做出选择：要朝好的方向走，还是朝不好的方向走。你必须做出选择。顺服朝哪个方向走的能量从何而来？我认为它来自信心。

同样，这也来自将你自己与耶稣紧密相连，认真思考何谓信心。我最喜欢的例子是美国深夜时段脱口秀节目主持人大卫·莱特曼（David Letterman）的《魔术贴套装》（*Velcro suit*）小品，他将魔术贴的一面挂在墙上，另一面做成套装。他从迷你蹦床跳下来，重重地撞在墙上。这很有趣，现在的嘉年华会也有这样的活动，但效果总是不尽如人意。我猜莱特曼在自己的小品中投入了更多的钱。这是信心，信心就是与耶稣紧密相连，重重将自己摔到祂身上，因为知道自己是如此绝望。你知道自己的不义不会得逞，也知道那是污秽的破布，不会有任何价值。你需要祂的义，所以你就像路德说的那样，对自己的义感到绝望，并大胆地信靠基督。

很多时候，当我们遇到障碍时，想要上帝的祝福，但却不要赐福的上帝。何西阿书 13:6 对我来说，就是我自己生活中的写照。上帝说："这些民照我所赐的食物得了饱足；既得饱足，心就高傲，忘记了我。"这是旧约中以色列人的模式，我认为也是历来任何一代人的模式。其次，我们想要祝福是因为外表，而不是因为心碎。圣经就是不让我们这么做。"上帝所要的祭，就是忧伤的灵；上帝阿！忧伤痛悔的心，祢必不轻看。"（诗 51:17）"因为那至高至上、永远长存、名为圣者的如此说：我住在至高至圣的所在，也与心灵痛悔、谦卑的人同居；要使谦卑人的灵苏醒，也使痛悔人的心苏醒。"（赛 57:15）上帝要的是破碎的心。

这就让我们回到另一个障碍。亦即：回到律法主义的自然倾向，也就是肉体。保罗·米勒（Paul Miller）在"为神之子"的讲课中说："肉体是个怪物，永远伴随着你，直到你死去那一刻。"认为只要多一点顺服就能摆脱肉体，这是严重的错误。肉体的核心是独立自主，几乎没有针对它的警告。我们会朝着这个方向移动，即使逃避独立自主也可以是一种独立自主的行为。悔改就是来到上帝面前，看到自己的罪，并在福音中喜乐。"改变"几乎成为"守法"的行动，而非"表现"的行动，这对于像我这样骄傲的人来说，很难接受。

C. 何西阿书第十四章

我们最后几分钟来看何西阿书第十四章，因为在我看来，在这卷书的结尾，事情有了转机。我认为这是一幅伟大的悔改画面。前三节是真心实意的，不像第六章那样具有操纵性。"以色列啊，你要归向耶和华你的上帝；你是因自己的罪孽跌倒了。当归向耶和华，用言语祷告祂说：求祢除净罪孽，悦纳善行；这样，我们就把嘴唇的祭代替牛犊献上。我们不向亚述求救，不骑埃及的马，也不再对我们手所造的说：'你是我们的神。'因为孤儿在祢耶和华那里得蒙怜悯。"（何14:1-3）华森所告诫的就是："你认罪时，要具体说出来，不要找借口来搪塞，想在上帝面前开脱。"

你要思考做过的事，承认那确实是你自己所犯的罪——即使这些罪普遍存在，大家都在这么做。这表明了，这是我生活中的一种模式，我一犯再犯。我之前提过，在开始录这次讲课时，我的青少年女儿差点把我气死。我生气得猛力拍餐桌，这是我的罪过，我需要向女儿道歉。我需要和她保留一份简短的算帐清单；需要对自己说，我的内心还有一些东西在诱发怒气；我对自己的生活还有根深蒂固的傲慢和自豪，她知道怎么按下那个按钮来惹我发怒。

听听以色列人是怎么描述自己的罪："亚述不能救我们。"以色列是个小国，夹在南边埃及和北边叙利亚两个超级强国中间，没有什么军事实力。为了保护自己免受埃及侵害，他们有几次与亚述签订条约，以为亚述会救他们，上帝对此非常生气。祂告诉他们，祂会拯救他们。所以以色列人说："我们不骑埃及的马，也不再对我们手所造的说：'你是我们的神'。"

再看看为神之子的转变："因为孤儿在祢耶和华那里得蒙怜悯。"这是从孤儿到儿子的转变。然后在接下来的经文中，你会看到上帝之爱迷人的品质。我花很长的时间默想第4节："我必医治他们背道的病，甘心爱他们，因为我的怒气向他们转消。我必向以色列如甘露，他必如百合花开放，如利巴嫩的树木扎根。他的枝条必延长，他的荣华如橄榄树，他的香气如利巴嫩的香柏树。曾住在他荫下的必归回，发旺如五谷，开花如葡萄树。他的香气如利巴嫩的酒。以法莲必说：'我与偶像还有什么关涉呢？'我耶和华回答他，也必顾念他，

我如青翠的松树，你的果子从我而得。”（何 14:4–8）

难道你不预期上帝说：“我必赦免他们的背道”吗？但祂却说：“我必医治他们背道的病”。我认为陷入受害者心态是错误的，你开始认为你的罪真的需要医治而不是赦免。我确实认为这其中有很大的关联，你可以在圣经中找到；你会发现医治和赦罪确实比你想像的，还要紧密得多。我想，原因在于，上帝知道我们还有比外在犯罪更深的东西；祂要触及的不仅是行为，而是问题的核心。你悔改，祂就进入你的内心。

然后祂开始兑现这所有的应许：“我必向以色列如甘露……”（何 14:5）你看到以色列人在美化上做了哪些努力？你看不到！做这事的是上帝：“你看，你们依着上帝的意思忧愁，从此就生出何等的殷勤、自诉、自恨、恐惧、想念、热心、自责。”（林后 7:11）这就是上帝在悔改之人身上所做的。你会不带歉意的，真正热切渴望服从祂；你知道自己还会搞砸，明天还需要悔改，但真心恳切地说：“上帝啊，我属于祢的，我希望你在我生命中的每一刻，都把我的努力所带给祢的喜悦，作为标准。”这听起来很像圣灵的果子——仁爱、喜乐、和平；这是我们依靠圣灵和凭信心生活时，上帝在我们身上生成的品格。

在有关“为神之子”的讲论中，不回来谈加拉太书似乎大逆不道。加拉太书 5:16 有这个伟大的应许：“所以我说：你们当顺着圣灵而行，就不放纵肉体的情欲了。”我们一贯认为这是一个附带声明：如果你靠圣灵而活，就不会去满足罪性的欲望。人们通常会混淆这一点，说：“好吧，靠圣灵而活意味着不满足罪性的欲望，所以，我需要全力以赴做工，停止满足罪性的欲望，以便靠圣灵而活。”我们完全颠倒了经文中应许的本质。

靠圣灵而活等于凭信心而活——凭着对“爱你并为你舍命”之上帝圣子的信心而活。上帝的应许是，祂要医治我们的背道，使我们不去满足罪性的欲望。这就是悔改。我观察到，在自己的生活中，当我自觉不配，需要不断地回归耶稣时，信心和顺从就会继续增长。我的骄傲——以为藉由自己的努力会变得更好的自豪感，彻底破灭了；我的自以为是、自我崇拜，都被暴露无遗。

这真的就如诗篇所言："我向祢犯罪，惟独得罪了祢，在祢眼前行了这恶，以致祢责备我的时候显为公义，判断我的时候显为清正。"（诗 51:4）这节经文中，有悔改、有怜悯、有上帝的恩慈。这一切都沸腾起来了。这是根据"儿子名分"的悔改，是上帝恩慈的延续。拥抱福音，知道像我这样邪恶的人还有希望。耶稣为罪人而不是为义人而死，这就是我对待祂和接近祂的方式，尤其是在我的罪面前。阿们！

家庭作业

需在见面 48 小时前完成（以便见面会谈）

背经：

主耶和华以色列的圣者曾如此说：你们得救在乎归回安息；你们得力在乎平静安稳；你们竟自不肯。

——以赛亚书 30:15

完成下列问题和练习：

1. 仔细审视以下图表"上帝所复兴的心"。

图表：上帝所复兴的心

“神所要的祭就是忧伤的灵；

神啊，忧伤痛悔的心，你必不轻看。”

——诗篇 51:17

	骄傲的人	破碎的人
1	关注他人的失败。	被自己的属灵需要所淹没。
2	有挑剔、找茬的精神；用显微镜看别人的缺点，却用望远镜看自己的缺点。	他们富有怜悯；能够原谅很多事情，因为他们知道自己得到了多少的赦免。
3	自义；看不起别人。	尊重他人胜过自己。
4	具有独立、自给自足之灵。	有依赖之灵；认识到自己需要他人。
5	他们必须证明自己是对的。	他们愿意放弃为自己是“义的”/“对的”的挣扎。
6	要求权利；有苛刻之灵。	放弃自己的权利；有温柔之灵。
7	他们自我保护自己的时间、权利和名誉。	是克己忘我 / 舍己。
8	渴望被服侍。	积极服侍他人。
9	渴望成功。	激励自己忠于职守，让他人成功。
10	渴望自我拓展。	渴望成全他人。
11	渴望被认可和欣赏。	有一种自己不配的感觉；为上帝会使用他们而激动不已。
12	当别人被提拔而自己被忽视时，我会受伤。	热衷于让别人获得荣誉，并在别人被抬高时感到高兴。
13	下意识地觉得“这个事工 / 教会有幸拥有我和我的恩赐”；想着自己能为上帝做什么。	他们的内心态度是“我不配参与任何事工”；他们知道，除了耶稣的生命流淌在他们破碎的生命中，他们没有任何东西可以献给上帝。
14	对自己所知的满怀自信。	谦卑地觉得自己需要学习的东西之多。

见续表

	骄傲的人	破碎的人
15	自我意识很强的。	一点不关心自我。
16	与他人保持距离。	愿意冒险与他人亲近，愿意冒险去亲密地爱。
17	很快就会责怪别人。	接受个人责任，并能看到自己在什么情况下做错了。
18	在受到批评时，难以接近并采取防卫态度。	能谦虚、开放地接受批评。
19	在意自己是否受人尊敬，在意别人的看法；努力维护自己的形象和声誉	他们注重真实；对他们来说，重要的不是别人怎么想，而是活在上帝面前；愿意向自己的名誉死。
20	很难与他人分享自己的属灵需求。	愿意在上帝的引导下对他人公开透明。
21	当他们犯了罪后，想确保没有人发现；他们的本能就是掩饰。	一旦破碎了，就不在乎谁知道或谁发现；甘愿被曝光，因为他们没有什么能失去的。
22	很难说出口“我错了，请原谅我好吗?”	他们很快就会承认失败，并在必要时寻求饶恕。
23	在承认自己的罪的时候，倾向于泛泛而谈。	在认罪时能够承认具体细节。
24	为自己罪的后果担忧。	为自己罪的动机、根源而忧愁。
25	他们对自己的罪感到懊悔，为它们被发现或被抓住感到遗憾。	他们对自己的罪真心诚意地悔改，这一点可以从他们摒弃罪恶的事实中得到证明。
26	当关系中出现误解或冲突时，等待对方前来请求原谅。	当关系中出现误解或冲突时，他们会主动和解；他们争先恐后地奔向十字架；无论对方有多大的错，他们都争取自己能先到十字架那里。
27	将自己与他人相比较，觉得自己值得尊敬。	将自己与上帝的圣洁相比较，感到迫切需要上帝的怜悯。
28	对自己真实的内心状况视而不见。	行在光明中。

见续表

	骄傲的人	破碎的人
29	不认为自己有什么需要悔改的。	认识到自己需要持续的悔改之心。
30	认为自己不需要复兴，但确信其他人都需要。	不断感觉到他们需要与上帝重新相遇，需要上帝的圣灵重新充满他们。
	改编自南希 . 利 . 德莫斯 Nancy Leigh DeMoss 的一篇信息，Life Action Ministries 版权所有	

2. 图表中，在“骄傲的人”一栏下面请勾选三个你在自己身上看到最多的项目。请分别写下最近的一个例子。

3. 请你的祷告伙伴为你在问题 2 中所选择的三个特征祷告。完成后，请在下面的方框中说明。

4. 请在下面写一个悔改的简单定义:

我们通常所说的悔改与圣经中所说的真正悔改之间存在着至关重要的区别。何西阿书 7:13b-14a 写道："我要救赎他们，他们却向我撒谎；他们没有真心呼求我，只是在床上哭号。"这段经文区分了"呼求"（crying out）和"哭号 / 哀号"（wailing）。

5. 你认为呼求和哭号之间有什么区别，上帝为何如此关注这种区别？

有关这一主题的另一段重要经文是何西阿书 6:1-4"来吧，我们归向耶和华！他撕裂我们，也必医治；他打伤我们，也必缠裹。过两天他必使我们苏醒，第三天他必使我们兴起，我们就在他面前得以存活。我们务要认识耶和华，竭力追求认识他。他出现确如晨光；他必临到我们像甘雨，像滋润田地的春雨。主说："以法莲哪，我可向你怎样行呢？犹大啊，我可向你怎样做呢？因为你们的良善如同早晨的云雾，又如速散的甘露。"

这幅画面有什么问题吗？看起来好像以色列人悔改了，因为他们在谈论归向耶和华（参何 6:1）。他们承认上帝。他们知道神能够医治他们，使他们能在神的面前得以存活。他们说，他们知道上帝必临到他们身边。这听起来很不错！听起来好像他们充满了信心。然而，这是一个虚假悔改的例子。新国际版圣经（NIV）将这一部分命名为"以色列的不悔改"。当神在第 4 节回答他们时，我们清楚地看到一个问题。上帝对他们的话感到不满。祂知道他们的爱就像晨雾，很快就会消失。以色列人没有悔改，他们的"归回"是一种减轻痛苦的方式。他们想要消除痛苦和苦难，而且想尽快完成——就在两三天内。

遗憾的是，这跟我们大多数人的悔改并无太大区别。比如说，我对妻子说了伤害她的话。我通常会如何处理呢？我可能会说：“对不起，我伤害了你。我不该那么说。你能原谅我吗？”很有可能，她会这样回应：“你知道，那真的很伤人，而现在，我不确定原谅是否是问题的关键。”我会说（或至少在心里想）：“我已经说了对不起。如果你不能原谅我，那就是你的问题了。”

此时此刻，我的妻子感受到了我对她犯下的更深的罪——我没有为之悔改的罪——所带来的影响。我已经为我的言词道歉了，但我还没有为我心中的怨恨、愤怒和仇恨 / 敌意悔改——所有这些她都感受到了。事实是，我仍然没有悔改，因为我所追求的是快速和解，并缓解痛苦。此外，如果我的妻子向我指出这一点，而我却生气了，很明显我还没有悔改。

6. 描述最近的一次缓解痛苦式的“悔改”——试图尽快“了结”。

马太福音 27:3-5 描述了犹大的“悔改”。犹大对自己的所作所为懊悔不已。他归还了钱财，因此做出了赔偿。他也承认自己犯了罪，且出卖了一个无辜的人。显然，犹大对自己的所作所为感到非常抱歉。他甚至将自己的悲伤付诸行动，归还了他所获得的那一大笔钱。但是，犹大真的悔改了吗？

请注意，重点不是犹大是否抱歉，而是这是一种怎样的忧伤。很多时候，当我们说“对不起”时，我们确实是感到懊悔。然而，问题的关键并不在于我们有多悔恨，或者我们感觉有多糟糕，而在于我们有什么样的忧伤以及那忧伤会带来什么。“因为依着神的意思忧愁，就生出没有后悔的懊悔来，以致得救；但世俗的忧愁是叫人死。”（林后 7:10）

7. 你如何理解依着神的意思忧愁（godly sorrow）与世俗的忧愁（worldly sorrow）之间的区别?

我们同意犹大是后悔了。他做出了补偿，承认了他的罪，甚至明确指出了自己的罪名，但几乎没有人会说这是真正的悔改。但我们大多数人不都是这样悔改的吗？我们说我们很抱歉，但还是缺失了些什么。就像犹大一样，我们常常为自己犯罪的后果感到抱歉，却没有看到或承认自己内心深处的罪。我们掩盖了自己内心是叛逆的、仇恨的、傲慢的、控制欲强的、固执的和拜偶像的事实。

8. 你认为犹大真实的悔改会是什么样子?

9. 要培养一种悔改的生活方式，而不是简单地“当场悔改”并继续前进，对你来说什么是必须的？请具体描述。

10. 请在下面勾选一个你将其与真实悔改混为一谈的假悔改，然后举一个你生活中最近的例子。

- 改变你的外在行为
- 承诺或立志
- 卑躬屈膝
- 自怜自艾
- 自责自残
- 献祭 / 提供补偿
- 对于你自己或你的罪有敏锐的观察或洞察

11. 反过来，谈谈你生命中的一次破碎和悔改。圣灵是如何通过那次经历改变你的？

12. 培养真实悔改的生活方式会怎样带出更深的喜乐和属灵力量？那对你来说可能是什么样的？

阅读

真不敢相信我竟然做了那样的事！

悔改的生活方式并是我们平时所实践或思考的。我们大多数人的生活方式不是悔改，而是悔恨和决心的生活方式。我们通常对待自己的罪的方式可以概括如下：

- 悔恨 Remorse："真不敢相信我竟然做了那样的事！""我就是无法原谅自己。"
- 决心 Resolution："我保证下次做得更好！""我再也不会那样做了。"

在这种生活方式的背后，是我们对自己内心的两大误解。首先，我们把自己看得太高了。我们厌恶正视自己的内心并看清它们的真实面目。因此，我们总是惊讶于自己会迅速变得如此愤怒、充满欲望和仇恨。我们对自己所犯的罪的反应大致是："我真不敢相信我刚刚做了那样的事。"真相是：我们不相信上帝对我们内心状况的描述。

其次，我们认为有能力改变自己的内心。因此，为了应对我们的罪，我们会下决心，或试图给自己强加各种律法。由于我们对自己的罪看得很轻，所以我们认为律法有能力改变我们。毕竟，如果我们只是有一个小问题，一些决心和律法就应该能解决一切问题。

此外，由于我们通常都以这种方式处理自己的罪，我们也会以错误的方式处理他人的罪。这可以概括如下：

- 怨恨 Resent："我讨厌你这么做！""我不会那么做。"
- 反应 React：愤怒的想法，鄙夷的眼神，尖刻的言辞。

虽然我们常常对自己的罪网开一面，但对他人的罪却可能极其苛刻。我们对自己的罪的反应是下决心；我们对他人的罪的反应是怨恨。就像对待自己的罪一样，我们也会对他人的罪感到惊讶，而我们通常的解决办法就是给他们几条律法，然后打发他们走人。

鉴于我们的内心状态，我们不应该对被呼召过悔改的生活方式感到惊讶。理查德·洛夫莱斯（Richard Lovelace）指出，罪是“强迫性态度、信念和行为的有机网络，深深植根于我们与上帝的疏离中”。我们的内心是一个由洞穴组成的地下网络，所有洞穴都相互连通，都充满了罪。当光线照射进来，就会发现一个洞穴连着通往十个洞穴的通道。进入另一个洞穴，我们又会发现十条通道。既然如此，我们就不应该惊讶于我们每天都在犯罪，因此每天都需要悔改。

我们通常对自己的罪所做的反应应该是这样的，而不是上述反应：

- **认识 Realize**：“的确是我干的”，“我可以相信，我就是那样的人！”
- **悔改 Repent**：“主啊，赦免我！你是我唯一的盼望。”

这种真实的悔改是什么样子的呢？何西阿书 14:1-9 描述了这种真正的悔改。在第 6 章和第 7 章中，以色列人要求停止痛苦和折磨，与此形成鲜明对比的是，何西阿书第 14 章描述的是人们专注于自己的罪。他们的态度是：“是我干的”。请记住，何西阿书第 6 章描述的是我们肤浅的忏悔，掩盖我们内心的罪，然后要求快快得到宽恕，这样我们就可以去看电影了。与此同时，我们所冒犯的人却因我们的蔑视而感到撕心裂肺、痛不欲生。真实的悔改关注我们的罪和我们内心的驱动力。它不会扑向对方，要求对方迅速原谅。

在何西阿书第 14 章中，人们终于将注意力集中在他们的罪上。他们承认他们的罪使他们堕落。何西阿书 14:2 总结了福音的生活。“带着你的话语（和合本译为“用言语祷告他说”）意味着要具体说出我们的罪，包括我们内心的罪。这节经文教导我们来到上帝面前，求他赦免我们的罪并接纳我们，让我们可以敬拜他。值得注意的是，上帝在第 14 章中的回应跟他在何西阿书 6:4 中的回应截然不同。现在上帝承诺会医治和爱他的子民。

通过悔改，上帝改变并更新我们。悔改是我们生命的基础，因为通过悔改，我们得到了医治，并被上帝所爱。此外，从悔改中还会涌流出真实的爱人之心，并认识到他人和我们一样，都是需要赐生命之圣灵的罪人。

勾选已完成的作业：（勾选后，可与导伴预约时间）

- ☐ 聆听信息 7
- ☐ 背诵以赛亚书 30:15
- ☐ 完成练习
- ☐ 阅读”真不敢相信我竟然做了那样的事！”
- ☐ 跟你的祷告伙伴更新信息

Session

8 信心藉由爱作工

那得赦免少的，爱的就少。多得赦免的人，爱的也多。当你的信心抓住基督已完成的工作，且当祂赦免你的许多罪时，圣灵就会在你的生命中作工，创造出一些新的事物。持续的信心是领受圣灵的大能进入你生命的工具，也是在你生命中结出爱的果实的工具。

本次目标

- 理解爱是由信心和圣灵赋予的；
- 认识到我们是多么容易倾向于依赖自足和自义中；
- 探讨加拉太书 5:6 的一些实际应用。

阅读讲章

信心藉由爱做工

约西亚·班克罗夫特（Josiah Bancroft）

"上帝今天想要你做什么？"

Ⅰ. 上帝的工作

我们这一课要来查看加拉太书第五章，请翻到那里。但在你翻开这章圣经时，我想问你几个问题：上帝今天要你做什么？我认为这是个好问题。上帝要你做什么？我们换个说法：你应该做什么来讨上帝喜悦，而你却没有做？或者我们再换个方式问同样的问题，让它成为一个声明：只要我做到＿＿＿＿＿＿，我的属灵生命就会真正起飞。我希望你牢记脑海中的那些答案。也许上述的每个问题只有一个答案，但我希望你记住它。我认为耶稣在这类问题上，给了我们非比寻常的、刺耳的回答。

我来告诉你我的意思。请听我读约翰福音 6:28-29 节：众人问祂说："我们当行什么，才算做上帝的工呢？"耶稣回答说："信上帝所差来的，这就是做上帝的工。"请注意，犹太人问的问题是："我们当行什么，才算做上帝的工？"他们讲的"上帝的工"是复数。而耶稣的回答是："信上帝所差来，就是做上帝的工。"耶稣讲的"上帝的工"是单数。我认为，我基督徒生活中的挣扎，在很大程度上就是要接受“信就够了”的观点。我很难相信耶稣在这里所说的：上帝要求我做的工，所有工作的源头，结果子的源头，就是信；也就是，信上帝所差来的那一位。

换句话说，我们可以这样说：实际上，从某个角度来看，在基督徒的生活中，“信心”是惟一的工作，同时这是圣灵的一个恩赐；信心的果子只有一个，就是“爱”。有一种工作，就是信心；有一种果子，就是爱。圣约学院教授约翰 · 桑德森（John Sanderson）所写有关圣灵果子的书中指出，实际上只有一种果子，就是爱，其他一切都只是对爱的应用。这就是我为什么会这么想，这对我帮助很大：有一种工作，就是信心；有一种果子，就是爱。

II. 从上帝那里领受

我想先澄清这一点：我们谈论信心时，并不是在说唤起足够的情感，也不是在说保持情绪稳定，以免太多感觉（这也许是长老会的做法）；这并不是说我们要过于激动，也不是说要在任何情况下逆来顺受，毫无反应。此外，我们不是在谈论所谓改善内在思想生活，经由对自己重复某些事情，最终在重复中说服自己相信其真实性。我们谈论的，不仅仅是在生活中激发感受或自信。

当我们谈论信心时，也许“接受”是谈论信心的一种方式；从上帝那里接受祂对你的应许。薛华（Francis Schaeffer）将其描述为“主动的被动”(active passivity)，努力向上帝的灵敞开心扉。我喜欢他在《属灵的真义》(*True Spirituality*)[1]一书中以马利亚为例。你读过吗？真心推荐给你。他在刚出版的新书《基督完成的工作》(*The*

1 薛华,《属灵的真义》, Tyndale House Publishers 出版, Wheaton, IL, 1972 年。

Finished Work of Christ）[1]中，也重复了这一点，该书汇编了他对罗马书第一至八章的教导；我也推荐给你。在《属灵的真义》一书中，他指出，主动的被动才是上帝真正想要我们做的，马利亚是个典范。

他提到，天使向马利亚显现，说："马利亚，你要怀孕生子。"马利亚问："我没有出嫁，怎么有这事呢？"天使说："圣灵要荫庇你，你就要怀孕生子。"（路 1:26–38）于是马利亚走到角落里沉思。她怎么会有孩子呢？靠她自己吗？然后她出于信心地回答："我是主的使女，情愿照祢的话成就在我身上。"这样的信心是将自己呈现在上帝面前，将自己交托给圣灵，让祂在我里面结出新的果子。这是安息在与基督联合的关系中，但并非无所作为，而是安息在祂的公义、同在、和能力中，从而在生命中流淌出新的顺服与爱。

III. 信心的表达

我们来查看加拉太书中指出这一点的一节经文："原来在基督耶稣里，受割礼不受割礼全无功效；惟独使人生发仁爱的信心才有功效。"（加 5:6）惟一算数的是这两件事：信心所做的工，和爱所结的果子。信心本身的表达，实际上按字面翻译应该是"信心藉由爱做工，信心向外做成爱"——信心将我们与基督联合，从而产生爱。因此，我们所谈论的，是一颗专注于基督的信靠之心，行在圣灵里，并由此产生爱的回应；顺便说一句，这种爱满足了律法的要求。你会注意到，在第五章后半部的第 14 节说："律法都包在'爱人如己'这一句话之内了。"因此，这不仅仅是一种内心的爱。

这种爱体现在我们不做的事情上，比如抢走邻舍的妻子；也体现

1 薛华，《基督完成的工作》，Crossway Books 出版，Wheaton, IL，1998 年。

在正面地为邻舍的福祉着想。因此，这是一种藉由爱来表达的信心；不是专注于规则和原则的心，以便凭着救赎的自我努力做得越来越好，并获得越来越好的声誉。我内心有一部分，总是想用这种方式来代替信心；我生命中有一部分，总是想从信心转向某种自我努力。可以这么说，我想做的不是信靠基督，而是补充信心；不是说我想取代它或失去它，只是想补充它。我想同时加上别的，好叫我的努力加在基督的工作上。

IV. 罪性的运作

现在，我以各种微妙的方式做了无数的事情。当我这样做时，就会添加一些好的东西。如果我想把一件坏事加到基督的工作中，你会说，"哦，不，你不能这样做。"加拉太书也谈到了这一点，第 17 节说："情欲和圣灵相争，圣灵和情欲相争。"第 19 节接着说："情欲的事都是显而易见的，就如奸淫、污秽、邪荡……"比方说，我决定要在基督已经完成的工作上，再加上不洁的性。我们确实这样做了，不是吗？但当你做这种事情时，脑子里会响起一个小铃声，对吧？

这两件事无法同时进行，为什么？因为性的不洁，无论是在你的生活中，还是在大卫王的生活中，当他看着拔示巴时，那种眼神会导致偷窥，偷窥会导致情欲，情欲会导致谋杀和通奸。我们知道这不可能来自上帝的灵，而是肉体的工作，所以当它开始时，我们会很快打断它。我们知道不能用通奸来补充上帝的恩典，对吧？加拉太书 5:13 说得很清楚："不可将你们的自由当作放纵情欲的机会。"我们很明白这一点。

V. 肉体的两面

然而我们不太清楚的是，肉体有两面。肉体不仅有不道德或不纯洁的一面，还有宗教的另一面（自我努力的一面）。这是加拉太书的要旨。它说的是，我们需要警惕的，不仅仅是那些明显的罪，还有那些会起破坏作用的罪，让我们用美好的事物来补充上帝的恩典。如果我选了一件坏事，我们都知道要拒绝，但有时我会选一些看起来不错的事情，比如宗教行为，添加到基督已完成的工作中。这在我看来没问题，似乎是件好事，而不是危险的事。

这就是保罗在这封书信中的要旨。请和我一起回顾，也许稍后我们会再来看这段经文："无知的加拉太人哪，耶稣基督钉十字架，已经活画在你们眼前，谁又迷惑了你们呢？我只要问你们这一件：你们受了圣灵，是因行律法呢？是因听信福音呢？"（加 3:1–2）他们所听见的是福音。圣灵是怎样临到加拉太人的呢？当他们单单信靠基督的救恩时，圣灵就临到他们；而这种信心的结果，就是圣灵的充满。他们就是这样开始了基督徒的生活。

那么，如何继续基督徒的生活呢？在加拉太书 3:3，保罗接着说："你们既靠圣灵入门，如今还靠肉身成全吗？你们是这样的无知吗？"你们想要凭自己的努力，完成那因信在你里面开始的工作吗？我真的不喜欢新国际本圣经"靠人的努力"（by human effort）这样的翻译（我通常是读这个相当好的译本，但这里需要一些说明）。顺便说一下，希腊文圣经和英王钦订本圣经在这一节的译法都更通俗易懂。这个词实际上是"肉体"（flesh），因此，这让我们与刚刚读到的加拉太书第五章联系起来：肉体 / 情欲的行为是显而易见的。这些行为我们很容易辨认，但我认为，在教会里、在基督徒生活中，我们没有察觉到一些行为。是什么呢？——以行善来补充上帝的工作。我现在是想要在基督已完成的工作上，添加什么，来成全上帝因信已经开始的工作吗？所以肉体有两面，一面显而易见，另一面鬼鬼祟祟。看，这是同一条蛇，只是从不同的缝隙钻进来，明白吗？

VI. 靠圣灵而活

我们要做的是，无论它是以骄傲和宗教服侍的一面、还是以肉欲的一面出现，我们都必须认出它。顺便说一下，这是奥古斯丁提到的，罪恶的两个根源。我认为马丁·路德的说法也很有帮助，你知道他说这两者的根源是什么吗？信心问题！他说这都是源于不信，而这就是重点所在。上帝呼召我做的工作就是"接受"，意即"两手空空到主前，惟靠依紧十字架"〔出自赞美诗《万古磐石》（*Rock of Ages*）〕；让圣灵充满我的信心，使即使是信徒的我，也能够成为自己无法成为的人。这就是上帝呼召我做的事，当我记住这一点，生活中就会有一些自由、力量和真正的现实。

我倾向于做什么？我倾向于陷入肉欲，有时也陷入宗教的自我努力中。当我这样做时，绝对猜不到会发生什么。圣灵的果子很快就会枯干。为什么？因为我是凭自己行事，而不是凭圣灵行事。我认为教会并不是真的很明白这些事情，这是有害的。对于教会中不洁的性，通常的回答是什么？再努力一点，并列出一系列的规则和要做的事情。保罗的回答是什么？"所以我说：你们当顺着圣灵而行，就不放纵肉体的情欲了。"（加 5:16）我们必须明白，从我身上轻易流出的道德主义与性不洁，有着同样的根源；它们来自同一个地方。你无法用肉体的一面，去面对它的另一面，这是行不通的，根本不起作用。

这就是为什么保罗在歌罗西书第二章中说，遵守这些外在的律法，对于对付肉体的放纵，毫无价值。为什么？因为它们都来自同一个地方：我的肉体。所以，一方面，悔改看起来就像至少不看拔示巴（或不管她叫什么名字），对吧？这是悔改的一种表现。你知道悔改还有什么表现吗？它看起来就像我对之前所问那个问题的答案——信心。你今天要做什么才能够让你与上帝和好？“我要有更好的安静灵修时间”。你知道吗？我希望你有更好的安静灵修时间，真的，但这并不能使你与上帝和好；这不会在你的生活中产生爱。

你知道是谁在产生爱吗？当你凭着信心紧紧抓住耶稣，当圣灵居住在你生命中，耶稣就会在你心中产生爱。我们还能怎么回答呢？如果我多做见证，上帝就会喜悦我；如果我付出更多，上帝就会喜悦我；如果我做这做那，上帝就会喜悦我。顺便说一句，你也许应该做所有这些事情，但需要搞清楚，这些都是结果，不是动因；都是症状，不是导因。是什么让我的生活井然有序、有正确的动机？导因在于：当我相信基督时，圣灵就住在我里面。

顺便要说，我认为要小心我们信心的对象是什么，这很重要。我们信心的对象不是被救赎的人。请留意加拉太书 3:2，保罗说，我们是因信而被圣灵充满。看看他是怎么说的：“你们受了圣灵，是因行律法呢？是因听信福音呢？”在同一章后面的经文，他给出了他们听信的内容。第 6 节说：“正如亚伯拉罕信上帝，这就算为他的义。”因此，当我相信基督是我的义，圣灵就充满这种信心，并开始在我里面、并透过我运用这种义，从内到外彻底改变我，而我也真的改变了。

能够暗中破坏这一切的是什么？当我回到自我努力或肉欲时，只要是任何一个，圣灵在我生命中的工作就被切断了，然后就会显出各种新的果子，比如争论、分歧和……，对吧？——所有这些你我有时会为此纠结的奇异果子；肉体的行为在我们身上时不时地不证自明。有一节经文将这两者联系在一起。回到加拉太书：“原来在基督耶稣里，受割礼不受割礼全无功效；惟独使人生发仁爱的信心才有功效。”（加 5:6）这是一段值得注意的经文，因为是谁要求旧约的教会行割礼呢？是上帝。

这是祂要求的，不是吗？做为“是什么”的一部分？做为区分犹太人和外邦人的礼仪律法的一部分，做为表明谁属于哪个阵营的外在律法的一部分。在基督里，这些外在的东西都被除去了。在这里，我不能用通奸之类的事情来替代，但可以在极大的助力下，用我想补充律法的想法来替代。我来说明一下我的意思。因为在基督耶稣里，二十分钟或十五分钟的安静灵修时间都没有任何价值，重要的是藉由爱来表明信心。因为在基督耶稣里，准时去教堂或迟到都没有任何价值，重要的是藉由爱来表明信心。

Ⅶ. 信心的应用

A. 问题

我举一个现在生活中的例子。我们正与房东发生各种各样的争执。他是个好人，住在另一个州。我们遇到这样的麻烦，不是因为他不好，也不是因为我们想挑衅，只因这是个艰难的局面。我们正在收拾行李准备搬到海外，两个孩子要搬去外地的大学，成堆的东西散放在房子的各个角落。房东决定卖掉房子，所以你看到冲突了吗？他请房地产经纪人来看房子，他们反馈说房子看起来像个火车站。所以房东叫我们“打扫房子”。我们说：“到我们搬走的时候，这个房子自然就会干干净净了啊！”

但你知道我心里是怎么想的吗？事实上，我今天早上收到房东发来的电子邮件，他正在尝试新的策略。愿上帝祝福他。“约西亚，感谢你的好意和帮助，尽快让房子恢复原样……你知道……这样房地产经纪人就能够好好展示一下它，我们就能很快卖掉它，还有……”。你知道的，就是那种“感谢您的帮助”之类的电子邮件。今天早上 5:30 左右，我起床后读到了这封邮件，我想，我们真的需要做点什么了。我们隔壁的教会邻居认识很多人……这个地区的房地产经纪人是我们的邻居 ….. 隔壁第三家是我们的房屋中介人，他们是基督徒家庭，认识参加我们教会的人。这样不好，我们得把这件事处理好。我今天一整天都不在，今晚五点会有更多人看房子。

B. 我肉体的反应

所以，有什么解决办法吗？我煮了咖啡，早早端到芭芭拉面前。当她喝完清醒过来后，我们开始交谈：“亲爱的，我想今天下午尽量早点回家，把客厅里那些成堆的电脑线之类的，搬到车库里；你看我们能不能把堆在角落里的所有缝纫用品都收起来，放到车库里；你看我们能不能把散落桌上的银行资料收起来，放到车库里（我们正在努力核对五个帐户）。”你可以看到芭芭拉的血压开始上升。我的心里到底在想什么？重点是什么？你看，房子的卖相好坏，其实都不重要；重要的是，信心藉由爱做工，信心藉由我爱芭芭拉和尽所能地爱房东的方式表达出来。这就是目标。

当我灵性后退，把注意力放在小事上，比如我的名声，比如担心房东对我的看法，我的动力是在自己，而不是基督的义；我担心的，是教会的人会听到什么，而不是我在基督里的安全感。当这些事情开始占据我的内心时，猜猜会开始流露出什么？需求、压力、要求。顺便说一句，当我巧妙地表达出：“哦，我是很棒的人！”你看，我和那个寄电子邮件来说：“哦，拜托你啊，谢谢你啊，我们喜欢你；请把房子打扫干净啊”的房东，没有多大区别。我所做的，只是用一杯咖啡来代替电子邮件。你明白我在说什么吗？我心里流淌着同样的东西。

C. 信心的反应

这个问题的答案是什么？更长的安静灵修时间？如果这真能把我带到耶稣面前，这可能是其中的一部分；因为祂是我需要的那一位。我需要不属于自己的义、需要在祂里面有安全感、需要行在福音的应许中、需要相信圣灵会使用我。在我人生的这个时刻，我需要相信一些非常具体的事情。我需要相信上帝爱我，即使我这么挣扎，对吧？我需要相信上帝爱我的妻子，并呼召我去爱她，而爱她才是最重要的。上帝呼召我们俩尽所能地去爱房东，并为他的利益而努力清理房子。现在你要如何平衡所有这些事情呢？我的心想要的是爱的演算，想要图表，想要概览，想要一步一步的案例法演算告诉我，在每种情况下该怎么做。这不也是你想要的吗？

人们来上这门课的原因，是希望在那本又大又厚的旧笔记本某处，能找到在这种情况下该怎么做的答案。“当你在 5:30 收到房东的电子邮件，而你在心里这样回覆，那么在这种情况下，哦，是的，你确实应该……”你知道，这就是我们想要的。当我的心专注于建立自己的义时，我的心也专注于独立于上帝之外。我想要的，是一些不需要与祂有关系，不需要时刻依赖祂的答案；我想要演算法，想要案例法，想要割礼来补充耶稣为我所做的。

你知道吗？上帝就是不配合我们的计划，祂总是对我说：“有耶稣就足够了，我已经将祂和在祂里面所有属灵的祝福都给了你；圣灵就在你的生命里，你不是单独一人。你知道你能做什么吗，约西亚？你可以要求我在你心里、在你妻子心里、在你房东心里动工，我会的。你相信吗？在这种情况下你会相信我吗？如果你不知道该怎么做，如果你愿意等待、愿意相信、愿意在圣灵里安息，我会引导你。我会介入，告诉你如何更好地去爱。也许你会做得很完美，也许做不到，但我会与你同在，帮助你渡过难关。”

然而，我想要的不是上帝的灵，我觉得割礼要容易得多。是吗？事实上确实如此，因为那样的痛苦是短暂的，而要死于自己的欲望、自己的努力、自己的义（这对我来说非常宝贵），其痛苦的程度远胜于被割一小刀。

Ⅷ. 全心全意的爱

“受割礼不受割礼全无功效；惟独使人生发仁爱的信心才有功效”，我们可以从路加福音第七章来说明这一点，请大家翻到这一章。我讲这段经文的原因是，这其中有两个不同背景的人，但他们生命中都有相同的罪根。一个是有罪的妓女，一个是法利赛人西门，他们都在罪中挣扎。实际上，我们会发现其中一个比另一个更容易悔改。我们来看路加福音：

> 有一个法利赛人请耶稣和他吃饭，耶稣就到法利赛人家里去坐席。那城里有一个女人，是个罪人，知道耶稣在法利赛人家里坐席，就拿着盛香膏的玉瓶，站在耶稣背后，挨着他的脚哭，眼泪湿了耶稣的脚，就用自己的头发擦干，又用嘴连连亲他的脚，把香膏抹上。
>
> 请耶稣的法利赛人看见这事，心里说：“这人若是先知，必知道摸他的是谁，是个怎样的女人，乃是个罪人。”
>
> 耶稣对他说：“西门，我有句话要对你说。”
>
> 西门说：“夫子，请说。”
>
> 耶稣说：“一个债主有两个人欠他的债：一个欠五十两银子，一个欠五两银子，因为他们无力偿还，债主就开恩免了他们两个

人的债。这两个人哪一个更爱他呢？”

西门回答说：“我想是那多得恩免的人。”

耶稣说：“你断的不错。”

于是转过来向着那女人，便对西门说：“你看见这女人吗？我进了你的家，你没有给我水洗脚，但这女人用眼泪湿了我的脚，用头发擦干；你没有与我亲嘴，但这女人从我进来的时候就不住的用嘴亲我的脚。你没有用油抹我的头，但这女人用香膏抹我的脚。所以我告诉你，她许多的罪都赦免了．因为她的爱多；但那赦免少的，他的爱就少。”（路 7:36–48）

我想对比一下这两个人对基督的反应。你明白为什么这与加拉太书“惟独使人生发仁爱的信心才有功效”（加 5:6）有关吗？这两个人当中，哪一个藉由爱表达信心？不是西门吧？是那个女人。他们两个都是罪人，都展现了肉体的两面。一个是感官主义者，另一个是自以为是的人；一个陷入各种情欲之中，另一个陷入律法主义。他们都展现了肉体的两面。这个女人的优势之一是，她的肉体被认出来，她看清了自己的真面目。她来到基督面前寻求赦免，并得到赦免；她凭信心知道自己会得赦免。当她来到基督面前时，她的内心所流露的是什么？她爱祂，全心全意地爱祂。

现在让我问你，在旧约或律法的任何地方，哪里说过要在耶稣脚前哭泣？哪里说过要像她那样做？没有规则手册，是吧？她心中的这种激情，受到圣灵的滋养，引导她创意地做出恰当的爱的行为。顺便说一下，她很大胆。那个法利赛人的家里不欢迎她，我敢保证她不在客人名单上。法利赛人过马路时，不会让他们衣襟沾到她脚下的尘土，因为认为这会污染他们。而这个走动的污染工厂来到西门家里，她碰到的所有东西都必须经过礼仪上的清洗。所以，当她绕过去触摸耶稣时，西门会怎么想？

天哪，如果他是上帝的人，至少会有点线索吧？但耶稣知道西门不知道的一些事，就是，那个女人内心得到的赦免改变了她，她的信心改变了她；她来寻求赦免，并且得到赦免，信心改变了她。这种信心的表现是什么呢？爱从她的生命中涌向基督。赦免多，爱就多；爱从她的生命中倾倒出来。这两个人哪一个更爱祂呢？那多得恩免的人。“所以我告诉你，她许多的罪都赦免了，因为她的爱多；但那赦免少的，他的爱就少。”

Ⅳ. 赦免多爱得多

我想让你知道，很长一段时间，我都在为误读这段经文而挣扎。实际上，我们可以从中得出一个小方程式：赦免多，爱得多；赦免少，爱得少。请不要误解我，这并不是说你需要去犯更多的罪，才能够得到更多的赦免。我要说的是，即使你做得再好，即使你在宗教上做了很多努力，仍然需要耶稣，就像西门一样。让我们这样问吧：那天与耶稣同席的罪人有多少？那个女人是惟一的罪人吗？不，经文告诉我们，西门的自以为义使他看不到自己的罪，使他无法奔向基督寻求赦免。你知道他还做了什么吗？这意味着他的生命中对基督、对那个女人或对任何人，都没有爱；他甚至没有做合理的事来欢迎基督进入他的家。

这些在我们看来似乎很奇怪，但这段经文就像是在说：“你没有在门口和我握手，你没有把我介绍给客人，你没有带我去洗手间，让我在吃饭前梳洗一下。你甚至没有以普通的礼貌对待我，西门。”但这个女人太过份了，为什么？为什么一个人可以爱，另一个人却不能？因为一个人凭着信心经历了在基督里的赦免，而这种信心靠着圣灵的能力产生了新的反应。信心藉由爱做工。我认为这个女人就是这种信心的写照，而西门就是我生活中发生之事的写照。他在担心什么？他在担心大家会怎么想，对吧？耶稣怎么可以让她这样做？难道祂不知道她是谁吗？这毁了我美好的宴会。他脑子里闪过各种各样的念头。

赦免少，爱得少；赦免多，爱得多。西门需要被赦免吗？当然需要。如果我们检视一下西门的罪，他的罪可多了。让我举出其中几条。当世界上惟一完美的人对你来说不够好的时候，你就会有点挑剔了，你知道的，也许，也许只是一根头发。世界上惟一完美的男人来吃饭，西门做了什么？评头论足。你知道如果耶稣对你来说不够好，你就有问题了。让我告诉你，我在西门的生命中看到的另一种罪——盲目。当上帝出现在你的餐桌上，而你却浑然不知，这就是盲目。他不仅对上帝在他生命中的存在视而不见，而且对自己的罪也视而不见。是什么蒙蔽了他的双眼？我相信，是他自己的努力、是他的割礼、是他的记录，我相信是他生活中的这些事情蒙蔽了他，使他看不到自己的需要。他的罪是一种鬼鬼祟祟的罪，不是吗？

如果你看到妓女，就知道她在罪中，但如果看到教会会友，可能会认为他们没问题。西门看着自己的生活，说："嘿，我可能还好，我过得很好，我不是最好的，但我做得还行。"赦免少，爱得少；赦免多，爱得多。这很重要的原因在于，惟一有价值的，是以爱来表达信心。当你的信心抓住基督所完成的工作，当祂赦免你许多的罪时，圣灵会在你的生命中动工，创造出新的东西；也就是，让你能够以爱来表达信心。我们用祷告来做结束。

天父，求祢帮助我看到肉体的两面。天父，我常常很快就看到肉体的明显行为：忿怒、情欲、贪婪、贪念、以及有时从肉体流出的苦毒，我看到这些事情。主啊，求祢帮助我永远不要与这些事和解，永远不要认为它们可以补充基督的工作。父啊，求祢也帮助我看到肉体的另一面，就是骄傲的一面，它会取代耶稣的位置，会用我自己的努力来补充耶稣在十字架上为我所做的工，以此来获得荣誉。父啊，求祢拦阻我想要以自己的努力来代替基督、完全取代祂的位置、并以这种方式翻覆福音。主啊，求祢让我看到自己的罪，看到救主；让我重新认识什么叫作"以爱来表达信心"，明白爱上帝和爱他人，也同样是在满足律法。奉耶稣的名祷告。阿们！

家庭作业

需在见面 48 小时前完成（以便见面会谈）

背经：

原来在基督耶稣里，受割礼不受割礼全无功效，惟独使人生发仁爱的信心才有功效。

——加拉太书 5:6

完成下列问题和练习：

在开始进入练习之前，请仔细阅读以下部分：

两种生活方式

1. 割礼心态（the circumcision mentality）

遵循这种生活方式的人通过不信和错误地使用律法，努力使自己变得圣洁，并强迫他人成为圣洁的人。在保罗的时代，“割礼”是一种外在的行为，代表着一种试图通过律法获义的完整体系和宗教。这是一种伪装的生活；衡量成功与否的标准是其追随者能让多少人"皈依"这种生活方式，这样他们就可以夸耀自己。其他人觉得自己是被强迫的，只有当他们遵守一套律法时，他们才会被接受。

2. 未受割礼的心态（the uncircumcision mentality）

这种生活方式的追随者通过不信和忽视律法，努力使自己变得快乐。未受割礼的生活方式并不注重看起来很美好，而是强调放纵。“吃喝快乐吧，因为明天我们就死了。”换句话说，割礼是律法性（legalistic）的生活方式；未受割礼则是放纵性（licentiousness）的生活方式。

这两种生活方式对他人都没有爱心，并且都会奴役那些实践者。两者都没有任何价值。我们知道，我们知道福音救我们脱离了自己的“不顺服”，或未受割礼的心态；但我们却很难理解，福音也把我们从“顺服”或受割礼的心态中拯救出来。福音既救我们脱离自己的义，也救我们脱离自己的不义。由于这两种错误的方式都涉及束缚的生活，它们使我们无法自由地去爱他人。因此，加拉太书 5:6 可以意译为：律法主义和放纵主义都没有任何价值。唯一重要的是对福音的相信，以及出于这种信心而爱他人（loving others out of that belief)。在我们的生命中，唯一重要的是我们对基督的信心，在爱中表达出来。

下面的故事为如何应用加拉太书 5:6 提供了一个具体的例子：

我有“地图阅读之义”。我知道如何使用地图；我从不走错路，而且我感觉很好。而我的妻子……

有一天在车上，她一边看地图，一边指引我开车的方向。在一个十字路口，她让我左转。在我左转行驶了大约一英里后，她突然说：

“哎呀，对不起，我们当时应该右转的。”

我的回答是什么？是“没问题，亲爱的；我会掉头回去”吗？不可能！我的回答是这样的：“啊，拜托啊！”我的脸和表情都流露出不满意和蔑视。毕竟，我不会犯同样的错误。说到读地图，我总是对的，所以我有权爆发。

将加拉太书 5:6 应用于这一事件会像下面这样：

1. 原来在基督耶稣里，受割礼

正确的地图阅读。这是一种律法主义的生活方式，我从正确阅读地图中获取生命，并谴责我的妻子误读了地图。

2. 不受割礼全无功效

这将是一种相反的心态。“好吧，如果你不喜欢我为地图‘担心’，那我也不在乎我们会永远迷路，或者晚到两个小时。我要享受不在乎的感觉。”（注：意识到这相反的一面很重要，因为当我们的律法主义不起作用时，我们很容易就会转向放纵主义，反之亦然）。

3. 惟独……信心才有功效

地图阅读已经成了我的义之源泉，成了我的“好消息”，这对其他人来说基本上意味着坏消息。通过福音，我看到自己误读了上帝，而且是出于自愿。福音给了我所需的一切义。我不需要从别处去寻找。我走向十字架，为我的憎恶悔改。我转身冲向耶稣慈爱的怀抱。我被祂的怜悯和爱淹没了。我现在明白了，我妻子的误读甚至不是出于自愿，而只是一个错误。我现在想要爱她。

4. 通过爱表达信心

相信福音能让我从掌控的偶像和自义中解脱出来，我可以做出充满爱的回应：“没关系。我们这就掉头。”此外，在我的内心深处，我将不再相信自己是一个完美的地图阅读者。在某些时候，我会读错地图，而现在我想以希望被对待方式去对待我的妻子。

1. 在你自己的生命中选择一个“割礼”的领域或例子——一个你从中汲取义的律法主义领域。举出一个这种心态表现出来的例子，并根据加拉太书 5:6 完成下面的内容。

a) 原来在基督耶稣里，受割礼

描述问题。你是如何从这种生活方式中获得义的？

b) 不受割礼全无功效

上述回答的反面是什么？例如，如果你选择 " 禁止看电视和玩电脑游戏 "，那么与之相反的就是整天看电视和玩游戏的“娱乐迷”。

c) 惟独……信心才有功效

你试图通过这条律法来填补什么空白，而你却需要通过信心从福音中领受——例如，接纳、爱、能力、喜乐、平安？请解释你的答案。

d) 通过爱表达信心

在你的处境中，真实的爱是什么样的？这信心应该如何表达？请描述自然而然会出现的行为。

2. 现在，在你自己的生命中选择一个“未受割礼”的领域或例子——一个你享受并认为会给你快乐的放纵领域。它甚至可能涉及你还没有的东西，但你认为如果你拥有了它，你会很快乐。然后，请再次根据加拉太书 5:6 完成下面的内容：

a) 原来在基督耶稣里，未受割礼

描述问题。为什么你认为这种行为或东西能让你（或会让你）快乐？

b) 不受割礼全无功效

再次，描述相反的反应。例如，如果你选择了“大量的美食、甜食和零食”作为例子，那么与之相反的反应就是“健康的法利赛人”，他们以正确、合理的饮食引以为傲，并论断那些外表上热爱美食的人。

c) 惟独……信心才有功效

再问一次，你需要藉着信心从福音中领受什么？请再次解释你的答案。

d) 通过爱表达信心

以你为例，真实的爱会是什么样的？你的信心会如何表达？描述一下这种行为。

3. 再次思考问题 1 和 2 中的两个例子及其对立面。无论从哪个方向看，有哪些行为模式让你眼睛一亮？你在哪些方面更明显地缺乏信心？把你的洞见写在下面。

被录下来了！

想象一下，你正在收看一档真人秀节目，节目展示了一个普通家庭的生活——一对夫妻和他们的两个孩子。今晚的节目以客厅为背景，记录了丈夫如何与家人互动。在观看节目的过程中，你写下了丈夫在某些事件发生后的一些陈述：

- 他的小女儿把饮料洒在了沙发上。当她试图道歉时，他厉声说："对不起可不够。我告诉过你要小心！"
- 他注意到到处散乱着东西，于是转向他的妻子："天啊，这地方真是一团糟！"
- 他的妻子让他做一件事（而他正在"忙"自己的事）。他听出她的语气有些恼怒，便说："你到底有什么问题啊？（What's your problem？）"

- 两个孩子吵了起来，声音越来越大。他喊道：“别再吵了！你们两个，回房间去！”

4. 思考上述故事，并回答后面的问题：

a) 描述一下这位丈夫是什么样的人。

b) 这位丈夫需要为什么事情悔改？

c) 福音的哪些领域或方面，他需要凭信心领受到自己的心里？

d) 你像这位丈夫吗？描述一个具体事件。

e) 根据你刚才分享的事件，福音的哪些领域或方面，你需要凭着信心领受到你的心里？

阅读

信心是什么?

当我们意识到保罗所说的肉体是一种强大的力量，它将我们无情地拖入无底的罪恶深渊时，我们就会感到罪咎和痛苦，就会四处寻找比我们自己的软弱意志更强大的力量来帮助我们。

使徒保罗在信心中发现了这种力量；他说，正是信心产生了或做成了爱的生活。但保罗所说的“信心作工”(faith works）是什么意思呢？他的意思当然不是现代实用主义怀疑论者在使用同样的词时所表达的意思；当然，他也不是指仅仅是信心（它被视为一种心理现象，与对象的真假无关）在作工 / 发挥作用。

在这封给加拉太人的书信的最后部分中，他的意思非常清楚，爱的生活在这里得到了详细的阐述。在这一部分中，没有提到任何关于信心的内容；在那里，产生爱的生活的不是信心，而是上帝的灵；圣灵所做的，正是“信心通过爱作工”(faith working through love）这句话中归给信心的事。这个明显的矛盾引导我们找到正确的信心概念。严格地说，真正的信心不做任何事；它不给予，而是领受。因此，当人们说我们凭信心而有所作为时，这只是我们什么也不做的另一种说法——至少我们（凭）自己什么也不做。严格来说，信心的本质就是什么也不做。因此，当人们说“信心通过爱作工”时，意思是说，通过信心，我们容许他人来帮助我们，而不是为自己做些什么。这股力量是上帝的灵的力量，它在我们还不能做任何事来取悦上帝的时候，就藉着信心进入了我们的生命，并在我们开始的争战中加力并扶持我们。

因此，基督徒传道人面临着一个巨大的选择。我们是继续依靠自己的努力，还是凭信心领受上帝的大能？我们是满足于这个世界所提供的材料，通过无休止的新组合来建造一座经久耐用的建筑，还是用没有缺陷的材料来建造？是赋予人们新的动机，还是祈求上帝赐予他们新的力量？我们应该改善世界，还是祈求上帝创造一个新的世界？

我们已经尝试过前几种选择，但都一无所获：当所有材料都有缺陷时，再好的建筑师也无法建造出经久耐用的建筑；当人心邪恶时，再好的动机也无能为力。尽管我们努力奋斗，但我们仍然只是这个邪恶世界的一部分，直到我们凭着信心呼喊："万军之耶和华啊，不是倚靠势力，也不是倚靠才能，乃是倚靠你的灵。"

〔梅钦（J. Gresham Machen），《信心是什么？》（*What Is Faith?*）〕

勾选已完成的作业：（勾选后，可与导伴预约时间）

☐ 聆听信息 8

☐ 背诵加拉太书 5:6

☐ 完成练习

☐ 阅读：信心是什么？

☐ 跟你的祷告伙伴更新信息

Session

9

藉信成圣

至关重要的是理解福音是关乎什么——上帝对我们的爱有多深，我们的需要有多深，耶稣为我们的付出有多大，祂对我们又有多忍耐。当我们开始活出福音，而不是试图制造自己的义时，爱就开始在我们的生命中运行。虽然我们做得并不完美，但通过基督的爱，我们看到了真正改变的开始。

本次目标

- 了解真正的圣洁是什么样子的；
- 理解我们如何在基督徒生活中改变和成长。

阅读讲章

信心的感觉

约西亚·班克罗夫特（Josiah Bancroft）

“先死去，然后是带着荣耀和能力的复活。（但）我想跳过死亡！”

I. 圣洁是什么样子？

我认为，提出“圣洁是什么样子？”这个问题，可能对这堂课会有所帮助。我得向你承认，对“圣洁的人会是什么样子”，我的脑海中经常会出现一些很奇怪的画面；而对于如何达到圣洁，我也有一些很奇怪的想法。我开始认为，对我们来说，圣洁需要关系，这不是你一个人能做到的事情。我为什么这么说呢？因为要成为圣洁，我必须爱上帝和爱别人（参太 22:37-40）。圣经甚至说，从我爱别人的程度，可以看出我爱上帝有多深（参约壹 4:20-21）；而这需要其他人的存在。因此，要使自己圣洁，我最不可能做的事情就是远离所有人，独自一人待在牢房里。真正的圣洁体现在耶稣生活中身处的各种关系之中：家人、朋友、敌人、诋毁者、仰慕者……祂爱他们，也完完全全地爱上帝。

所以问题是：“我怎样才能够成为圣洁？”根据圣经，我们要坚持的原则之一是：我们“相信”，是为了变得圣洁。在某种程度上，信心是圣洁的核心动力。在第十课“成熟与基督的十字架”中，我会谈到自己与愤怒的斗争，以及当我去找我的妻子、家人、朋友、邻居、以及几乎不认识我的人时，他们都说："是的，约西亚，你确实是个易怒的人。"而我对此是多么盲目啊！

当我在为这堂课祷告和思考时，我想，谈论这方面可能有所助益。在我生命中一个很小的领域，愤怒正在逐渐消退，我开始问："信心如何影响我爱别人的方式？如何造就圣洁？如何改变一个人？我相信，信心会深深地改变我们、会使我们与基督联合、会为圣灵的充满提供平台。当圣灵进入我们的生命时，会带来果子和恩赐，并改变我们；因此我相信，信心会改变我们。你已经听过加拉太书 5:6 说："惟独使人生发仁爱的信心才有功效。"因此，你想知道信心如何在爱中发挥作用。我以下要讲的，都是我个人经历过的挣扎。

这样做有几个问题。首先，我的记忆力不是很好，不过别担心，我和妻子商量过了，她帮我解决了这个问题。所以，这是我们共同的努力，以澄清这一点。另一个问题是，我特意挑选了过去足够久远、足够小的事情，这样我们就不会把事情纠结在一起，可以更多地关注过程，而不仅仅是事件。但这是我们家每个星期发生冲突的一个重要根源。

A. 原则 1：基督徒生活是由内而外流露

因此，在我们开始的时候，我想提醒你两个已经知道的原则，但这些原则需要透过我所说的，来找到解决问题的方法或答案。第一个原则见于马太福音 23:25-26，我读给你们听："你们这假冒为善的文士和法利赛人有祸了！因为你们洗净杯盘的外面，里面却盛满了勒索和放荡。你这瞎眼的法利赛人，先洗净杯盘的里面，好叫外面也干净了。"我认为这是一段标志性的经文，讲论了两种不同的方式，来看待我们生命生活中的"改变"。

在我大部分的基督徒生活中，我都认为“改变”是我自己该做的事，如果我做得足够久、足够强，它最终会起作用。如果我和你之间有问题，我放你一马、修复你、帮助你，我就会变得更好；这是由外而内的改变，因为我们并不完美，有时需要责任和其他事情来从外向内转变。但属灵改变的基本原则恰恰相反，它是由内而外，从一颗相信的心开始，向外转变。因此，耶稣对法利赛人说，与其在外表下功夫，希望以此改变内心，不如在内心下功夫，这样外表也会变得干净。这是恩典的流动与自我努力的流动之间的主要区别。

B. 原则 2：我必须先行改变

我还要讲另一个原则来让你明白为什么。我们可以使用几个属灵原则，但这两个会有所帮助。还是马太福音：“为什么看见你弟兄眼中有刺，却不想自己眼中有梁木呢？你自己眼中有梁木，怎能对你弟兄说‘容我去掉你眼中的刺’呢？你这假冒为善的人！先去掉自己眼中的梁木，然后才能看得清楚，去掉你弟兄眼中的刺。”（太 7:3–5）在处理人际关系问题时，首先要做的，是自我检查。当我陷入争论或纷争时，我的首要关注点，是先去掉自己眼中的刺。

我要向你承认，在我生命中的这个阶段，我奇妙地学会了以他人为中心。但其实我们遇到事情时，都会很自然地认为错在别人。我知道有些人不是这样，我的妻子就不是这种人，但我原本是这种人。所以我需要坚持说，在争吵和困难面前，我们需要先行审视自己。现在你会注意到，这节经文确实说到了“对质 confrontation”的位置。我们今晚可能还谈不到这点，但我想向你承认，对质是有一席之地的。再讲一件事，然后我们继续。那就是，我要谈论婚姻关系，虽然你们当中有些人还没有结婚，但这适用于各种关系：室友、父母、工作场所。我将以婚姻为例，但其中的原则和关系不仅仅局限于婚姻。

II. 我们如何改变？经由相信福音！

让我提醒你，我们是如何改变的？因相信福音而改变！我们先看加拉太书第三章，你们的讲义里有这一段，第 3-5 节，保罗对加拉太人说："你们既靠圣灵入门，如今还靠肉身成全吗？你们是这样的无知吗？你们受苦如此之多，都是徒然的吗？难道果真是徒然的吗？那赐给你们圣灵，又在你们中间行异能的，是因你们行律法呢？是因你们听信福音呢？"有时人们说这段经文只涉及称义，它确实涉及到一些与称义有关的问题，但保罗是在向他称之为信徒的人讲述他们的信心。他承认这一切都是从圣灵开始的，所以，请看他是怎么说的："你们既靠圣灵入门，如今还靠肉身成全吗？你们是这样的无知吗？（加 3:3）

顺便说一句，这是我很不喜欢《新国际本》翻译的一个地方。字面意思不是"人为的努力"(human effort)，而应该是"你们如今还靠肉身（the flesh）成全吗"。这一点很重要，因为在这卷书的后面提到很明显的肉体行为。所以保罗确实说，肉体在我们身上有两种行动：一个是放纵，另一个是宗教上的自我完善，想靠人为的努力和条件使自己在上帝面前成义；而产生这两种行动的，都是同一件事。我认为，这就是为什么那些非常刻板的道德家，最终似乎会做出同样事情的原因之一，也就是，他们做出与自身教导完全相反的事，陷入令人发指的罪恶之中。为什么会这样？原因在于，这两者的根源一样，都是肉体；而自我努力的肉体，无法胜过放纵自我的肉体。

因此保罗继续谈他的论点：……如今你们是想要靠人为的努力达到目的吗？凭肉体吗？你们受苦如此之多，都是徒然的吗？难道果真是徒然的吗？请注意他说："那赐给你们圣灵，又在你们中间行异能的，是因你们行律法呢？是因你们听信福音呢？"（加 3:5）你会注意到这是一个现在时态，保罗说的不仅是当初他们信主的事，他用的

"你们"（Do you）是现在时态。那赐给你们圣灵，又在你们中间行异能的上帝，是因你们行律法呢？是因你们听信福音呢？上帝将圣灵赐给他们，并在他们的生命中运行，是因为他们相信。

你会注意到，他们信心的对象就在下一节经文中。我经常听到人们说，你相信这个、那个或其他的，但看看他们信心的对象。下一节经文说："亚伯拉罕信上帝，这就算为他的义。"（加 3:6）这就是福音。当我们相信圣经的中心应许对我们来说是真实的，并凭着信心宣告和持守这些应许时，上帝就会赐下圣灵。这样，我们就不是靠更多的人为努力，而是相信福音。我们不是凭肉体行事，而是凭圣灵行事。随着我们相信福音，圣灵所结的果子就愈发明显，而不是如第五章中所说的，在生命中产生肉体的行为。明白吗？

那么，当我说"相信福音"时，我指的是哪类事情呢？我说的不仅是事实，还有随之而来的应许。上帝给祂子民的所有应许，使我需要相信我在基督里是谁：我不是只有罪人的身份，而是上帝的儿子，与基督一同坐在天上。虽然我有肉身，但真正的我就是上帝的儿子。我需要相信耶稣的工作，祂是我的中保，并应许使我成圣。我需要相信圣灵的力量，需要相信自己是个新人，需要相信天父爱我，即使跌倒了，耶稣的宝血也足以遮盖我。上帝欢迎我回到祂的面前，愿意在我里面大能地动工来改变我，并藉由我扩展祂的国度。我需要每天相信这些应许，并看到它们在我的生命中实现。

III. 这看起来像什么？

A. 举例：一家人上教堂迟到

那么，这看起来像什么呢？我来举个例子，如果你是爱生气的牧师，那么主日早上会发生什么事。我觉得身为牧师，要求家人在礼拜开始前到达教堂并不过分，非常合理。你不会认为这是个大问题吧？我和妻子有三个小孩，只有一辆车。我们家离教堂几英里远，我想做的是让所有人都上车，穿上大部分的衣服，在殿乐结束之前赶到教堂。你知道我在说什么吗？这样我就不用在大家唱“阿们”的时候跑过中间走道，然后跳上讲台。出于某种原因，我觉得不应该是这样。有人对此有意见吗？这里有多少位牧师？哦，好几位。准时是好事，是吧？

问题就出在这里，我是个爱生气的人，当我说我很生气时，你要明白，我是很有教养的。我们不是在说扔东西或大喊大叫，我们说的是，我会带给会友深深的内疚感并操纵他们。我走到大厅里，鲜花就会枯萎；我走进成人主日学，就会有三个人自愿去托儿班服事。只是，我对此感觉很糟糕，不知道为什么，而会友也不知道为什么会这样。就这样，多年来，我们的教会在这些方面运作得很好。

然而，现在我们家面临着准时上教堂的问题，而且紧张气氛越来越严重。在我刚开始牧养这间教会时，这个问题还没有出现，那是因为居住在教堂里。真的，在教会成立头两年了，我们居住的教堂，聚会地点都在楼上，所以如果我比家人早离开家上教堂，没问题；而家人几时进入教堂，也没有人会注意。我们当时只有十五或二十位成员，所以他们可能会注意到我，但没关系，我准时。后来，我们盖了新楼，仍然可以，因为我们就住在隔壁，我可以准时去教堂。但当我们搬到莫比尔（Mobile）时，我们住的地方离教堂有几英里远，这就成了问题：一辆车，主日早上两堂礼拜，其中一堂 8:30 开始，而我必须准时到达。

因此，当芭芭拉努力让孩子们做好准备时，另一件对我来说非常重要的事情是，我不仅要准时到达，还需要保持某种程度的情绪秩序，这样就不会在到达时头发凌乱，怒气冲冲，不记得我这个星期早些时候准备了什么讲道段落（我通常不写很多笔记）。因此，我在主日早上需要做的，就是保持头脑清晰、看一下那些笔记、祷告……（对我来说似乎很合理），与美好的家人一起上车，在他们的支持下开车去教堂，下车后待在教堂。我们不一定要最早到，也许是第四个或第五个到；但至少能早点到，进我的办公室，预备好一切，准备讲道。这就是目标，但我们没有达到目标。

B. 我如何回应以及原因

于是，我开始努力让我们朝着那个方向前进。今天下午芭芭拉和我谈话时，让我告诉你，我为了让我们准时到达教堂所做的事情。祷告似乎很合适，所以我想和芭芭拉一起为此祷告。女士们，她一点都不热衷，这是合理反应，也是对我说："我们来祷告吧！"的莫名抵制。但无论如何，我还是为此祷告了，很显然，她对此耿耿于怀。当我说："我们来祷告吧！"芭芭拉听到的是："让我以一种看起来不错的方式，指出你的一些问题。"

所以我不得不用别的方法，祷告显然不起作用。我想给她看"撒拉称亚伯拉罕为主"之类的经文，想和她探讨圣经中有关丈夫与妻子、对他人的责任、服事他人的重要性、以及诸如此类的事情。而芭芭拉听到的是："这是原则，这是解决办法；照做就是了！"这让我很困惑，所以我想向她说明为什么这很重要，我想也许解释一下会有帮助："亲爱的，他们付钱聘请我，我应该准时，所以你需要帮助我准时。这只是一个小小的要求，这对我来说没有对他们那么重要。"当我向她解释为什么这很重要时，她听到的是："让我们把你和所有其他牧师的妻子做个比较，看看你的表现如何，亲爱的。"

于是我试着提出一些有用的建议，你知道的，可能有助于解决问题的提示。“亲爱的，如果你能在前一天晚上把孩子们的衣服摆好，或者早点帮他们洗澡，而不是把所有的事情都拖到最后一刻，我们就能准时到教堂。”她听到的是：“你是我的问题，我会解决你的！”然后我们开始玩权力游戏。当我说：“也许我只需要搭某位长老或执事的便车。”她听到的是：“没有你帮忙，或者不管你愿不愿意配合，我都会这么做的，你就自己看着办吧！”

现在对我来说最困难的是，我搞不清自己到底做了什么不合理的事？请你们帮我想想我到底哪里做得不合理了？顺便说一句，男人都会为此纠结的：你到底要怎么做？她到底想要怎样？（听众回应：“帮助！”）好吧，我告诉你，这是个好问题。她需要帮助，所以当我提供帮助时，她的感觉像是我在谴责她：“你做不好你的工作，所以我来帮你。”你说男人该怎么办？那就只好忍气吞声吧！多年来我就是这么做的。很奇怪，我就是想不通她到底怎么想的。通常我告诉别人该怎么做，他们就会去做并且很开心。如果我告诉他们该怎么做，他们不照做，大家都不高兴。现在先把这个想法放着，我们再来看另一件事。

芭芭拉曾对我说：“亲爱的，你不知道我想要什么吗？”我说：“不知道，你还没告诉我呢！”她说：“如果你真的爱我，就会知道我需要什么。”我心想：“正如我所料，她以为嫁给了一个读心术者。”她对我说：“我一直在向你发送这些信号。”我想：“是吗？”终于有一天我绝望地对她说（我还记得我说这话时我们站在哪里）：“芭芭拉，你生我的气，是因为你在发送信号，而我没有收到；你以为我把收音机音量调低了，你以为我忽略了收音机里的噪音。亲爱的，我在这里告诉你，我没有收音机！”对我来说，在这种情况下，她就是在故弄玄虚。我一直在想，如果我能让她帮忙，如果我能让她改变，生活就会好得多。

你能看到我们是多么迫切需要上帝的恩典吗？你能看出我有多努力吗？我对名誉有多么执着吗？这是信念问题，是“我信什么”的问题，是“我内心在想什么”的问题。因为此时我内心所牵挂的，是名誉、是自己的义、是建立良好记录、是为他人提供良好服务以讨人喜欢。这些都是巨大的偶像，具有强大的力量，剥夺了我人际关系上的喜乐。

因此，我在与妻子的关系中，不是开放、支持的学习者，而是操纵、控制、内疚的制造者。而且，这确实置她于站不住脚的境地，因为反对这件事并不是在谈论我，因为这是教会希望我准时。这种处境很艰难，是吧？而她也早就明白，我说得都对，无法反驳，而与我对峙的惩罚就是，一切都会反转过来，最终变成她的错。因为她总是认为这都是她的错（你知道我之前说过，我倾向于认为这都是别人的错），所以我们是很好的一对，因为她在想“是的，是的，这都是我的错。”我们就是这样一起搭档的。

你的婚姻会不同，你的人际关系会不同，罪的表现方式也会不同；没有人是完全相同的。但我认为，我想让你看到的，是这些事情在我的生活中运作的方式。我的信念使我无法像内心深处想要的，明知应该那样地，去爱芭芭拉。你看到其中的挣扎吗？事实上，老实说，我只是在向芭芭拉和孩子们反映了我对上帝的理解。想像一下。所以你看，虽然这是生命中一个小小的领域，但这些都是相当大的问题，对吧？你知道现在有人会说：“天哪，他只是迟到一下，怎么现在突然就成了偶像崇拜啦……”但事实就是如此，我的信心影响着我对待你的方式、对你的看法、对自己的看法，影响着我与你的关系、与上帝的关系。真正的改变从这里开始，如果你像我一样是个外表主义者，这是非常困难的。

大体上来说，有些人能说出内心的想法，有些人则不能。多年来，芭芭拉一直跟我开玩笑说，如果我想知道自己的感受，就问她。我不是天生就能了解自己内心的人，就是这样。这本身不是罪，但我用它做的事是罪。上帝给我的任务就是学会这一点。你们当中有些人可能很容易知道自己内在发生的一切，那你就需要稍微看看外面的世界，这样，你的犯罪模式看起来就会截然不同。事实上，如果你把天生自信和外向的我所读的圣经，与不那么自信、更喜欢内省的芭芭拉所读的圣经交换，各自读出对方的重点，就会做得很好。我经常认为人们读错了半本圣经，因为我有时真的需要听到她很容易就在经文中找到的东西，而她可能需要听到我很容易就看到的东西。

C. 我如何以信心回应：相信福音会改变我

所以我们到了这个点上：如何做到？我需要做什么？我需要相信福音。我需要相信什么？我需要开始相信，爱我的妻子比我的名誉更重要；我需要开始相信，在我爱别人和爱上帝的时候，祂会照顾到我的名誉。我需要把名誉的位置往后挪一挪，顺便说一句，对于牧师来说，这是非常困难的事情。对于像我这样的人来说，这是很难的事。当我开始这样想的时候，“是啊，但是”马上就来了。“是啊，但是……但是她……但是她……但是她……”但我们一开始的原则是：由内而外，自己先改变。

在这段关系中，有一个场合，曾经有一个场合，可以让我去对芭芭拉说：“你知道吗？在这件事上，上帝真的一直在我心里动工，但有些事情你也需要去做。”这种直接、坦诚的对质是有一席之地的，但这是第二顺位。耶稣说，首先是除去我眼中的梁木，弟兄们，我眼中的梁木，然后才是她眼中的刺。这是有先后次序的，我必须先处理“我的心只想着自己而不是想着上帝”这个问题。

我发现很难相信福音，上帝认可了我，而我没有去认可别人；我没有爱可以给别人，没有把爱传递出去。我尽力了，但我与上帝的关系不对；真的，因为我认为自己亏欠祂，没有达到祂的标准，我从未看到祂的笑容，我从来都不确定祂到底是怎么看我的；这也是我与他人关系的真实写照。但当我开始相信福音时，它开始破除我心中的阻塞。

这不正是新约圣经的教导吗？不是有一节经文说："我们爱，因为上帝先爱我们。"（约壹 4:19）当我开始透过福音越来越深入地体验上帝的爱、接受自己是罪人、看到自己的罪、重新理解耶稣所做的一切时，猜猜发生了什么事？我心中对上帝的感恩和喜乐开始敞开，我与上帝的关系，以及面对自己的失败和罪的意愿，就开始增长。想像那是什么情景！

顺便说一下，这一切都不是直线上升的。我会在某一天做得比以前更好，却在隔天做得比生平做过的任何事情都更糟。对我来说，这是一场真正的斗争，让我学会相信真相，学会看到它如何在我的生活中发挥作用。我需要帮助，我必须让别人跟我谈论这个问题，这样我才能够坚持下去。现在，当我跟你们谈论这件事时，你可能会觉得这很愚蠢：爱上帝，爱你的妻子，这有什么问题吗？我们都在为此挣扎；这就是肉体，这就是我们生命中的罪。

芭芭拉想从我得到什么？你知道，在我的外在表现下，你知道芭芭拉能读懂什么吗？她读懂了我的心。所以无论我的外表如何，她都能读懂我的心。她听到的不是祷告，而是我的动机和内心。她听到的不是圣经经文，而是我为什么选择这些经文。她听到的不是意见和建议，甚至不是帮助，因为她听到、读到、看到我的心，而我却不了解她的心。因此，她觉得很难回应我。芭芭拉的生活中还有一些其他的挣扎，她和我之前谈过这个问题。但我不打算花时间跟你们谈她的罪。她可以在下次的讲课中告诉你们。我要谈谈我的罪，好吗？

她需要我做什么？她需要得到一点同情，需要我体会一下，带着三个四岁以下的孩子，只有一辆车，却得不到任何帮助，是什么感觉。她需要我用心来关心这件事，不只是关心自己从中受益，而是真的为她舍己。她需要知道，在我的生命中，她比教会、我的呼召或工作更重要。她想知道，对我来说，她比那些更重要。她想看到我愿意为她付出代价、珍惜她、尊重她、重视她。她希望我非常了解她，以至于不需要告诉我发生了什么，因为我们心心相印。这就是她想要的——而这真是太麻烦了，因为我忙着在教会里满足自己的需求，我的心忙着关注所有其他偶像崇拜的事情。随着我开始相信福音，我们俩之间的关系慢慢地、慢慢地发生了变化。

各位，我顺便说一句，我们最初的变化之一是，我原本一直认为自己是对的，而她一直是错的，当我终于说："我错了，我需要闭嘴，开始试着偶尔安静一下"时，这是我们十四年婚姻中的第一次。我在彼此有争执时，开始会认输了；这就是恩典。而不是恩典的是，我根本不尊重她的意见，甚至都不愿意听，还称之为和平共处。这种所谓的恩典，搅乱了我的小世界，抓住了我的生活、妻子、婚姻、事奉，就像大狗抓住小猎犬，叫着：" 汪汪汪！"我还没有完全恢复，但这是我经历过最美好的事情。我的意思是，确实如此，谢谢你，芭芭拉。

当我开始明白福音的意义，明白上帝对我的爱有多深、我的需要有多深、祂为我付出了多少、祂对我有多大的耐心；当我以这种方式生活，而不是靠我所制造的义时，爱就开始在我的生命中运行。你可以想像一下！即使不完美，但截然不同，以至于开始出现变化；虽然缓慢，但却是真正的改变。你们当中有些人听到这些话时不敢置信，但让我告诉你：耶稣改变了刚硬的男人，耶稣改变了绝望的女人。这是福音，各位，这是好消息。你相信吗？

D. 内心的动机必须改变

关于这种改变，我还想说点别的。我不想放掉刚刚谈过的内容，但确实想谈谈其中几个可能有帮助的部分。我想花点时间谈谈动机。我来举个通俗的例子。让我看看……在压力下我能立刻想起哪对夫妇的名字？黛安不在，那就不好玩了……哦，你在这儿啊，黛安！上帝祝福你，黛安·温宁汉（Diane Winningham）在后面，戴夫就在这里，你介意我拿你举个例子吗，戴夫？（在机构中，我是戴夫的上司，所以这有点难，至少这个星期是这样，下个星期……）

戴夫，你还记得妻子的生日吗？很好，这是好的开始。假设明天是你妻子的生日，你想给她买份礼物，对吧？我来扮演戴夫的角色，黛安，我需要你的帮忙，因为我们要探讨动机和行动，看它们如何结合在一起。

黛安，假设戴夫来找你，说："亲爱的，这是一份礼物，你知道去年我忘了，你真的很生我的气，我不想让你再次生气，所以，这是我买给你的礼物。"

（对黛安）：你觉得如何？

黛安："不太好。"

（对戴夫）：你需要做笔记啊，老兄！

戴夫对此有点不解，因为今年他确实买了礼物。所以，隔年他又买了礼物，然后出现在戴安面前，说："黛安，这是给你的礼物，你觉得我们稍后能一起做点什么事吗？"

（对戴夫）：你这个狡猾的家伙！

（对黛安）：你觉得如何，黛安？

戴安："不好。"

（对戴夫）：你记下来了吗？

戴夫为这事又想了一整年，他说："哦，我知道她想要什么了。"

他走到她面前，说：“黛安，我太爱你了，我全心全意地爱着你，亲爱的，心意才是最重要的。”

（对黛安）：这样做如何，黛安？

黛安：“不好。”

好吧，那我们试试别的。戴夫读了一本书，然后走到她面前，说：“黛安，我知道丈夫应该给妻子买礼物，我想确定我做对了，所以这是给你的礼物。”

（黛安摇头否定）

还是不行？好吧。

这个怎么样？“黛安，这六年来我一直在想办法解决这个问题，但我不知道该不该给你买礼物，我也没有足够的钱给你买任何真正贵重的东西，我不知道该怎么办？”

（对黛安）：怎么样？

黛安：“不好。”

她是个很难取悦的女人，现在让我看看是否知道黛安想要什么。

黛安想要戴夫的心和那份爱的信物。

（对黛安）：黛安，怎么样？

黛安：“就是这样，你总算搞懂了！”

为什么我们认为上帝会有什么不同？很多时候人们会问我：“责任呢？畏惧呢？”敬畏上帝是对的，但你要知道，祂真的希望我们爱祂，希望我们的生活表达能成为爱的信物，虽然不完美，但却是爱的信物。祂既想要礼物，也想要我们心里的动机。你和我如今都是非常破碎的人，现实情况是，有时我必须先做正确的事，然后才觉得自己在做正确的事。对吧？所有的长老会成员都会说：“阿们！”你们一直在等着，希望我这么说，对吧？有时我们认为就是必须这么做。

这是服从吗？不是的。为什么这不是服从？“你要尽心、尽性、尽力爱主你的上帝”，这就是为什么。仅仅尽义务是不够的，这可能是用心去爱的开始，因为它可以让你免于跌落悬崖。但上帝想从我这里得到的，是我的心；仅仅因为我应该做正确的事是不够的。对戴安来说不够，对上帝来说也不够，如果你说：“不是这样的！”我很抱歉，谢谢你的回应，我不是故意为难你，但你明白我在说什么吗？单单尽责任是不够的，对戴安来说就不够。我认为她很聪明，但我认为上帝更聪明。

由于我们都是破碎的，有时我的心还没跟上，就已经完成职责了；但这是堕落的症状，这还不够。当我在冷漠地履行不该尽的职责时，该怎么办？有人会说：“在你有正确的心之前，还是不要做吧！”怎么样？不是的，上帝要你两者兼具。你要去做，且要用心去做！如果你有正确的心，与上帝有如此美好的关系，却没有任何行为表现，猜猜会发生什么？

你既需要用心，也需要爱的表达，两者不可分割。上帝需要我的心和我的行动，如果我的心没有破碎，两者就会自然地结合在一起。但堕落的症状之一就是两者可以分离，而上帝要求我们做的，就是确定我们不会继续这样下去。所以，是的，有时我一开始只是纯然尽责，所以每天都需要对上帝说：“上帝啊，我为这颗冷酷的心感到羞愧，请改变我，帮助我。”我必须努力，很快心意就会跟上，在这种情况下，我的心是跟着责任走的。这还是有一席之地的，但仅仅履行职责是不够的。

IV. 罪的感觉

我也跟你们说一下这所有的感受，因为我曾经与芭芭拉之间的关系有某种特定的感觉。当我俩关系开始改变，当信心进入我的生命时，就有了另一种感觉。让我告诉你，当我过着平常、自然、人性、有罪的生活时，是什么感觉？——感觉良好。这也许不是教会的答案，但却是事实。“有一条路人以为正，至终成为死亡之路。”（箴 14:12）我认为这样做是对的，所以我才这样做。问题是，这条路的尽头是……什么？死亡！所以这是可怕的价格标签，但身在其中却是感觉良好。我的意思是，这就是为什么我这么做，因为不仅感觉良好，而且感觉很正常、轻松、愉快、自然。显然在我看来这是正确的，正如箴言 14:12 所言。

在这种情况下，我很清楚自己应该做什么。我认为应该和芭芭拉一起祷告、读圣经给她听、做需要做的一切。我很清楚应该怎么做，顺便说一句，我觉得有必要这样做。这种感觉就像“没有它我就活不下去”，就像“如果你把它拿走，我就会死”。这是魔鬼的谎言、肉体的谎言，就是这种“我非得拥有它不可”的感觉。如果我去教堂迟到了会怎样？我不知道，但很可能是致命的——我的意思是，就是这种感觉。你怎么知道？因为我就是这么做的，整个家庭都承受着巨大的压力；我就像法老拿着鞭子，催着大家：“快去教堂！”为什么？因为这对我来说很有必要。

V. 信心的感觉

当我开始对芭芭拉做一些不同的事情时，感觉如何？致力于解决内在的罪，努力去相信？这种信心是什么感觉？信心的第一步感觉就像死亡！现在对我而言，这已经是过去的事了，但在迈出第一步时，我当时的感觉就像世界末日。这很难，真正的改变极其痛苦。圣经的运作方式是：先死去，然后是带着荣耀和能力的复活。（但）我想跳过死亡，直接进入荣耀和能力。但耶稣说："不，天天背起你的十字架来跟从我。"这涉及到舍己，向我非常亲近且有深厚感情的人舍己。看到这些珍爱的东西被夺走或放弃，我很难受。这种改变对我来说太难了，感觉就像死了一样，很难接受。

我看着上帝让我做的事，你知道我的大脑对我说什么吗？"这绝对行不通！"的确，男人天生的眼睛很难看出来、很难相信那会成功，而且感觉很奇怪或不寻常。"我要在这个团体中脱颖而出"，这种感觉超越了对我最爱的人说"不"，这总是很困难。我没有直接满足自己的需求，我相信上帝会做到的。但这很难，因为我已经习惯了自己做这事。这是个未知数，我不知道自己能否做到，在这种情况下，我很难相信上帝。

顺便说一句，这是不清楚也不确定的，这条道路并不像我自己设计的那样，让我可以自然地走下去。迈出的第一步非常尴尬，让人感觉虚伪或木讷。为什么？因为我正在学习。这是不自然的，就像学跳舞，如果你看过我跳舞，就知道那是既笨拙又呆板。我还要多久才能够准备好去舞厅？还需要一段时间。学习这些步骤可能会慢一些，没关系，你还像个孩子，可能得先学会走路。这对我们成年人来说很难，因为我们认为自己已经知道了。有时候，因为我太习惯于这些偶像和从中获得安慰，以致会感到孤独，会感到恐慌，会为此担心。而这正是我凭着信心跨出去的时候。

喜乐是应时节而生的果子，信心的第一感觉可能是这些困难之事，但它会结出奇妙的果子。"有一条路人以为正，至终成为死亡之路。"（箴 14:12）在信心中走救主的路，起初可能很困难，但最终却是生命、平安和圣灵中的喜乐。我并不是说你生活中的每件事都会一帆风顺，但这就是它发展的方向，这就是它的趋势。

我只想提醒你一下之前谈过的内容。上帝要我们圣洁，我们如何成为圣洁？透过信心！我们相信什么？福音！当你相信时，圣灵就会住在你的信心里，并开始由内而外彻底改变你。

家庭作业

需在见面 48 小时前完成（以便见面会谈）

背经：

你们既靠圣灵入门，如今还靠肉身成全吗？你们是这样的无知吗？你们受苦如此之多，都是徒然的吗？难道果真是徒然的吗？那赐给你们圣灵，又在你们中间行异能的，是因你们行律法呢？是因你们听信福音呢？

——加拉太书 3:3–5

完成下列问题和练习：

1. 下面哪些短语描述了称义，哪些描述了成圣？

称义 / 成圣？

a. ☐ ☐ 从不断增长的信心产生不断增长的爱

b. ☐ ☐ 因着信心不靠行为

c. ☐ ☐ 逐渐改变成基督的样式

d. ☐ ☐ 在法律意义上被宣告为义

e. ☐ ☐ 上帝对仇敌的无罪宣告并接纳

f. ☐ ☐ 持续的内心洁净和洗涤

g. ☐ ☐ 在归信时一劳永逸

h. ☐ ☐ 不断成长；今生不会完全

i. ☐ ☐ 儿子或女儿的不断成熟

2. 请脱稿写出“成圣”的定义。

在思想成圣的问题时，我们需要牢记一些事情。

首先，是上帝使我们成圣。唯有圣灵才有奇妙的能力来改变我们的内心，征服我们的偶像，使我们因耶稣而欢欣。然而，在这个过程中，我们并不是被动的。

我们蒙召去过悔改和信心的生活，谦卑地相信并接受这个好消息。

每天，我们活出福音，并爱他人。

每天，我们都需要运用基督已经给予的公义和赦免。

每天，我们活出上帝对我们的喜悦。

当我们藉着悔改和信心生活时，我们对自己的信心会越来越小，而对圣灵改变我们生命的信心会越来越大。

随着我们不断的成长，我们会越来越意识到自己内心的罪恶力量和表达，同时也会越来越意识到圣灵帮助我们的巨大能力。

3. 请用几段文字描述一下成圣是如何在你的生命中发生的。换句话说，你是如何变得更加圣洁的？你是如何改变的？举一个具体的个人例子来说明。

4. 回顾一下你对前面两个问题的回答。你是否使用了正确但对你没有实际意义的圣经或神学语言？你是否使用了本质上无关紧要的陈词滥调？圈出任何此类语言，并重写这些部分。

5. 关于我们生命中的改变是如何发生的，有哪些不正确但却普遍持有的直觉性信念？(参加 3:1-5)

6. 当我们面对难以相爱的人时，“信心藉由爱作工”的原则如何鼓励我们？

什么是偶像？

偶像就是我们相信除了耶稣之外，我们所需要的任何能让我们快乐、满足或充实的东西。

当我们渴望某样东西胜过渴望耶稣时，当我们惧怕上帝以外的东西时，当我们崇拜自己而不是基督时，当我们信靠上帝以外的任何东西时，当我们侍奉任何其他东西而不是耶稣时，偶像就产生了。

我们拜偶像的原因并不难找到。当我们远离上帝时，我们会体验到极大的需要、缺乏和疏离。为了满足我们的生活，我们会诉诸偶像崇拜。我们服侍、爱慕、渴望、依靠、惧怕和崇拜上帝之外的其他事物，以获得爱、喜乐、平安、自由、地位、名誉、身份、控制、幸福、安全感、满足感、健康、快乐、意义、接纳和尊重。有时，我们的偶像很明显是错误的。然而，许多我们所渴望的东西本身往往是好的——比如乖巧的孩子。但是，即使是好东西，当它们开始主宰我们的生活时，就变成了偶像。

7. 这位讲员把自己的名声、“创建一个记录”和“借着服事而被人喜欢”成为支配他内心的偶像。请描述你心中的两个偶像，并分别举一个最近的例子。

8. 这两个偶像给了你什么应许？

9. 这些偶像最终是如何令你失望的？请具体说明。

10. 这两个偶像是如何侵蚀破坏你爱的渴望和能力的?

11. 根据你对成圣的认识，福音能如何影响这些偶像? 你需要凭信心从福音中领受什么?

信心涉及到为了基督的义而放弃自己的义。

这就是为什么信心是如此困难的原因之一——它需要不断地向自我死。

在别处（甚至在所谓的“善行”中）找到我的义，远比对付我心中的罪恶要容易得多。

正是这种罪恶促使我去寻找另一条阻力最小的捷径，一个虚假的义之源头。

遵守我制定的一条规则或做一件“善事”，远比每天面对我内心的丑陋真相和我对耶稣的迫切需求要容易得多。

12. 讲员提到，当他开始用信心而不是不信与妻子相处时，他与妻子的关系发生了改变。他指出，信心的第一步感觉就像死亡。为什么说凭信心生活会有死亡的感觉? (提示：如果你放弃你所描述的两个偶像，你会有什么感觉?)

为第10课做准备：

教导另一个人（基督徒或非基督徒）有关因信成圣的实际含意。换句话说，向别人解释耶稣是如何改变你的，基督的好消息如何改变你的人际关系，以及“藉悔改和信心而成圣”是如何影响你和你所面临的挣扎的。加入一个你自己最近的生活例子或故事，并想出一些创意的方法来吸引对方进入你所说的内容。有关想法，请参考你在本章作业中的回应，并阅读第 10 章作业开头的“改变我们的力量”（252页）。

等你讲完后，请这个人向你解释因信成圣的一个实际应用。他或她从你的教导中得到了什么？

完成本作业后，请尽快进入第 10 课，并回答问题 1 至 4。

阅读

成圣

新约圣经多次明确指出，廉价的恩典，即试图通过对基督的信心称义却不委身于成圣，是不合理的，也是不可能的。这些经文的主旨其实并不是说我们应该在信心上加上行为，就好像我们可以向前迈进一步进入信心，这里是指我们在圣洁上迈出第二步时犹豫不决。

信心和悔改是不可分割的。有信心就意味着接受上帝的话语为真理，并在依赖信靠中安息在它里面；悔改就是对上帝、自己、基督和世界有一个新的心思意念，将自己的心交付给上帝，以新的方式顺服上帝。显然，这两个因素是如此地相互交织在一起，以至于它们被视为一体，因此称义的条件不是信心加悔改，而是悔改的信心（repentant faith）。

在与保罗教导“著名唱反调”的雅各书中，很明显，行为和功劳并没有被添加到称义的途径中，而是将“产生行为的活泼信心”的根与死气沉沉的概念性正统区别开来：”这样，信心若没有行为就是死的……身体没有灵魂是死的，信心没有行为也是死的。”（雅 2:17，26）

不悔改的信心是一种理论上的信仰，它源于圣灵对内心的光照范围之外，这颗心对自己的需要和上帝的恩典与伟大（的认识）仍处于黑暗之中。保罗指出，对真理的不完全认识是滥用恩典的原因：

> 这样，怎么说呢？我们可以仍在罪中、叫恩典显多吗？断乎不可！我们在罪上死了的人岂可仍在罪中活着呢？岂不知我们这受洗归入基督耶稣的人是受洗归入他的死吗？

……因为知道我们的旧人和他同钉十字架，使罪身灭绝，叫我们不再作罪的奴仆；因为已死的人是脱离了罪。（罗 6:1–3，6–7）

诚然，只有在与基督联合的基础上，我们才能称义。但是，我们不能一边认识到我们与遮盖我们罪恶的完美之义的联合，却不同时认识到改变我们生命和取代我们罪恶的力量。我们不能像清教徒所说的那样，与半个基督结合。我们如果我们要保持在光中，从而获得属灵生命，就必须拥有一个完整的基督。

在我们的称义和我们成圣的经历之间存在着深刻而不可分割的联系。一方面，没有成圣，良心就无法接受称义。如果没有意识到我们在某种程度上致力于灵性成长的进步，我们就不可能获得穿透并洁净我们罪咎意识的称义确据。当我们在成圣的道路上前进时，这种确据就会增强，而当我们远离圣洁之光时，这种确据就会减弱或消失。（参彼后 1:2-11）虽然在没有明确委身于成圣的情况下试图宣称称义会触犯我们的良心，但我们通常会有意识地压制这种想法，由此产生的焦虑和不安全感会造成强迫性的以自我为中心的驱动力，从而使肉体恶化，而不是抑制它。

因此，新教的"廉价恩典病"会培养出世上一些最自私、最具争议性的领袖和平信徒，他们在恩典状态下比在自然状态下更令人难以忍受。

另一方面，除非成圣是建立在称义的基础之上，否则良心是无法接受的。当试图这样做时，由此产生的不安全感会使宗教肉体繁茂生长，因为信徒们试图建立足够多的圣洁，以安抚他们的良心，平息他们与上帝的疏离感。从理论上讲，这应该是一种仅限于天主教会的病症——中世纪的禁欲主义是历史上最大的典范，它证明了对称义的错误理解所导致的良心不安——但大量认真的新教徒对自己的称义本质上缺乏安全感，这使得它在其余教会中也很常见。

正如《罗马书》第 6 章所阐明的，成圣的基础是我们在基督的死和复活中与祂联合，旧的本性被摧毁，新的本性被创造出来，并具有在新生命中成长的能力。圣灵在重生时就开始在信徒的生命中应用这项已经完成的工作，并在人格更新之逐步扩大的领域中继续这项工作。这种更新只有在最后的复活中才能完成。

〔*理查德·拉弗雷斯*（Richard F. Lovelace），*《属灵生活的动力》*（*Dynamics of Spiritual Life*）〕

勾选已完成的作业：（勾选后，可与导伴预约时间）

- ☐ 聆听信息 9
- ☐ 背诵加拉太书 3:3-5
- ☐ 完成练习
- ☐ 阅读：成圣
- ☐ 跟你的祷告伙伴更新信息

Session

10

活在十字架的光中

一位门徒不是已经完美的人，而是一位正在学习明白自己并不完美的人。门徒们乐于接受他人的指正，甚至是非基督徒的指正。因为他们在耶稣的爱和他的义中感到安全，所以他们能够承受真理。十字架在他们的生命中是巨大的；他们可以选择诚实。圣灵能让他们看到更多上帝的圣洁和自己的需要，而不会压垮他们——因为他们有一位救主。

本次目标

- 知道我们作为信徒的呼召是在爱中把福音带给他人；
- 理解基督徒的成长应该是什么样子的；
- 认识到基督徒的成长经常会如何出现问题。

阅读讲章

成熟与基督的十字架

约西亚·班克罗福特（Josiah Bancroft）

我想和大家一起来看，在信徒的生活中，信心是什么样子；成熟的模式是什么样子。

Ⅰ. 引言：这是为你的！

有时教会的牧者或讲员，尤其是宣教士，会心存这种想法：我是特别有恩赐、特别圣洁的人，所以我才站在前面，你永远不可能像我一样。这其中有几个问题。首先，你其实并不太认识我，所以让我来帮你多知道我一些。我认为这也会有助于你理解，上帝在任何形式的事工中，无论是牧会、服事穷人、或是宣教，所使用的，都是像你我这样的人。只要你相信，只要你迈出脚步，上帝就愿意以各种奇特而美妙的方式使用你。

当上帝开始在我们家中动工时，祂带领我们进入宣教的领域。我们到全国各地巡回寻求支持，以便与"世界丰收布道团"去到爱尔兰的都柏林。我不能说，我是世界上最有名的牧师，但我是颇受人尊敬的美洲长老会（PCA）牧师。我登上飞机，飞往都柏林，到了那里，付了车钱却无法找零钱。我买不到一双鞋，因为分辨不出他们尺码和美国尺码的区别。我在路上很害怕，因为我们开车的方向是错的。头三个月，我家人最喜欢说的一句话就是："另一边，爸爸，另一边。"

真令人绝望！我还带着可笑的口音。我知道你们有些人注意到，这是我的家乡口音，但对都柏林人来说，这种口音很可笑。

就这样，在一次短短的飞机旅程中，我就从一个受人尊敬的牧师变成了《金甲部队》（*Full Metal Jacket*）电影里头，那个老是跟不上队，语带土腔的葛默·派尔（Gomer Pyle）。我得告诉你，我真的很纠结，我的反应也不是很英勇，这令人很沮丧。在我成为宣教士之前，我从来没有沮丧过。史蒂夫·鲍德温（Steve Baldwin）给了我很大帮助，他是当时在场的其中一人，一直在帮我。一度他还给我火上浇油（我是说他试图这么做）。我还记得他说过的话："到国外宣教，就像在你的罪上浇上'美乐棵'（Miracle Grow，顶级植物肥料）。"我发现他所言不虚。

我们在那里待了大约两个星期后，在研习会期间，教会的长老、领导团队和史蒂夫，邀请我和当时约 14 岁的儿子约西亚抽空一起去打保龄球。我松了一口气，因为我从小就在浸信会，也会打保龄球。如果你来自美国南方的教会，这就是你要做的事情之一；这是可接受的娱乐活动，所以我知道怎么打保龄球。我们很早就到了塔利保龄球馆，我们提前一小时出发的原因，是知道我们会迷路，而且果然迷了路。我们绕着城市转了一圈，一直在找这个地方，最后终于找到了，进了屋。

我们很庆幸还提前了 30 分钟到，因为要花很长时间去试穿合脚的鞋。穿上，不行，拿回去，"能给我这个尺码吗？"穿上，不行，拿回去，"我想我可能需要 53 码的"，穿上，拿回去。最后，那个 14 岁的女服务生拿走我手上该付的钱，我心想："希望你拿的数额是对的！"然后把剩下的钱放进口袋里。我记得他们给了我们一号球道，在保龄球馆的最里面，因为有保龄球联盟的人，那里人满为患，热闹非凡。这些人都是厉害的保龄球手，有配套的球衣和球袋，上面印有他们名字的缩写。他们都穿着同款的球衣，热烈地打着保龄球。我原以为参加研习会那些长老教会的人，只在美国阿拉巴马州的伯明翰打保龄球，没想到在爱尔兰也做同样的事。

我们等着，很快教会中的伙伴们出现了，史蒂夫也来了。我们准备开始打保龄球，有人对我说："既然你这么早就到了，为什么不先开始热身几次，然后我们就加入你？"我拿起一个球，心想："可以啊。"我走了五步，接近犯规线，并注意到手上拿的球有点小，但并没有多想。当我走近犯规线时，你知道我是怎么滑向犯规线上，并投出球的吗？发生了两件事，首先，有人在犯规线前面洒了可乐，有点黏腻。你明白我的意思吗？当我的鞋碰到可乐的时候，我的脚停了下来，重心向前移了一点，就在我想放开球的那一刻，球卡住了我的拇指，而这种效果就是把我推出去。我真希望能告诉你，那只是因为我绊倒了，以致我的身体碰到那条球道，超出了犯规线几英尺才投出球。

当然，由于当时有保龄球联盟的人在，地板上完美地打过蜡，以致我滑行的速度又加快了一些。我除了收紧手臂、抬起脚趾滑行之外，什么也做不了。我知道自己滑了相当一段距离，因为当我停下来时，你知道那些小钻石图形吗？我当时就躺在那里，盯着松木地板，心想："还有什么比这更糟的吗？"顺便说一下，这是我第一次见到这些联盟的人，我意识到整个保龄球馆就像受罚的孩子一样安静。我转过头，我的意思是，每个人都看着那个球道上躺着的我。我站起身来，你说我能说什么呢？我们阿拉巴马州就是这么做的。哦，太痛苦了，我只好走回桌边去找我儿子。我找到他时，他头上套着大袋子，不忍卒睹我的窘态。

我在那里努力应对各种各样的事情：在尝试学习新文化时，觉得自己很笨、常常感到沮丧、在陌生地方搞不清楚自己是谁、也不知道别人需要什么。但我必须告诉你，尽管有这些事情，上帝是信实的。圣灵来了，祂鼓励我，使用我。

因此，当我们一起谈论这些事情、谈论上帝的灵在你生命中的工作时，不是在谈论少数精英发生的事。也不是说，你经历了某种信主过程，然后就足够好，或已经成功了，或甚至有了强烈的情感启示，然后你就被修理好了。你知道这就是我们想要的，对吧？我们想要能杀死吸血鬼和狼人的银弹，而得到的却是：爱我们的天父、为我们而死的主、住在我们里面的灵，祂推动我们在这一生中不断前进，让我们更好地一点一点理解这些事情。

我承认，有时我对此很不耐烦，我想现在就被修理好，对吧？但上帝呼召我与圣灵配搭，与祂一起改革，不是改革你，而是转化和改变你这个罪人。我要相信，耶稣再来之前，我还会处于不断改变的过程：成长、改变、失败、悔改、相信；但我也要相信，即使在挣扎的这段时间里，我也是在上帝的爱下挣扎，上帝把这种挣扎带入我的生活，是因为祂爱我，所以祂不会让这种挣扎消失。就这样，我挣扎着前进，但我要告诉你一件事，我开始放弃挣扎的一件事情：我不必再为赢得上帝的爱而挣扎，因为耶稣为我做了。因此，当我们谈论这些事情时，这是为你，也是为所有的人。上帝会将这些挣扎带到你的生活中，并在其中以各种方式有力地使用它们。

II. 门徒培育的不正确图像

我认为在我的头脑中，有时会出现门育培育的奇怪画面。如果要我描绘最常出现在我脑海中的一幅画，那就是关于我如何在基督徒生活中长进的画面，而最快出现的画面，就是一组楼梯，或者说梯子，对吧？因此，基督徒的生活就是往上爬两三个台阶，然后倒退一个台阶；再往上爬两个台阶，然后倒退四个台阶；又往上爬八个台阶，然后倒退一个台阶；接着再往上爬……。所以，你是在爬梯子或楼梯。

有时，另一种思考基督徒生活和自己成圣进程的方式是，我就像个广口瓶，里面有很多不好的东西。我需要做的是，把好东西倒进去，它就会把不好的东西赶出来。这样，肉体越来越少，圣灵越来越多，我就会变得更加圣洁。这种思维方式有一定的道理，但也存在一些问题。

III. 问题1：对肉体的认识不足

我认为首要问题之一是：对肉体的认识不足；我们倾向于将肉体视为自己的一部分，但事实并非如此。当我叛离上帝时，肉体就是我的全部，而不是我的一部分而已。我认为这是因为对自己仍然存在的挣扎认识不足，以为这只是内心的一点叛逆而已。不是的，我的全部有时都在远离上帝，当我这样做时，那就是我生命中肉体的力量。

这些画面向我传达的另一件事是：我是靠自己的努力取得了进步。现在我想跟你说清楚，成圣并非神奇的事情，它就像你躺在地板上，上帝会推动你前进。我不知道该怎么说得更清楚。我努力成为圣洁的人，努力让自己更像基督——这确实是上帝呼召我们去做的一部分：打美好的仗，脱下旧人和穿上新人…….诸如此类的事。但你要知道，我的改变不是靠自己的努力，尽管我在努力挣扎；改变我的，并不是我的努力，而是使人成圣者：圣灵。如果你熟悉《威斯敏斯特信仰告白》（*The Westminster Confession of Faith*）[1]，就会知道，圣灵是使我藉信成圣的那一位，因此，我不是靠自己的努力而成圣。

---

1 《威斯敏斯特信仰告白》，美国长老会大会书记，基督教教育与出版委员会，1990 年。

在我的基督徒生活中，我有一种想独立于上帝之外的倾向；那就是肉体。但即使作为基督徒，我也倾向于从独立于上帝之外的角度去思考。这就好比，我希望上帝给我公义，却不愿时时刻刻依靠祂；就好比，我如果得到一颗新的心、得到圣灵的帮助、得到这份原则清单，那么我就自己能做到；就好比，我说："主啊，谢啦！"我需要祂的帮助，但我自己能做到。当我想到基督徒生活的进展时，这就是我有罪的肉体与生俱来的举动。事实上，各位，我需要的不仅仅是一点点帮助而已，我还不知道自己要走多远。如果我那样想，就不会相信法则了。我不是靠自己的努力取得进步的。肉体永远不会消失。

还有一点，我倾向于认为随着时间的推移，肉体会消失。我不认为圣经有这样的教导。即使你有所进步，还是会在生活中与肉体和罪斗争，你会一直挣扎，直到死去或耶稣再临。习惯它吧！没有完美也没有荣耀，你我都在为此挣扎。我想以某种方式解决这种张力，我想化解"我是上帝之子"与"我是被赦免的"和"我是被爱的"之间的紧张关系，这样我就不用再为此担心了。事实并非如此，这意味着我不必再关注认罪和基督徒生活的挣扎，这是不对的。

或者我想说："好吧，如果我努力，也许有一天我能得到上帝的眷顾。"在同是圣徒与同是挣扎的罪人的张力中，我想选择其一，解决中间的矛盾。我想就此了结，所以我倾向于说："好吧，我是这样的人，我不是那样的人，我不再是罪人了！"圣经里可没这么说，这也不是生活的真实写照。或者说："我只是一个挣扎者，我永远达不到标准，我永远无法成为上帝想要我作的人，我这辈子都无法理解上帝的爱和认可，我还有很长的路要走。"这也不是新约的教导。它似乎在谈论喜乐、和平之类的事情。在保罗的谈论中，尽管有挣扎，但他似乎对自己的生活、对其他人、对上帝，都有一定的乐观与享受。

我内心深处有些东西，让我很难保持这种张力，我想以某种方式解决它，让事情变得简单。其实总有一天会解决的，但那时我要么已经死了，要么耶稣已经再临，我将得到荣耀，张力也就结束了。我有时会看到这样的画面：倾向于认为我的工作就是改革肉体，修理好肉体。其实肉体是我的敌人，不需要修理。肉体只应该做一件事，就是死去。

IV. 问题2：对上帝在救恩中的工作认识不足

我认为，有时我对自己进展的描述，表明我对上帝在救恩中的工作认识不足。在我的独立意识中，有一部分会认为，上帝所做的就是：使我成为新人，向我指出新约的法则，并透过圣灵来帮助我；这就是我取得进展的方式。这有什么不对吗？世界上惟一的完人耶稣说过："除了我父所做的，我什么也不做"（约 5:19, 30）。你看，即使在我成圣的过程中，也有一种骄傲的独立性想要进入。让我告诉你，我认为新人最主要的新能力是什么——依赖（dependence）；在约翰福音第五章中，你可以看到耶稣对上帝的极度依赖。

我过去常想："我之所以依赖上帝，是因为我仍然有罪，但随着我的罪越来越少，我就能越来越独立行事了。"如果这是真的，那为什么耶稣说："除了我父所做的，我什么也不做"呢？你看，"完美"就是完全的依赖！这就是重点。当我用宗教、自己的方法、律法、或所使用的任何东西，来建立某种独立性时，我就用错了；救恩是一个学习绝对完全依赖的过程。我每天都需要十字架；需要圣灵的充满；需要记住我既是罪人，又因着基督的恩赐成为上帝的儿女。我有美好的应许，就是上帝会使用我，上帝的国度正在向前推进，我需要凭着信心走出来，与我的罪争战，与魔鬼的作为争战，见证上帝国度的推进。我认为以下这些图表可以指出这个重点——它们没有教导我们关于成圣过程所需的一切，但我认为它们给出很好的画面。

V. 图表1：基督徒的成长应该是什么样

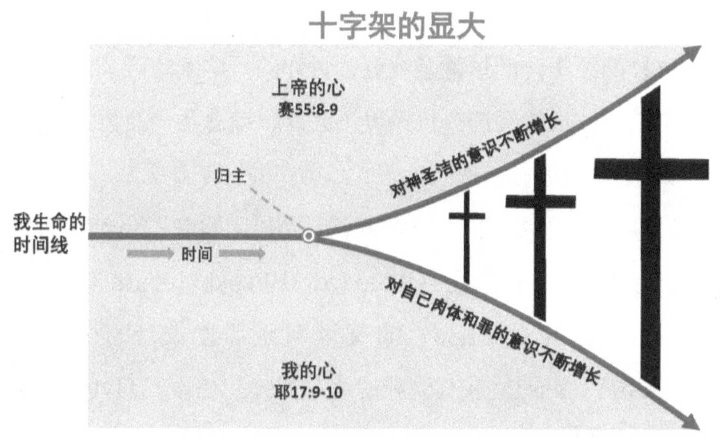

我想和你一起探讨这些问题，也许这会给我们更好的画面。当我归向基督时，开始学习两件事。请注意向上的斜线上面写着“上帝的完美圣洁（对上帝圣洁的意识不断增长）”。我刚认识基督时，对上帝的圣洁所知甚少，多半是藉由律法、基督的位格、圣灵将这些事加在我的良心上，向我显明出来的。我并不了解关于上帝圣洁所需知道的一切。但当我开始了解它时，就有点像以赛亚书第六章所描述的，在看到上帝的圣洁时，同时看到了什么？你看到自己的需要和罪的深度！所以，你会看到向下的斜线下面写着“我的罪的深度”（对我肉体和罪性的意识不断增长）。谁能告诉我哪个在先？这是圣灵想要在我生命中推动的两件事，使我愈发认识上帝的圣洁、祂对我的呼召、以及我自身需要的深度。

当我刚信耶稣时，明白了一些，略知一二，而这些线条代表了我不断增长的理解。上帝的圣洁在图表的顶端，并不是说上帝的圣洁在增长，只是我需要时间来了解，上帝与我完全不同的圣洁意味着什么。当我第一次来到上帝面前时，我生活中的问题是毒品和骂人之类的。祂需要让我看到，也许我还应该关注一些其他的罪。你还记得上次上帝……你是否有过这样的经历：上帝打开了一扇门，让你看到了生命中堕落的全新景象？这难道不是一种令人破碎的经历吗？我们应该经常有这样的经历，而这就是我要告诉你的。这太痛苦了，我希望这是一生中仅此一次的经历，但圣灵不允许；祂总是一而再、再而三地让我看到："这里还有一些。"

但我记得，有次参加位于美国阿拉巴马州伯明翰市（Birmingham, AL），布雷尔伍德长老教会（Briarwood Presbyterian Church）在普尔之家（Poole's house）的艾米莉纽伯德查经班（Emily Newbold Bible class），我看到我的朋友戴夫·雷德（Dave Rader）也在那里。讲师伊莉莎白女士教导我们关于基督徒成长方面的事。有一晚她说："忧虑是一种罪。"我不记得那晚她还说了什么，但我整晚都坐在那里想："哦，我现在有麻烦了，我有大麻烦了，我以为我正在进步，而忧虑是一种罪，怎么可能呢？经文在哪里？"之后我走到伊莉莎白面前说："请你给我看这句话的经文。"她让我看了马太福音6:24-34节，以及腓立比书第四章。回家后我想："这比我想像的，还要严重得多。"到底发生了什么事？圣灵让我越来越意识到自己的需要，以及自己的罪。这不正是基督徒生活中应该发生的吗？上帝让我越来越明白，祂是何等的崇高、圣洁、尊贵和完美。

当我归向基督时，我明白祂的义和在十字架上所做的一切，足以填补我的罪与上帝圣洁之间的鸿沟。你注意到，这只是对十字架有一丁点的理解而已，对吧？然后圣灵开始动工——祂想做什么？祂试图教导我更多关于上帝的圣洁和我的罪。圣灵的工作之一，就是向我显明上帝的圣洁，所以随着我作为基督徒的成长，我应该越来越意识到自己的罪，对它更加敏感。我想，这正是我们在使徒保罗身上看到的。让我们以保罗的生平为例来简要说明。我给你们的这些经文段落，大致是按照时间顺序排列的。让我们看哥林多前书 15 章 9 节："我原是使徒中最小的，不配称为使徒，因为我从前逼迫上帝的教会。"

我想让你知道的是，在所有这些经文中，我们只是摘取了其中的一小部分，但这是很重要的一部分。注意保罗的自我评价："我是使徒中最小的"，当我看着保罗时，有点纳闷，你也有同感吗？这么说吧，请告诉我多马在福音书之后所做的一切。多马在做什么？他是一位使徒。保罗在这里说他自己是最小的使徒，而我什至不记得其他使徒的名字，更别提他们做了什么。保罗是在说什么呢？让我们看看以弗所书 3:8，保罗先是说"我是使徒中最小的"，后来又说"我本来比众圣徒中最小的还小，然而祂还赐我这恩典"。现在，他突然不再是最小的使徒，而是什么呢？上帝子民中最小的。

保罗变得更糟了吗？纵观保罗的一生，你会说保罗在成圣上有所进步。但你知道这是怎么回事吗？他之所以进步，是因为上帝越来越让他看到自己的需要和祂的圣洁。因此，保罗对罪变得更加敏感，更加意识到自己的需要，而不是更少。最后，在他生命的尽头，请看提摩太前书："基督耶稣降世，为要拯救罪人，这话是可信的，是十分可佩服的。在罪人中我是个罪魁。"（提前 1:15）他是说，我"曾经是"罪人中的罪魁，他是这么说的吗？不，他说的是：我"是"罪人中的罪魁。

现在我跟你说实话，我一直倾向于认为，保罗说这些话只是客套。就像我亲爱的妻子，她有很棒的厨艺，我们说："哦，亲爱的，这顿饭真好吃。"她会说："哦，没那么好吃啦！"其实这是一种虚伪的谦虚，对吧？保罗是不是就像我五年级时，那个让我无法忍受的小女孩？如果你是她——上帝保佑你，对不起，我不是说你，我是说我。天啊，我真受不了她！我每次考数学时，都会紧张得直冒汗。我们站在那里等着老师发回考卷时，我转过身对她说："我希望我能通过考试。"她说："是啊，我也是。"然后我们拿回成绩时，我说："谢天谢地，69 分，哦，大概是 C 吧，你考了几分？"她会说："唉，我写错了一题。"你会想："我要杀了她！"

她没有对我说实话，她不认为自己失败了，我感觉她是在跟我玩某种游戏。我不知道她是怎么想的，但这让我很困惑。保罗也是这么做的吗？他是不是在说："我真的是个很糟糕的人，但我们都知道这不是真的。"不，我相信保罗的生活中还有别的事情，我相信圣灵在他的一生中，让他越来越多地看到上帝的圣洁，也越来越多地看到自己的罪。

是什么让你能忍受这一切？惟有基督的十字架。因为随着我对自己罪孽深重的认识不断加深，随着我对上帝圣洁的认识不断加深，其他方面也该随之加深。这就是我对耶稣为我成就之工的感激：祂的十字架、祂的义、祂的代求、祂的中保、祂为我所做的工。当我明白了这一点、当我一次又一次地奔向十字架时，由于更多看到自己的罪、自己的需要、上帝的圣洁，十字架在我的生命中就变得更加甜美、更有力量。福音始于圣灵的大能，当我相信基督所成就的工，这种信心就会被圣灵所充满。当我倚靠祂时，祂就会产生新的义、结出果子、成就事工；如果祂只是给我一本游戏书，叫我照着做，我根本没有希望成就这些事。

所以，我们可以看一下图表，它实际上就是，随着时间的推移，基督徒的生活该有的样式。我的爱和福音的大能，应该在我的生命中不断增长，这样，当我临近坟墓时，应该每天会越来越爱耶稣，会欣赏、享受、陶醉和相信祂。我刚信主时，说："耶稣就是我的全世界。”但你知道吗？我不太了解这个世界、不太清楚自己的罪、不知道上帝是谁，但我越成长，这对我就愈发重要。耶稣就是我的全世界，今天说这句话比我 18 岁时更甜蜜；我无法忘怀对耶稣的需要。不知何故，我的生命中原本有一种疯狂的想法，认为基督徒生活的进步，就意味着不再需要基督。上帝拯救了我！

有人说，描绘一下日常生活中的情况可能会有帮助。这很容易，挑个日子就可以了！让我来挑个你们当中有些人这个星期正在过的日子。我被分配了一项作业：“问一个人，如果你能改变我的一个方面，那会是什么？”你们在上次的讲课听到戴夫提过同样的事情，这是我们经常使用的一项作业。这很有帮助。杰夫·萨拉辛（Jeff Salasin）是我的教练，我的门育老师，他给了我这项作业。当然，由于我是牧师，上过神学院，所以我很自傲地在心里面对杰夫的反应是：“问一个人？我再加问四个人吧！”所以我问了五个人，这很可悲，是吧？但我就是这么做的。

上帝奇迹般地动了工，因为他们五个人都说了同样的话；这真的很可怕！我先问了妻子，说：“亲爱的，如果你能改变我的一个方面，那会是什么？”她的眼泪夺眶而出，我无法让她回应我，这是第一个预警信号。“哦不，你很好。”“不，我是认真的，我真的很想知道。”“不，不，我们改天再谈吧。”“拜托，求求你啦！”我的绝望感越来越强烈。“啊哦！”我亲爱的妻子含着泪说：“约西亚，你是个易怒的人。”这简直让我无法呼吸。我说：“你怎么能这么说呢？我从来没有对你提高嗓门啊！”她说：“哦，有时我倒是希望你这么做，这比你的疏离、失望和退缩更好。”伙伴们，我之所以告诉你们这些，是因为我对此一无所知，甚至没有意识到这一点，这不在我的思维范围内。当她说这话时，我简直不敢相信。你明白吗？你怎么能改变连自己都看不见的事情？

现在我重新明白了自己的需要，明白了自己离上帝有多远。我惟一的希望就是奔向耶稣寻求洁净和帮助，向圣灵寻求一些线索。因为这在我的性格中根深蒂固，我甚至都看不到它。我问了其他的孩子，他们也说了同样的话，只是用不同的方式表达了同样的意思。我记得当时大约十岁的洁西 Jessie，我们最小的女儿，她对这些事情很敏锐。我说："洁西，如果你能改变关于我的一件事，那会是什么？"她想了一会儿，然后说："你知道吗，爸爸，当你变得很安静时，我就会感觉好像有什么事不对劲，但我不知道是什么。"

我该如何改变呢？我甚至都看不出来，还在问别人！我在想："这不可能是对的。"我问在工作中的秘书："安 Ann，最近发生了最奇怪的事情，你觉得我是个易怒的人吗？"安脸红着说："我来上班的第二天就差点辞职了，因为我知道永远都达不到你的标准。"你怎么能改变自己看不到或控制不了的事情呢？天哪，在我生命的这一刻，你知道我需要什么吗？亲爱的伙伴，我不需要帮助，我需要的是救主！我不需要"摆脱愤怒的四个步骤"，我是说，我甚至找不到这类谏言。这些步骤可能会有帮助，有其一席之地，我不想嘲笑它。但让我告诉你，这远远超出了四步、十步或十二步。我必须得到大量的帮助。

你知道这起了什么作用吗？它迫使我回到十字架前接受洁净，因为我对这些年来对家人所做的一切，深感内疚；它迫使我回到十字架前，使我甚至可以走到上帝面前。我很惭愧，我必须相信耶稣真的遮盖了所有这些事情，否则就无法祷告。你明白吗？天哪，突然间我真的非常需要耶稣！为什么我们讨厌这种时刻？因为这太痛苦了。但这就是福音在我生命中前进的方式。当我在福音中成长时，我需要欢迎并配合圣灵的工作，来向我展示这些事情，对吧？然后对别人说："帮我看清我看不见的东西。"现在你得小心了，有些人会因为喜欢开枪而向你开枪。

砰!!! 下一个!! 有些人并不会把你的最大利益放在心上，但我真的需要帮助；我是说，有些事情我还是会视而不见。我很挣扎，因为我担心你们听我这么说，会以为我懊悔所行，然后就克服这个问题了。不是的，我只是要告诉你，我的实情就是这样。

VI. 图表2：基督徒的成长如何经常出错

这件事太痛苦了，我倾向于想办法减轻痛苦并以某种方式控制它。让我来告诉你，我是怎么做的。请看发给你的讲义：

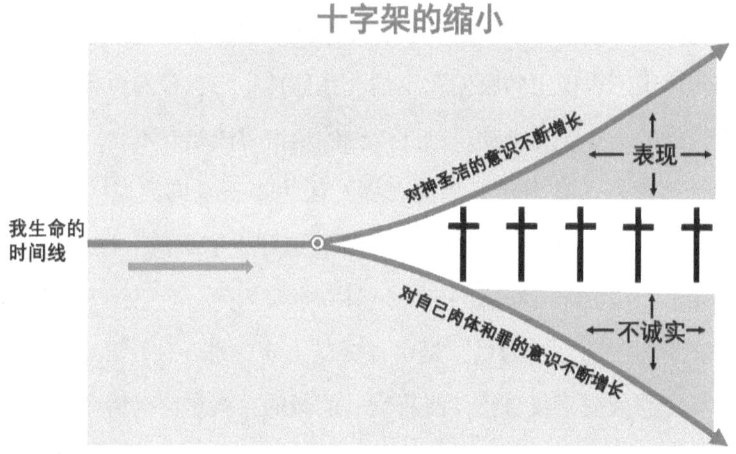

我将做的一件事情是，试着让圣灵强有力地进入我的生命，让我在某种控制下更像基督，这样就不会那么痛苦，也更容易管理，更有规律。这是同样的图表，但你会发现区别在于，十字架在这里没有增长，因为我想出了管理圣灵的方法。我用来避免如此伤痛的方法之一，就是“不诚实”；这就是为什么我对自己的愤怒视而不见。我不能称之为愤怒，那叫它什么呢？——我有点生气。我们家经常使用的一个大词是："我对你很失望。""我对你有更高的期望。"但我知道自己做不到，对吧？这是多么可怕、暴力的待人方式，多么虐待人的方式啊！我是说，你能说什么呢？我是个习惯性的懦夫，我赢得了所有的争论，却仍是瞎子。

随着圣灵不断向我显明上帝的圣洁和我自己的罪，我与上帝之间的差距越来越大，我就开始处理这种差距。其中一个方法就是：不诚实；我不承认自己罪的深度和无能，也就是说，我告诉自己：我没那么糟！！而另一种处理方法是：降低上帝的标准，并做得更好。你知道我需要做的是什么吗？我需要把标准降得足够低，这样我的表现就能解决这个问题。我藉由隐藏自己的罪、降低上帝的标准、撒谎和做事，来处理我与上帝之间的差距。

也许你对这些事情的用词会有点不同，但当我与人交谈时，我发现这两件事所表现出的骄傲和不信，在信徒中相当普遍；我认为这是我们肉体的一些主要举动。因此，你的情况可能略有不同，但很可能在这个范围内。我为什么想这么做？因为当圣灵向我显明这些事情时，我感到非常痛苦，我已经不知道"逃到十字架前"是什么意思，也不知道"相信耶稣所做的已经足够"意义为何；我已经不再相信圣灵是我生命中强大的力量，是可以成就大事的那一位！！！我活得好像一切都取决于我自己，而我惟一能做的，就是让事情变小到足以处理，不致于失控，因为那对我来说很可怕。

VII. 门育培育的圣经观点：小进步和大进步

那么，门育培育是什么样子的呢？现在我想告诉你，这张图表出了什么问题，而且是个大问题。除了十字架，我的生命中没有直线。你看，直线被曲线覆盖住了。你明白了吗？

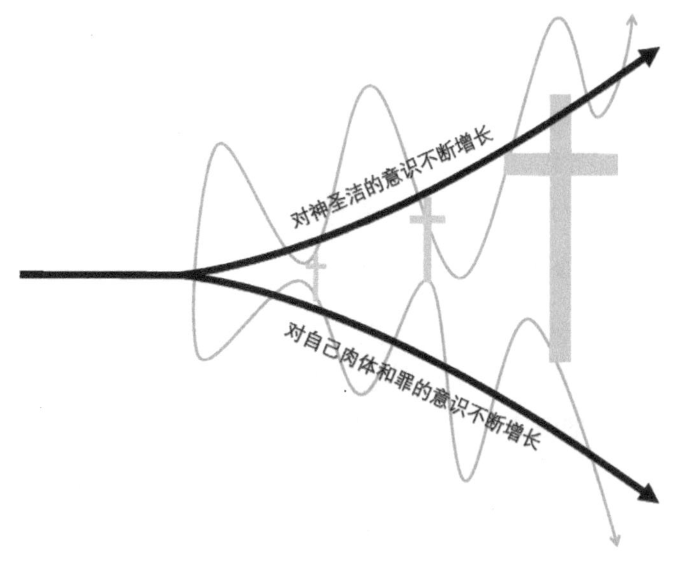

这不是一个平稳的过程，可以像那种将八个汽缸排为 V 型的 V8 引擎，无缝地、奇妙地经由出色的自动变速器，将车速一下子提高到每小时 60 英里。我对这张图表了若指掌，我给了你理想，但有时我没有像应该的那样去基督那里。有时我会更多地看到自己的罪，有时我会否认它并看到的罪更少。但尽管如此，我认为这还是给了我们“圣灵带领我们前进”的大致方向。有些日子我会向前迈进一大步；有时圣灵在我生命中的步伐，因着改变和事奉而令人惊叹；其他时候我会想：“喂？我一直在重蹈覆辙，我在挣扎，我需要帮助！”这似乎要花很长时间，有时是一小步，有时是一大步。上帝不按我的时间表工作，祂不走直线。

Ⅷ. 持续更新是一生之久的过程

我需要什么？我觉得问问自己：“门徒是什么样子？”可能会有

帮助，我们可以稍后再谈这个问题。我无法在这里说出门徒的所有样子，但让我给你关于门徒一个可行的小定义，一个片面的定义。准备好了吗？门徒是经常在公共场合搞砸的人，我希望你能记住这一点。就像躺在保龄球馆的地板上，这种事可能发生在你身上，可能发生在我身上（已经好几次了）——我在这里做什么？我有什么资格认为自己应该是个宣教士？

我无法给出完整的定义，这超出我的能力范围，我只是举个幽默的例子而已。我这么做的原因是，有些例子太残酷了，我甚至都不想跟你说。我举的例子，是不用哭就可以解决的问题。门徒是个尚未完全，但正在学习的人；是个在适当时候愿意接受他人指正、甚至是接受非基督徒指正的人，因为他 / 她在耶稣的爱里有安全感，所以能够承受真相。他们的生命中有一个十字架，所以可以承受真话。圣灵可以让他们看到更多上帝的圣洁和自己的需要，而不会压垮他们，因为他们有救主。

因此，他们在生命中前行，上帝会揭露这些事情，有时祂会当着所有人的面揭露这些事情。请看新约圣经中的彼得、雅各和约翰……他们或是在私下里搞砸事情，或是经常在一群人围观下搞砸事情，还有人把它写下来，作为他们的遗产保存两千年。数数看耶稣说了多少次：“你们信得太慢，信心太小，我忍耐你们要到几时呢？”而这话是对具有良好品格和道德的人说的。我真的希望一切都有美好的结局，我不喜欢你尴尬和纠结地看着我说：“天哪，如果有人需要耶稣，那就是你，约西亚！”你知道奇迹是什么吗？——有人的生命中确实发生了一些事情，上帝使用这人告诉别人关于耶稣的事。难以置信吧？上帝一定是个大人物才会这么做！没有什么灵丹妙药，这需要时间，而且这辈子都完成不了。

我们要求你们持守的，是一种模式，不是单一的复兴，而是生命中不断的更新：不断更新福音，不断更新你最初所相信的事。让我们这样来看待这事：1975 年 12 月 12 日，我和芭芭拉一起走过红毯，站在满屋子的人面前说："我愿意，我愿意，我愿意，我愿意"。而我现在都不知道自己其实讲错日期了，是 20 日不是 12 日！我这个门徒在大庭广众之下搞砸了，还被保留了下来供大家观看。但我当时说"我愿意"时，真的明白这是什么意思吗？明白自己在做什么吗？不，我不明白。那我要怎么做呢？我的余生都要学习如何活出同样的承诺，对吧？这样，每一天都是"我愿意，我愿意"，无论疾病还是健康，无论她在挣扎还是我在挣扎，"我愿意，我愿意"。我认为，这就是婚姻被用来描绘我们与耶稣同行的原因。因为它很日常化，我们每天都在学习如何活出最初的"我愿意"。而"我相信"这个同样的承诺，也要在我的生活中一再上演。

持续的更新始于承认你的需要、你的罪，并不再将自己作为源头——这就是悔改。转离你的自给自足、自我感觉良好、最喜欢的罪、最喜欢的偶像；转离你的绝望、抑郁、骄傲、能力，转离这所有的一切。无论成功还是失败，这都是悔改，然而这只是悔改的入门，并非终点。持续更新的下一步是：相信福音和上帝对你的应许。明白吗？你是上帝的孩子，耶稣为你的罪付出了代价。然后你开始相信圣灵的同在和力量，祂以新的方式推动你前进。这样，你就会开始看到自己胜过罪，就会在圣灵的引领下，以特有的方式去爱上帝和爱他人。这是你日常生活中不断深化的过程，它可能并不平坦，但总是在前进。这是另一幅画，一幅与主同行的画。

家庭作业

需在见面 48 小时前完成（以便见面会谈）

背经：

> 因为情欲和圣灵相争，圣灵和情欲相争，这两个是彼此相敌，使你们不能做所愿意做的。
>
> ——加拉太书 5:17

在开始练习之前，请仔细阅读以下部分。

改变我们的力量

你在院子里种过花或西红柿吗？如果你把一粒种子埋在地里，是什么让它转变成一株植物的？是什么让种子变成美丽的花？答案是来自外界的能量源：太阳。当然，如果你只是把种子扔到后院，你可能会得到点东西，但充其量可能只是一株瘦弱的植物。因此，尽管太阳是能量的来源，但你仍然要尽自己的一份力。你要翻耕土地，用美乐棵（Miracle-Gro）给它施肥；你要给植物浇水，也许还要遮挡它们，总之要密切关注它们。

现在问题来了：西红柿植物的生长是你造成的吗？不，你不是外部的能量源。你为番茄的生长创造了良好的环境。但是，如果没有阳光，即便是你给植物浇的水，也只会让它们腐烂。所以，如果你想要很多果实，你有很多事情要做。你必须参与到最终结出优质果实的过程中，但你并不是那成长和转化的能力源。

联系到成圣，我们的能力源泉是圣灵。是祂改变了我们的心灵。然而，我们仍然参与了这一过程。我们可以做很多事情：读经、祷告、圣餐、团契等等。但我们所做的并不能在我们里面产生圣洁。只有圣灵才能产生圣洁；因此，“仁爱”“喜乐”“和平”等被称为圣灵的果子。（参加 5:22-23）

此外，假设你把西红柿种在背阴处，或者长出一大片杂草挡住了阳光。它可能会有一些生长，但不会太多。因此，你需要确保没有任何东西挡住植物的阳光。在成圣中，我们称之为“悔改”。杂草和乌云是我们的罪，它挡住了阳光。有些阳光仍会透射进来（紫外线!），但不是全部的力量。因此，悔改的一个诱人之处在于，它能带来圣灵能力的更大注入。既然如此，我们为什么不想悔改呢？对我们许多人来说，这是因为我们深深地怀疑上帝的爱和洁净我们的能力还没有我们的罪深得多。然而，事实并非如此，上帝的爱和能力永远比我们的罪大得多。

1. 思考你关于因信成圣的实际含义的教导任务（看第 9 课）。描述你所使用的个人例证。

2. 事后，当你请他解释因信成圣的一个实际应用时，他的回答是什么？请写在下面。

3. 如果你有机会再做一次这个练习，你会有哪些不同的做法，为什么？

4. 总的来说，你认为你们的讨论产生了什么影响？你认为对方真正理解了多少？

本课的十架图（Cross Chart）说明了这样一个事实：当我们成为基督徒时，我们经历了自己罪性的显露和上帝圣洁的显明（图表的第 2 部分）。与此同时，我们看到耶稣的宝血遮盖了我们的罪。既然十字架遮盖了我们的罪，我们就能诚实地面对自己的罪性。我们越成长，就越能看到自己的罪——并越能看见耶稣。

随着我们作为基督徒的不断成长，我们对神的圣洁有了更多的认识——因此，在他的圣洁的光中，我们也看到了自己更多的罪。在图表上，两条波浪形对角线之间的距离变得越来越大。然而，如果我们对十字架的看法仍然与归信时一样，就会出现一个很大的问题。我们对十字架的看法和对罪的新觉察之间开始出现鸿沟。

由于我们对自己的罪和上帝的圣洁的意识不断加深，鸿沟也越来越大，现在我们面临两种选择：

十架图

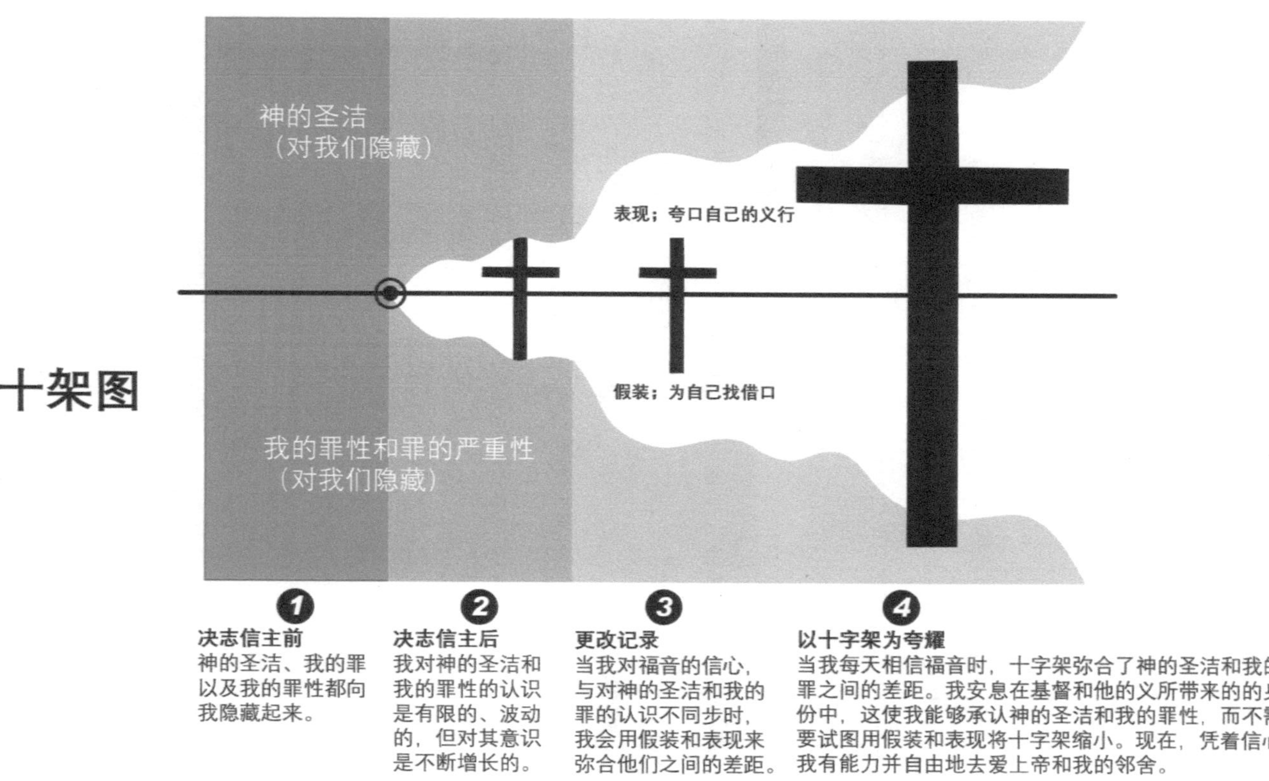
神的圣洁
（对我们隐藏）
我的罪性和罪的严重性
（对我们隐藏）
表现：夸口自己的义行
假装：为自己找借口
1
决志信主前
神的圣洁、我的罪以及我的罪性都向我隐藏起来。
2
决志信主后
我对神的圣洁和我的罪性的认识是有限的、波动的，但对其意识是不断增长的。
3
更改记录
当我对福音的信心，与对神的圣洁和我的罪的认识不同步时，我会用假装和表现来弥合他们之间的差距。
4
以十字架为夸耀
当我每天相信福音时，十字架弥合了神的圣洁和我的罪之间的差距。我安息在基督和他的义所带来的的身份中，这使我能够承认神的圣洁和我的罪性，而不需要试图用假装和表现将十字架缩小。现在，凭着信心，我有能力并自由地去爱上帝和我的邻舍。

1. 我们能够看到十字架变得越来越大，大到足以弥合那鸿沟。我们可以紧紧抓住耶稣的义和完美。我们可以承认自己的罪，悔改，并重新专注于我们在基督里的真实身份（第 4 部分）。

2. 我们可以发明“另一种福音”来保护自己和减轻罪咎感。

当我们忘记耶稣的义时，我们就会发明出一些策略，比如推卸责任、自夸、找借口、把自己当成“特例”、合理化以及撒谎，以便在神和其他人面前为自己辩解（第 3 部分）。当我们这样做的时候，就等于在十字架上加添一些东西，基督对我们就没有价值了。（参加 5:2）

所以，我们是要为自己辩护，并指责他人，还是要相信福音对我们的描述？在被揭露的痛苦中，我们是否让十字架变得越来越大（通过单靠紧紧抓住耶稣的义），并填补因对自己的罪的新觉察而产生的鸿沟？我们相信基督的死足以遮盖我们所有的罪吗？或者，我们对罪性的看法会随着我们伪造记录或为自己辩护而缩小？我们是否会发明“别的种种福音”来填补鸿沟，以减轻我们良心的不安？

5. 想一想你是如何在十字架之外夹带私货的（第 3 部分）。列举一个你想通过“表现”（performance）来这样做的例子？

6. 你如何通过“不诚实或为自己辩护来”在十字架上之外加添东西的？

7. 十架图表教导我们，随着我们的成熟，我们会看到自己更多的罪。为什么这对真正的成长是必要的呢？

8. 然而，仅仅认识到自己的罪并不能改变我们。要让成长发生，什么必须发生？

9. 当我们看到自己更多的罪时，是什么让我们不陷入绝望和自我定罪？

十架图表还显示，当我们越多看到自己的罪，我们就越倾向于掩盖它们。我们通常认为，如果一个基督徒越多认识基督的爱，越多认识自己的罪，并越多地去爱别人，他/她就越来越少需要悔改了！然而，随着我们的成长，我们实际上会面临更多成为自以为义的机会。

如果我们在成长过程中变得更加自义，我们就会削弱上帝所带来的成长。

随着我的成长，犯罪的机会也越来越多：

- 我自义的能力不断加增。我学得更多，所以犯的错误更少。我就觉得我能从其他基督徒身上学到的东西更少了，所以我变得不可受教、高不可及、不可取代。
- 我评判他人的能力在增强，因为我更快地看到了他人的缺点。虽然我可能会更快地看到自己的罪，但我也会更快地看到别人的罪。我变得更加严厉和苛刻。
- 我有更大的能力来掩盖我的罪。随着我的成长，我对罪的广度、特征和表现有了更多的了解。我能够更好地隐藏自己的罪。我学会了更好地掩饰掩盖。
- 我对悔改的抵触情绪可能会增加。因为（一旦要悔改）我在外表和掌控上要失去的会更多。我的成长越多，就意味着我要失去的就越多。
- 我有了更多的成功，所以我开始相信，也许终究这与我有关！我拥有更多的基督，所以我更能祝福他人。在我的内心深处，我开始认为是我与生俱来的某些东西造就了我的成功。
- 我有更多机会活出罪性。我更有智慧了，所以靠自己——离开信心、祷告或圣灵——做事变得更容易了。
- 我在圣经知识不断增长。我的知识变得更加“正确”。我变得更容易自义。我更少倾听。
- 我的经验在成长。我学习了许多罪的恶果。就像前面所说，我已经养成了无法倾听的习惯，并且对这种无能一无所知。
- 即使在我成长时，我的生命常常趋向于衰败！但耶稣是为像我一样的衰败罪人而来的！

10. 在本课信息中，讲员说他无力，盲目，且没有意识到自己的愤怒问题。主是如何向他揭露他深处之罪的呢?

11. 请向你的配偶或好友提出讲员问他配偶的问题:“如果你能改变我的一个方面，那会是什么?”在这里写下他或她的所有意见。(注意：不要认为这只是一个一次性的任务；要把它看成是一种交往方式，一种从其他人那里获得洞察力以加深你的悔改的方式)。

12. 在得到配偶或亲密朋友的回答后，你是如何回应他们的? 你的回应对你生命中仍然存在的罪以及你对它的觉察，显明了出什么信息?

阅读

拉比的心跳

在我们里面运行的恶，住在无止境的自我专注里，也就是摩尔（Moore）所说的“我们无法摆脱的、自觉性的自恋”。我们的残忍、占有欲、嫉妒以及各种恶毒的根源就在于此。如果我们掩盖自己的自私，将内心的恶合理化，我们就只能假装自己是罪人，因此也只能假装自己得到了饶恕。假悔改和假狂喜的虚假灵修，最终会塑造出现代精神病学所说的边缘型人格，即以假乱真。

那些停止对付自己里面之恶的人，永远不会懂得什么是爱。除非我们直面自己假冒为善的恶，否则我们就无法领会基督在加略山上所成就的和好是什么意义。

酗酒康复者喜欢说，谦卑就是完全的、极度的诚实。只有揭露并承认潜藏在酗酒者个性底下致命的否认（拒绝接受与承认），否则从疾病中恢复的进程绝对无法开始。他或她必须跌入谷底，认清真相，那时，抓住酒瓶的痛苦远大于放下酒瓶的痛苦。同样地，除非我们承认自己的困境，伸出双手，直到手臂酸痛，否则我们就无法领受被钉十字架的拉比所给予的一切……

耶稣通过他的受难和死亡，带走了人类心灵的根本疾病，并且永远打破了虚伪对我们灵魂的致命控制。他亲自前往孤独的极点（“我的神，我的神！为什么离弃我？”），借此除去我们孤单的致命力量。他理解我们的无知、软弱和愚昧，并赦免了我们所有人（“父啊，赦免他们！因为他们所做的，他们不晓得。”）。他使自己刺穿的心成为安全之所，提供给历史长河上每一个失败的愤世嫉俗者，绝望的罪人和自惭形秽的被弃者。当他用十字架上的死成就了和平，上帝便使万

有，天上和地上一切的事物，都与自己和好了。（参西 1:20）

十字架显明耶稣已经征服了罪和死亡，绝对没有任何事物能够使我们与基督的爱隔绝。无论是江湖骗子还是法利赛人，无论是缺乏觉察还是缺乏激情，无论是他人的负面评价还是自我贬抑，无论是我们丑陋的过去还是不确定的未来，无论是教会中的权力斗争还是婚姻中的紧张关系，无论是恐惧、罪疚、羞愧、自我憎恨，甚至是死亡，都不能使我们远离上帝在主耶稣身上显明的爱。

聆听拉比临终前微弱的心跳声，是对我们热情复苏的有力刺激。这是独一无二的声音。

被钉十架的主说："承认你的罪吧，这样我就能向你显明我为你的爱人、老师和朋友，使恐惧离你而去，让你的心再次激起热情。"他的话既是对那些充满自我优越感的人说的，也是对那些被自我无价值感压垮的人说的。两者都专注于自我。他们都声称自己像神一样，因为他们全神贯注地集中于自己的卓越或是卑微。他们在自我沉迷中被孤立和疏远。

要从长期的自我中心中得到释放，首先要让基督爱他们——就在他们所在之处。

从心到心的。拉比恳求道："难道你们不明白，做门徒不是关乎正确、完美或高效吗？而是关乎你们如何彼此相处。"在每一次的相遇中，我们要么给予生命，要么消耗生命。没有中立的交换。我们要么提升人性的尊严，要么削弱人性尊严。每一天的成败由我们对周围人的关心和怜悯的程度而衡量……

智慧的男女一直认为，幸福在于无拘无束地做自己。让伟大的拉比安静地将你拥入心怀中。当你知道他是谁时，将会发现你是谁：在我们主基督里的阿爸之子。

〔曼宁（Brennan Manning），《阿爸的孩子》（*Abba's Child*）〕

勾选已完成的作业：（勾选后，可与导伴预约时间）

☐ 聆听信息 10

☐ 背诵加拉太书 5:17

☐ 完成练习

☐ 阅读：拉比的心跳

☐ 跟你的祷告伙伴更新信息

Session

11 谦卑和破碎

这节课是关于操练谦卑，而不是学习谦卑。也许你觉得自己的谦卑已经绰绰有余；如果是这样，就把这节课当作一个机会，获取更多的材料教给别人。然而，我们当中的一些人可能有缺乏谦卑的习惯性问题——或者至少是朋友和家人对我们的缺乏谦卑有问题。

本次目标

- 认识并亲自应用这个真理：神阻挡骄傲的人，赐恩给谦卑的人；
- 明白这种恩典在我们如何使用舌头上特别明显。

阅读讲章

儿子学会谦卑

杰克·米勒

我们要讨论的是"儿子学会谦卑"，而不是"儿子学习有关谦卑之事"。我知道我们每个人都已经有了足够关于谦卑的概念，因此，能够有优势去获取材料来教导他人，是上帝额外的恩典。我们当中可能有些人在谦卑上有旷日持久的问题，或至少有些朋友对我们缺乏谦卑感到受冒犯。

Ⅰ.引言

当我们再次谈到"为神之子与孤儿"这个话题时，我想读一下马丁·路德在关于圣经所讲的这段话，这应该成为我们今天的祷告。"圣经是活的，它对我说话；它有脚，追着我跑；它有手，会抓着我。"这才是我们真正想要的，也是有关谦卑相当好的定义。圣经中所界定的谦卑，可以自由地进入我们的生活，然后贯穿生活的每一部分，使我们能开始向最亲近的人表达自己的爱，然后向关系较远的人、甚至非基督徒表达自己的爱。

Ⅱ.恩典是给谦卑的人

我们要研读的经文是雅各书第三章和第四章。这是出名地揭露

“人类舌头之恶”的背景，舌头就像点燃森林的小火，无人能控制。我们也都熟悉：“要谨防作教师，因为你必须为自己使用舌头的方式负责”这样的话。然后我们读到这些话：“你们中间谁是有智慧、有见识的呢？他就当在智慧的温柔上显出他的善行来。你们心里若怀着苦毒的嫉妒和纷争，就不可自夸，也不可说谎话抵挡真道。这样的‘智慧’不是从上头来的，乃是属地的，属情欲的、属鬼魔的。在何处有嫉妒纷争，就在何处有扰乱和各样的坏事。

惟独从上头来的智慧，先是清洁，后是和平，温良柔顺，满有怜悯，多结善果，没有偏见，没有假冒。并且使人和平的，是用和平所栽种的义果。”（雅 3:13–18）何等的应许！

“你们中间的争战、斗殴，是从那里来的呢？不是从你们百体中战斗之私欲来的吗？你们贪恋，还是得不着；你们杀害嫉妒，又斗殴争战，也不能得。你们得不着，是因为你们不求；你们求也得不着，是因为你们妄求，要浪费在你们的宴乐中。你们这些淫乱的人哪，岂不知与世俗为友就是与上帝为敌吗？所以凡想要与世俗为友的，就是与上帝为敌了。你们想经上所说是徒然的吗？上帝所赐住在我们里面的灵，是恋爱至于嫉妒吗？但祂赐更多的恩典，所以经上说，’上帝阻挡骄傲的人，赐恩给谦卑的人。’ ”

故此，你们要顺服上帝。务要抵挡魔鬼，魔鬼就必离开你们逃跑了。你们亲近上帝，上帝就必亲近你们。有罪的人哪，要洁净你们的手；心怀二意的人哪，要清洁你们的心。你们要愁苦，悲哀，哭泣，将喜笑变作悲哀，欢乐变作愁闷。务要在主面前自卑，主就必叫你们升高。弟兄们，你们不可彼此批评。人若批评弟兄，论断弟兄，就是批评律法，论断律法。你若论断律法，就不是遵行律法，乃是判断人的。设立律法和判断人的，只有一位，就是那能救人也能灭人的。你是谁，竟敢论断别人呢？”（雅 4:1–12）

A. 上帝之灵的工作

圣经被称为圣灵的宝剑，如果你没有从中得到任何剑刺，你的状态就很糟糕。首先，我想请你仔细看一下这段经文的形式。这是非常严厉的，是对‘诚实’的严厉呼唤。你会注意到雅各书 3:18 中有一个非常甜蜜的应许：“使人和平的，是用和平所栽种的义果”。整段经文都在谈论错误的冲突，以及如何进入正确的冲突。这里说，如果你用和平的方式播种，就会收获和平的义果。你将体验到上帝的平安，那种与上帝和平相处、与人和平相处，甚至在适当的冲突中也能得到极大祝福的状态。

然后当你往下读到雅各书 4:5 时，会看到新国际版圣经的翻译听起来像是：“祂呼召住在我们里面的灵倾向于嫉妒。”这是一种可能的翻译，但我个人认为，这种译法其实并不好。译者的困难在于“嫉妒”一词，或者说强烈的激情欲望。如果按照我的方式翻译，意思是，上帝有强烈的愿望。我们还没有准备好接受上帝的这种语言，如果你用希腊文来理解，那就是：上帝使住在我们里面的灵，嫉妒地渴望我们。这确实是上帝对我们圣洁的热情。如果这是真的，那么你脑海中最重要的问题可能是：“我怎样才能够圣洁？”其实应该是问：“上帝要怎样使我成圣？”这是一种不同的思考方式。恩典如何使我圣洁？如果你真的在考虑如何去做，是做不到的，一定需要靠恩典！

我们需要研究这是怎么发生的，我们要把焦点放在恩典在我们生命中运行的大能上，然后将我们的信心与这些应许紧密相连。这真是一节非常鼓舞人心的经文。住在我里面的上帝，也就是圣灵，热切渴望得到我内心的爱。这与接下来祂赐给我们更多恩典的话语非常吻合。当我们的内心因需要而呼求时，就会意识到，我们往往会陷入错误的冲突之中。我们之间的争斗和争吵，是从何而来的呢？这不应该是什么大秘密，它们来自我们被误导的欲望生活，正如雅各书 4:16 所说的：“在何处有嫉妒纷争，就在何处有扰乱和各样的坏事。”

强尼·龙格（Johnny Long）昨晚坦承他身上有许多这样的东西。我一边听一边说：“嗯，我的生活与强尼的生活不同，但没错，我就是这样的人。”自私的野心、羡慕、嫉妒、想戴“第一”的帽子，是导致冲突的原因；每个人都想成为“第一”。有人曾问奥尔特加·伊戈塞特（Ortega Igoset）：“民主在西班牙行得通吗？”他说：“这将非常困难，因为我们是拥有 3000 万个国王的国家。”我们的教会往往也是如此。基督教能行得通吗？教会里有 300、400、1000 或只是 60 个国王都不行，那是行不通的！

所以，恩典是顺势而下的——这就是整个概念。上帝阻挡骄傲的人，但为了促使我们加入谦卑的行列，祂强调要赐恩给谦卑的人。我们可能会认为，每个人都有极大的动力想要谦卑。当上帝说“要谦卑”时，我们会说：“这就是我想要的，主必赐给我，因为主想要给我，所以这就是我想要的。”这就是我们的处境……对吧？其实并非如此。我们大多数人都希望看到一些回报，难道不是吗？

这就是圣经要规劝我们的：“你想要更多的恩典吗？那就不要把事情复杂化，斩断死结吧！”上帝赐恩给谦卑的人。然后注意这段严厉经文之后的应许结构。雅各书 4:7-10 节是新约中关于如何获得恩典的最严厉经文之一：“你们当顺服上帝，务要抵挡魔鬼，魔鬼就必离开你们逃跑了。有罪的人哪，要洁净你们的手；心怀二意的人哪，要清洁你们的心。你们要愁苦，悲哀，哭泣，将喜笑变作悲哀，欢乐变作愁闷。”（雅 4:7–9）然后，在第 10 节有这样一个伟大的应许：“务要在主面前自卑，主就必叫你们升高。”

它的整个结构是建立在应许的基础上，我想用两个例子来帮助你更好地理解。第一个例子来自“如何成为基督徒”的流行神学。我想我们都听过“耶稣站在你心门外叩门”这种形式的邀请。如果你看过英国画家霍尔曼·亨特（Holman Hunt）的耶稣叩门图，就会知道门外没有把手，把手在门内。你必须打开门，让耶稣进入你的心里。所以，耶稣在叩门，你被告知要开门。这话有一定的道理：耶稣站在门外叩门，你必须去开门。但真实情况是这样的：当耶稣叩门时，你没有开门，而是在门上加了三把锁（甚至可能是纽约市那种钢筋插入地板约四英尺的锁）。

耶稣不断叩门时，你没有跑去开门，而是把家具推到门前。祂继续叩门，声音越来越大，你就把冰箱移到门前，惟一保留的家具就是沙发。当祂继续叩门时，你就躲到沙发底下。所以，当耶稣叩门时，这是一个死胡同，但耶稣差遣圣灵从后门进入地下室，调高暖气的温度，点燃六堆火，烟从下面冒出来，罪人开始在沙发下面咳嗽，差点窒息。很快，他的裤子被烤得发烫，他从沙发底下爬了出来。在绝望中，他跑到门口，移开冰箱和所有家具，打开门锁，打开门，说：“耶稣，请进入我的心里。”当耶稣进入他的心里时，他说：“我有多么奇妙的自由意志啊！”他甚至可能为此写一本书。他走过去，坐在霍尔曼·亨特的画作前，说道：“是的，的确如此。”他之前所以会对耶稣叩门有那些不当的回应，就是因为忘记了这位至高无上者的恩典。

现在，我想，即使是那些使用我所讲内容的人，也会本能地同意我刚才所说的话。我想，任何基督徒都知道，打开那扇门需要恩典。这就是我们为人祷告的原因。我们常常会忘记，进入地下室和房子的圣灵仍然掌权，仍然活着，是祂在动工。当我们谈论因信称义和因信成圣时，我们是敌人，而信心使敌人降服；它正在放弃一切活动并放下武器。正如《威敏斯特信仰告白》所说，信心就是接受、领受，并单单倚靠基督。

因此，敌人投降了。在成圣的过程中，虽然仍旧是降服于诸般的义，以获得接纳，但现在有了同样的信心，与圣灵和上帝的话语配合。信心仍然完全依靠福音和基督，它不是在建立行义的记录，而是与天父的旨意配合。如果我们继续来看强尼在他的见证中，提到呼喊“阿爸父”的主题，那么，这种呼喊是出于与父相交的喜悦、是出于喜乐、也是出于降服。如果你回顾马可福音，耶稣在客西马尼园中喊着说：“阿爸，父啊！在祢凡事都能，求祢将这杯撤去；然而，不要从我的意思，只要从祢的意思。”（可 14:36）这是圣子乐意遵行天父的旨意。

当圣灵进入人心时，祂的目的就是让你喜悦天父的旨意。你不能说：“我要与上帝相交”，除非你与上帝的旨意相交。你是儿子，因此必须关心天父的事。这对你传福音和在教会中事奉，会带来多么大的不同！你知道吗，当你将福音带给人们，耶稣的声音开始在门外对他们说话时，圣灵就会进入地下室。知道你自己不是主权者，耶稣才是，这是何等的安慰；祂是征服者。

祂说：“父怎样差遣了我，我也照样差遣你们，并将我的灵赐给你们。”（参约 20:21-22）祂还提到圣灵将与我们同在，因此，我们赦免谁的罪，谁的罪就赦免了；从人们不信耶稣的意义上来说，我们留下谁的罪，谁的罪就留下了。（参约 20:23）这并非承诺我们拥有教皇的权柄，但我们有权柄宣布那些相信福音并转离罪恶的人，已经得到了上帝的赦免。耶稣的事工与什么样的权柄有关呢？当祂差遣圣灵时，祂也差遣圣灵与我们同在。我们是被“差遣”的人，我们被上帝之灵的恩典所带领。

如果你明白这一点，就会以全然不同的角度来看待事奉、自己的生命、以及你的信徒同伴。如果你正在带领某人并门训他 / 她，而那人明显地抗拒，那么你自然会倾向于放弃。难道不是吗？你开始认为这个人是如此的铁石心肠，以至于上帝永远不会帮助他 / 她。然后你就会想起，如果他们是重生的基督徒，那么他们的心里就会有个暗中监视者，这会增加热度，让他们打开心门，与主相交。像这样的经文应该会激发我们的渴望，开始以不同的方式思考圣灵。这意味着我们需要大量思考："祂在我的生命中做了什么？祂在什么时候对我说话？我是否将某些事情误解为不是从祂来的，而事实上它们显然是祂的作为？"

例如，想想路加福音 3:16，施洗约翰关于耶稣所说的话："我是用水给你们施洗，但有一位能力比我更大的要来，我就是给祂解鞋带也不配。祂要用圣灵与火给你们施洗。"火会烧尽那些不信和不归向永生上帝之人身上的糠秕。火还会对拥有它的人产生什么影响？它会净化并使他们烧干净。我们祷告说："主啊，求祢赐圣灵安慰我。"上帝说："太好了，赐下火来！"我们说："我没有祈求这个！我祈求的是下雨！"（在某些团体中，"祈雨"是"祈求圣灵"的另一种说法）。作为信奉宗教改革传统的人，我们祈求火；我们有火也有雨。

耶稣说，当圣灵（保惠师）来的时候，祂将是一位"友好的检察官"。我认为这是一个很好的翻译，人们试图将它翻译成更接近"友好的、充满爱心的检察官"，但当你不希望他开火时，他却开火了。孤儿误解了这把火，认为检察官并不友好。

第二个例子与我有关，我很难接受雅各书的经文。我读了很多年圣经，无论喜欢与否，我都会读圣经。这是我惟一的希望，所以我读它，以便对它有所了解，也让它吸引我。我未曾从雅各书的经文得到过什么亮光。我不喜欢这卷书，我想也许这是写给非基督徒的。上帝怎么会对我这样的好人说这种话呢？而这种观点的难处在于，在第 11 节中，他说"弟兄们"。这有点难以忽视，他在整卷书中一直说"弟兄们"来提醒他们。

讲讲我自己的背景，我来自俄勒冈州（Oregon），在我们这一代人当中，美国俄勒冈州是由非常独立的人组成的。我们是最初的“自主者（autonomous man）”。范泰尔博士（Dr. Van Till）写过关于自主者的文章，我们都是自主的男人和女人。我的母亲是很有天份的女骑士，枪法也很准。我还记得，当一只鼹鼠在花园里抬起头时，她会打开厨房的窗户，用她那支22口径手枪打爆它的头。那么，如果女人都是这样，男人又是什么样的呢？我弟弟八岁时猎杀了他的第一只鹿。他是发展迟缓的，我们其他人当然都是早早就干过这种事了。说真的，这是一种粗犷的个人主义。我的问题是，我不是个坚定的个人主义者。我两岁时，父亲在一次狩猎事故中丧生，六七岁时，我患上了夜眠恐惧症。我试着熬夜。我想，我当时下意识地得出结论，父亲只是某一天走出家门，然后就消失了。似乎没有人向我解释过这一点，但我觉得，如果我在黑暗中入睡，可能就会消失。

后来，我从俄勒冈州的皮斯托尔河（Pistol River）那里的山区，搬到有500人的城市。我在学校遇到各种各样的霸凌，把我吓得半死。我记得当时学校尚未竣工，有一间没有水的户外厕所。有一天我去上厕所，看到两个来自罗格河（Rogue River）上游的男孩，他们是渔民的儿子，正在用脚互踢，我顿时瞠目结舌。我们来自和平的乡村，那里的每个人都融洽相处，我的家庭井然有序。因此，在我八岁时，我半不自觉半自觉地选择作个独立自主、无坚不摧、无所畏惧的人。我以为再也不会害怕了，但事实不然。尽管如此，我确实改变了，我尽所能地让自己坚强起来，即使和那些霸凌者打架，也滴泪不流。他们变得不愿意和我打架了，谁想和一个奋战到底的人打架呢？我发明了一种行之有效的拳法，如果能打中眼睛或鼻子，就能让他们落荒而逃。这种拳法是我从一个印第安男孩那里学来的。

不过，这种强硬造成了致命的后果。我说：“我再也不会脆弱了，我什么都不怕，我谁都不怕。”结果，我们去罗格河游泳，我是第一个从岩石的最高点跳水的人。很多男性都这样做过，也许不是以这种方式。我本可以直接逃走，去看书，但无论你是打斗还是逃离，在某些时候，你都要恪守承诺作个独立自主的人，这样才不会有人闯入你的生活，伤害你。我不知道女性是否会这样做，男性的做法也有可能与我的做法大相径庭。

我见过神学院的学生这么做，他们说：“我要沉浸在神学中，任何人都无法碰触我。”他们可能是对的：圣灵可以，但任何人都不行。我认为这种情况可能会以其他方式发生在女性身上，如果她们曾经受过伤或委屈，她们可能会经由逃避来使自己对痛苦麻木不仁。游击战就是你转入地下，而且你真的很擅长这一招，连越共都要向你学习。他再盛气凌人，也抵不过你这个出色的破坏者。你知道该按下他的哪个按钮，来让他知道并非自认为的所向无敌披靡者。

B. 恩典是给罪人的

所有这些都与恩典背道而驰，所有这些是真正的骄傲或傲慢。我并不是说这一切都是错的，而是说，这是“我要自主”的精神。当我经由研读以弗所书第一章而归向基督，并日后成为牧师时，上帝所做的就是向我表明，我是个受害者。作为一个自主的人，我不想成为受害者。我们当中有牧者觉得自己是受害者吗？我不想成为受害者，但信不信由你，我成了受害者。我放弃了作为非基督徒所拥有的一切，最终成为基督徒，但内心充满了消极的反抗。我不喜欢我的宗派、不喜欢我的神学院、不喜欢我服事的教会、什么都不喜欢，只喜欢我那只狗，因为它对我言听计从。我的自怜如此之深，以至于患上了几年的牧者抑郁症。这是高尚的抑郁症，是敏感型抑郁症，就像你会有的那种抑郁症，这是我人生中很糟糕的一件事。

直到有一天，我在费城郊外的新教堂讲以前讲过的一篇道，我当时真的很累，竟然一时之间脑海中对讲道大纲、讲章、和其他内容，都一片空白。我突然在想："也许我不该讲道了，

我不知道要讲什么。"然后我又告诉自己："我是长老宗的，绝不能停止。"在某种程度上，我是个受害者，但我必须履行职责。我祈求不要发生任何事情，却觉得自己越说越糟糕。我讲的是但以理书第二章，有关神国的大能。上帝的幽默感真是神来之笔，就在我觉得自己越说越无力时，有件事发生了，我想起路加福音中的一个应用，它说明了神国的大能与圣灵如何相辅相成。

讲道快结束时，我对自己说："如果有人在门口跟我说这是一篇很棒的讲道，我一定要掐死他们。"我最后在绝望中呼吁听众："有人想了解圣灵的大能吗?"教会从此不同了，教会复兴了，惟一不受影响的是我。参加祷告会的人数增加了一倍，在三四个月内，教会的出席人数也增加了一倍。新信徒不断地涌入教会，而且，信不信由你，守旧派和新的一代领袖都非常合一，就连我都看得出来。我的第一个念头是："我再也不会让这种事发生了，从现在起，我要真的做好准备去教会。"

我一直在努力成为自主的人，直到最后它在我面前崩塌。我觉得自己是失败的教师、牧师和基督徒。我哭了两个星期，我想说，至少有十天，受害者流下了绝望的眼泪。然后，上帝判我的罪："你对其他人的骄傲、冷漠和傲慢感到不安，在这方面，你是罪人中的罪魁!"当我悔改，看到自己是个懦夫时，我真的没有勇气或骨气去做教牧工作。我没有足够的爱去深入人的心灵，而这正是传福音和教牧工作的核心。

你必须问人们："你的灵魂怎么样了?"教会一直忽视这方面，难怪我们的教会里有人不知道自己是要上天堂还是下地狱，或者在卜

地狱的时候还以为自己要上天堂。于是，我转向应许，下面这段经文跃然纸上。当我看到这些话语时，真的很想要上帝亲近我，但却没有意识到我必须亲近祂；我希望祂在复兴中亲近我，而不需要我有所回应。但祂在地下室放火，就是在烧我，好让我明白我必须做一些行动来回应恩典。

如果祂说："你要亲近我！"你就要亲近祂。祂应许说："我就在这里，你要谦卑，我会赐给你恩典；你要顺从我，务要抵挡魔鬼，魔鬼就必离开你逃跑了。"这不是阿米念主义（Arminianism），这只是单单配合上帝的作为，顺从祂，大声呼喊："我无能为力了！"并请求祂履行承诺，然后，接受恩典。如果你明白了这一点，就会有全然不同的读经方式，尤其是像这种难解的经文。这带走了所有的困惑、迷惘、自怜和受害心态，开始向你展示你最受害之处。上帝会眷顾你，赐给你从未有过的力量。你甚至可能不会称之为力量，但它就是力量。

当这一切发生在我身上时，我就以这种方式悔改：我决定去威敏斯特神学院，向教职员分享上帝对我的定罪和我的悔改。我收回了向神学院和教会递交的辞呈。当我带着极度谦卑的态度回去说："好吧，我收回辞呈"时，引起了轩然大波，每个人都以爱接纳了我。我去见教职员时，还记得范泰尔博士说的话。我告诉他，上帝如何定罪我的骄傲和懦弱。

我在那里与这位教会的元老在一起，开始和他探讨灵里的体验。我说："你怎么样？你曾经与骄傲斗争过吗？你愿意告诉我吗？"他倾吐了自己的生命历程。哦，我多么希望在他门下学习的学生们能听到这些话。他说："我一生都在与骄傲作斗争，这是个可怕的问题，而且似乎并没有随着年龄的增长而变得更容易。"天啊，这真是金玉良言。我不仅和一些教职员谈论这个问题，也与威敏斯特的学生谈论这个问题。我想说，有十五或二十人做出了某种程度的转变。真是奇妙的恩典！

我在教会里也这么做。我对长老们说："这就是上帝所行的事。"我是在罗丝·玛丽和我去了西班牙，花了几个月的时间研究上帝的应许之后这么做的。回来后，我只是说："看，上帝让我看到了我自己的这些事，我肯定还有很多需要知道的，你呢？你最近悔改了什么罪？你和你的灵魂怎么样了？"从长老们开始，不到两个月，神学院和教会都开始复兴了。哇！谁做的？是圣灵在地下室点火，烧到我了。

请放心，因为这是来自友好检察官点的火。如果祂定罪你的不信、骄傲、自大、独立，试图成为自主的细胞或孤儿，那就让祂来定罪吧。这不是为了毁掉你，而是为了给你干净清新的恩典空气。恩典是给罪人的，恩典是给谦卑的人。你写的下一本书可以是《谦卑以及我如何得到它》。

III. 恩典体现在你的舌头上

关键在于，如果你有恩典，那么你就会在"使用舌头"或"不使用舌头"的方式中看到它。我想以我和妻子罗斯玛丽的见证为例。当我听到一个好故事时，喜欢细细品味，喜欢快速记住细节，以免忘记。我们从一位朋友那里听到了这个很棒的故事：他在蜜月期间去钓鱼，结果钓到一条马林鱼 / 枪鱼（marlin），他认为这是上帝对他祷告的回应。这条鱼达 918 磅 / 约 416 公斤。我赶紧记着："918 磅，918 磅，918 磅，记住了！"罗斯玛丽也喜欢听故事。我们回到家，一家人围坐在客厅的桌子旁，罗斯玛丽开始讲这个故事。她一说出"981 磅 / 约 444 公斤"时，你们都知道，我观察到全然的沉默，对吧？同是罪人的你知道我做了什么吗，我忍不住就说了："918 磅。"

全家人一哄而散。我的整个生活都暴露在大家面前了。

在你们的讲义同一页上，有一段摘自我们 1993 年 7 月 2 日的日记。我们在伦敦一个美丽的地方——海利（High Leigh），罗丝·玛丽走过来对我说："你一直在很多小事上批评我。"我向她道歉，并请她为我祷告。这是奇迹，这是恩典！是上帝在人心中动工的恩典。我们仔细谈论了有关"我需要接受她"的这个问题，然后我用约翰壹书来表达我的悔改："论到从起初原有的生命之道，就是我们所听见、所看见、亲眼看过、亲手摸过的。这生命已经显现出来，我们也看见过，现在又作见证，将原与父同在，且显现与我们那永远的生命传给你们。"（约壹 1:1–2）我宣告了基督的义，因为基督是我的中保。我也向她表达了对她的担忧，我担心她的健康，她需要更好地照顾自己。出于纯粹的怜悯，我没有为自己辩护：恩典顺流而下。我们所说关于圣灵在我们生命中的大能，必须是：呼求天父圣灵的同在，使我们得着坚固，得着丰盛，做特别的事来讨祂喜悦。

我们的舌头会体现出我们拥有多少恩典。如果我们用它来赞美上帝、表达喜乐并做见证，那么我们就是满有恩典。如果我们不这样使用它们，那么我们就是充满了孤儿的灵。这可能是很难区分的事情。如果你回顾一下雅各书第三章，会发现他在第 14 节谈到苦毒的嫉妒和自私的野心，他在第 16 节中再次提到这一点。自私的野心和信心之间有什么区别呢？我认为其中一个区别就是，只要有自私的野心和嫉妒，就几乎总是会指责别人；也许，你甚至暗地指责自己，试图弥补这种糟糕的态度。当一个人看到了恩典是什么、看到了恩典赋予的精神，而且知道每位信徒都拥有这种恩典，就会开始以不同的方式看待他们，而不是用指责的眼光。

"祈祷海德"（Praying Hyde）因每天带领四个人归向基督而闻名，他毕生致力于祷告，以此作为惊人的传福音基础。这位"祈祷海德”在传道的早期，来到当地牧师反对他的地区。他暗自跪下为那位牧师祷告，结果发现自己在祷告中控告那人。你在祷告时控告过谁吗？我们有！他说：“这是魔鬼的作为，魔鬼是控告弟兄的。”圣灵使他知罪，地下室着了火，他决心从此不再控告人。这并不意味着，如果他不同意他们的观点，他就不直接与他们交谈，但不控告是一种全新的风格。如果你看第 1-4 节所讨论的冲突，就知道这是导致第三章中滥用舌头的冲突。这些冲突来自控告的灵。这就是所谓的“魔鬼式控告”，我们不想这样做。

罗丝·玛丽之前已经提过新生命教会，许多关键人物承诺，如果他们对某人有意见，就直接去找那人，但绝不开始说那人的闲话。说闲话是在公开论断别人的罪，是不应该做的事。这是邪恶的，必须被视为令圣灵不喜悦的事，理应完全抛弃。要做到这一点，需要呼求恩典。

最后，归结来说就是：我们要学会爱软弱的和有需要的人。我们越成熟，就越会看到每个人都是软弱和需要帮助的，即使是那些看起来很坚强的人。假设你们夫妻在一起，而对方正试图给你这样的印象：“不论发生了什么，我真的都已经搞定了！”这不是俄勒冈人的行径。我注意到有些美国的南方人会这样，甚至见过一些美国的北方佬也会这样。我见过男人这样，也见过女人这样。我们只想成为强者，但耶稣呼唤我们成为软弱的强者。在生活或事奉中，软弱而坚强的人，是指在软弱中得到上帝的恩典，完全诚实地承认自己的罪，并在恩典中继续坚定地爱他人。

所以，雅各书是关于信心行动的书卷。如果你想在所传的道或生活中获得新的力量，就要学会善待软弱的人，并设法吸引他们归向耶稣基督。没有比学会承认自己的软弱，来触及他人内在生命更好的方法了。每当我遇到商人，他们都会问我：“人们为什么会向你敞开心扉，很多人甚至不知道你是谁?”我说：“其实很简单，我很有幽默感，也很有同情心，但最重要的是，我对他们比他们对自己更感兴趣。”耶稣就是这样对我的。只有软弱的人才能够这样做，因为如果我只想吹嘘自己，让人听到我是多么出色的人，那人可能会听而不闻；但当那人看到上帝在软弱的你身上所行的奇事，荣耀就降临了。

有一次我们从欧洲回家，搭乘了一架“楚京”〔chugging，以前是阿勒格尼航空公司（Allegheny Airlines）〕的飞机。每个人在登机前都要秤一下行李的重量，你会猜想它是否能过关。由于很多商务舱人士要登机，我们只好坐着等一会儿。我们开始和邻座交谈，我问坐我旁边那个人是做什么的。他说他在迈阿密地区有一家克莱斯勒汽车代理公司。我说：“哦，那很好啊！生意怎么样?”他跟我说了生意很不错。我说：“好极了，太棒了，我总是为我所在社区的企业祷告。”他说：“是吗?真有意思，我从来没听说过有人这么做。”我说：“是啊，生意兴隆对每个人都很重要，不是吗?”他说：“没错，我有同感，但我不知道其他人也有这种感觉。”

接下来，他就把我介绍给他儿子，他就在我们面前。我们交谈了几句，并开始讨论一些属灵方面的事情。我在跟他讲一点福音时，过道对面有个人转向我说：“你愿意和我单独谈谈吗?”我请他先让我跟这对父子讲完话。我跟他们讲了一点福音后，转向那人，说：“你想说什么?”他说：“我想认罪！”圣灵做了什么?当时每个人都谈笑风生，其乐融融，而上帝却在那当中让某人知罪悔改。这种情况并不是每次都会发生，但如果你在自己的软弱中对别人有这种奇妙的关心，并对他们比他们对自己更感兴趣，就会惊讶于对这种交流的力量。没有人会认为这是正常的，除非你是个操纵者或类似这样的人。

IV. 三重解决方案

综上所述，三重解决方案就是：来到这段经文面前，以上帝儿女的身份来索求它；恩典是给你的，它顺流而下；上帝赐恩典给谦卑的人。你要凭着信心将它成为你的，然后接受最后几节经文所描述的悲伤；不要害怕悲伤。你知道美国人常说："我不会哭的！"我才八岁就再也不哭了。在我听到福音之前，我是不哭的。你们有些人需要学会哭泣。

乔治·怀特菲德站在一大群矿工面前传福音，他们就像一具具的死尸，只是听着，对福音毫无反应。乔治跪下来，对著成千上万的矿工说："如果你们不为自己哭泣，不为自己的罪哭泣，那我就为你们哭泣。"当他祷告完抬起头时，看到煤尘和泪水顺着他们的脸庞流下，留下白色的痕迹。世界上最坚强的人都在哭泣。你要为这个世界和自己的罪哭泣，但不要沉溺在自怜自哀中，反倒要看到这会带来巨大的喜悦。你要让自己的情感随着信心而扩展，我们的信心不是建立在情感之上，但不以健康的热情表达的信心，根本就不是信心；信心必须带着热情。显然，如果我对这段经文理解正确的话！圣灵对我们充满热情，祂是健康的医治者：是洁净之火，是安慰者。

今天就下定决心，拒绝撒旦这控告弟兄者的咆哮，永远不再这样做。你有时会犯这样的错误，但要赶快悔改，不要再犯。这是最困难的部分，请你的妻子在六个月内，每月评估一次你在这些方面的进展。如果你没有妻子，那么请一位熟悉你的朋友来评估你在这段经文和谦卑方面的进展。这会很有趣，然后开始在家中、在工作中、在邻居中，无论在哪里，都进行这种"请人评断你"的冒险。在你的见证中要像孩子一样，开放、大胆，你的人生会很精彩。我要判你终身享受这种快乐。我想你可以接受，对吧？阿们！

家庭作业

需在见面 48 小时前完成（以便见面会谈）

背经：

但他赐更多的恩典，所以经上说："神阻挡骄傲的人，赐恩给谦卑的人。"

——雅各书 4:6

完成下列问题和练习：

1. 写下你生活中一个习惯性的表面的罪，也许是你生活中没有处理和应用福音的一个方面。表面的罪是别人可以看到的罪，而不是隐藏在内心的罪。以下是一些例子：

- 我通常对配偶、孩子或亲密朋友要求很高或很尖锐。
- 我常常担心，焦虑会影响我的谈话。
- 我雄心勃勃，往往会碾压别人。
- 我暴饮暴食。
- 我对着超市里的杂志，充满了欲望（我想要占有里面的女性 / 我想看起来像里面的女性）。
- 我对不喜欢的人退避三舍；我攻击自己不喜欢的人。
- 在金钱和财产方面，我是个"守财奴"或"购物狂"。
- 我是一个易怒的人（我最亲近的人都知道这点）
- 我不尊重那些在我之上的权柄。
- 我很难完成项目，我比较懒惰。

- 我对过去的关系和生活中发生的事情感到苦毒（如果你不相信，可以问我）。
- 我不轻易原谅别人；我抱怨并说别人闲话。
- 我工作过度；我通常不耐烦、易怒。
- 我经常很苛刻，不善于倾听别人的意见。
- 我经常“纠正”别人，给他们提出改进的“建议”。
- 我经常为自己辩护。

2. 写下两个最近发生的这种表面的罪的事例。包括这些事件发生的地点、各种情况以及涉及到的人。

重要的是，要识别我们表面之罪背后的内心的罪。我们需要辨别是什么在驱动我们的内心，这样我们才能更深刻地应用福音，并在这一过程中加深悔改。从根本上说，驱动我们内心的是不信。然而，不信是一个宽泛的范畴。因此，我们需要了解我们不信的具体内容。下面仅仅是两个例子，说明隐藏在某些表面之罪背后的内心的罪。

- 也许你选择的例子是“我经常很苛刻，不善于倾听别人的意见”。

苛刻的背后是一种根深蒂固的傲慢——一种对自己所谓的伟大能力和成功的意识和自信。“人们不如我理解得快。人们应该更清楚。很多人都有很大的问题。”我自义，不清楚自己是个罪人。我的信念是：“我不是大罪人。我是对的。”我以自我为中心，且不关心他人。这些都是内心的罪，是偶像，是不信的形式。我放弃了基督的义作为我唯一的义。我离弃了上帝，转而追求自己的偶像和策略。因为我是对的，所以我几乎没有倾听的能力。既然我知道正确的答案，为什么还要倾听呢？因为对自己能力的自信，我认为别人说话慢、思考慢。为什么不直接打断他们呢？我谴责他人，因为我已经与福音失去了联系。

- 或者，你可能会选择“我对着超市里的杂志，充满了欲望（我想要占有里面的女性 / 我想看起来像里面的女性）”。

在这种表面罪恶的背后，是一颗充满欲望和骄傲的心。这种情欲是失去控制和界限的性欲。在这里，驱动我内心的激情是方向错误的激情。当我的欲望和激情越界时，很明显我的激情不是为了上帝。罪不在于性欲本身，而在于性欲超出了边界。当我纵欲时，我相信这将从痛苦、挫败、无意义和无聊中带给我解脱（无论多么短暂）。我信靠它带来只有耶稣才能给予的祝福、快乐和亲密。性欲背后还有一种根深蒂固的骄傲和傲慢。对于男人来说，这种骄傲在说："我这么伟大，这些女人会想要我的。对女人来说，这种骄傲说："看看，如果我长得像这样，会有多少人羡慕我。"

3. 当你思考自己表面的罪时，在这种罪的背后隐藏着什么根源或内心的罪？下面是一些帮助你识别内心的罪的问题：你是渴望控制、和平、尊重还是爱？你信靠自己的义或能力吗？你害怕失败、曝光或被拒绝吗？

4. 这些内心的罪是如何伪装成“好消息”的？换句话说，它们给了你什么或应许了你什么？

一旦我们确定了是哪个不信的具体领域，驱动了表面之罪，我们就更容易明白福音可以如何应用。与偶像相比，福音确实能给我们它所应许的——亲密、快乐、喜乐、名誉、爱、平安。因此，举例来说，当我苛刻，不清楚自己是个罪人时，福音告诉我，我是罪人中的罪魁；我并不完美；我的眼睛里有梁木（而不是刺 / 木屑）。从根本上说，我是不义的。我需要让基督的义成为我的安息和喜乐。当我接受这些真理时，我认识到自己常常是错误的、盲目的、被蒙蔽的——因此我听不进别人的话。我不必再专注于证明自己的义。从这种悔改和信心的位置出发，我可以带着更大的谦卑、同情和理解走向他人。既然我已经站在十字架的脚前，我会变得更加温柔。

同样，福音也对我的欲望之心强有力的说话。耶稣能给我所需的一切亲密。耶稣的力量使我能够延迟满足，甚至忍受痛苦。福音能缓解我的挫败感、无意义感和无聊感。它还能直指隐藏在性欲背后的根深蒂固的骄傲和傲慢。我对崇拜的渴望，或我相信别人会崇拜我，与福音直接冲突，因为敬拜的对象是我自己，而不是基督。我可以为自己对上帝缺乏敬拜和热情而悔改。从这种悔改和信心中，带出能力去爱人，而不是利用他们来取悦自己。

5. 与你在回答问题 3 和 4 时所描述的内心之罪相比，福音能给你带来什么真实、美丽、可爱、奇妙、有能力和持久的东西？福音是如何针对你所描述的这些罪的？

6. 当你开始体验悔改和对福音的信心时，你认为你的外在行为应该在哪些方面开始改变？

7. 将你对问题 1-6 的回答告诉你的祷告伙伴，好让他或她能为这些方面祷告。通知祷告伙伴后，请在以下说明。

8. 自怜是谦卑的一大障碍。很多时候，我们不是为自己的罪而忧伤和悔改，而是陷入自怜。阅读雅各书 4:9-10，描述一下你认为雅各所说的忧伤与自怜之间的区别。然而，仅仅认识到自己的罪并不能改变我们。要让成长发生，什么必须发生？

自怜是一个严重的问题。我们中的许多人都沉溺于自怜之中，而不自知。其中有一种微妙的快感，但我们需要认识到这是一种重大的挣扎。自怜有一种很强的诱惑力，因为我们往往更喜欢自怜，而不是福音。自怜的核心是骄傲和自我称义。自怜的背后有一种深刻的自义和权利感。也许在不知不觉中，我们享受着受害者——殉道者的地位，这种地位建立在上帝对我们不好的谎言之上："生活太不公平了！"自怜的受害者认为他没有得到他应得的东西。然而，我们不能把自怜和福音混为一谈。它们就像油和水，不能混在一起。我们可以选择其一，但不能两者兼得。

9. 在你的生命中，有哪两个失望的地方，让你容易陷入自怜？你认为自怜背后的原因是什么？

10. 在这样的挣扎中，福音对你来说怎么成了"好消息"？请具体说明。

11. 描述有关福音的三个真理，它们对你来说变得更加宝贵，使你越来越不害怕求神使你谦卑，并赐给你破碎的灵。

阅读

大罪

现在我要谈基督教道德与一切其他道德差异最大的一个部分。有一种罪世上无人能够避免，每个人在别人身上看到这种罪都会憎恶，但是除基督徒外，几乎无人会想到自己也同样犯有这种罪。我听见有人承认自己脾气暴躁，一见到女孩子或酒就失去理智，甚至承认自己是懦夫，但是，我想我从未听见哪个非基督徒谴责自己犯有这种罪，同时也很少遇见哪个非基督徒对别人身上的这种罪表现出丝毫的宽容。没有哪一个缺点比这更不得人心，我们对自己的缺点没有哪一个比这更无所察觉。这种罪我们自己犯的越多，对别人犯的就越憎恶。

我说的这种罪就是骄傲或自负，基督徒道德中与之相反的美德是谦卑。你可能还记得，我在谈性道德时曾提醒你，基督徒道德的核心不在此。现在我们终于谈到了这个核心。按照基督徒老师的教导，最根本的罪、最大的恶就是骄傲，与之相比，不贞、愤怒、贪婪、醉酒以及所有这些，都不过是跳梁小丑。魔鬼正是因为骄傲才变成了魔鬼，骄傲会导致其他一切恶行：它是彻底与上帝为敌的一种心态。

你是不是认为我太夸张？如果是，请你仔细考虑一下。刚才我说一个人越骄傲，就越讨厌别人骄傲。实际上，如果你想弄清楚自己究竟骄傲到何种程度，最简易的一个办法就是问自己："别人对我冷眼相待、无视我的存在、干涉我的事务、摆出一副屈尊俯就的模样、在我面前炫耀时，我会怎样厌恶？"骄傲的问题在于每个人的骄傲都与别人的骄傲相争。因为我想在晚会上唱主角，所以才对别人唱了主角很生气，同行是冤家。现在你需要明白的是，骄傲在本质上是竞争性的，它生性喜欢竞争，而其他的恶，可以说，只是偶然具有竞争性。

骄傲不以拥有某些东西而快乐，只以比旁边的人拥有更多为乐。我们说人们以富有、聪明、漂亮而骄傲，其实不是。他们以比别人更富有、更聪明、更漂亮而骄傲，别人若和他同样富有、聪明、漂亮，他就没有什么可骄傲的了。

使你骄傲的是那种比较，你以高于其他人为乐。竞争的因素一旦消失，骄傲也随之消失，这就是为什么我说，骄傲的本质是竞争性的，其他的罪则不是。

基督徒们说得没错：自创世以来，骄傲一直就是每个民族和家庭的苦难的主要根源。其他的罪有时或许还能让人团结，在酒鬼或色鬼之间你可能会看到友谊、结伴和玩笑。但是骄傲始终意味着敌对，骄傲就是敌对，不仅是人与人之间的敌对，还是人与上帝之间的敌对。

在上帝那里，你遇到一位在各方面都比你无限优越的，除非你认识上帝，因而相比之下觉得自己一无是处，你就根本没有认识上帝。只要你骄傲，就不能认识上帝。骄傲的人总是看不起他人，看不起一切。当然，只要你在俯视，你就不可能看到在你之上的事物。

这就带来了一个可怕的问题。那些明明被骄傲吞噬的人怎么能够说自己相信上帝，而且自认为极其虔诚呢？这恐怕说明他们崇拜的只是一位假想的上帝。在这位假想的上帝面前，他们理论上承认自己一无是处，实际上一直在想象着上帝如何赞赏自己，认为自己远远超出了一般人。也就是说，他们向上帝付出一便士假想的谦卑，却从中获得一镑在同类面前的骄傲。

我想，当基督说有些奉他的名传道、奉他的名赶鬼的人，在末世他要对他们说“我从来不认识你们”时，他指的就是这些人。人人都可能随时踏入这个死亡的陷阱。幸运的是，我们有一个检测的方法：无论何时我们发现自己的宗教生活让我们自认为很好，最重要的是，比别人更好，我想我们就可以确信是魔鬼，而不是上帝正在我们身上做工。真正检测自己是否站在上帝面前的标准是：全然忘却自己，或视自己为渺小、龌龊之物。最好是完全忘记自己。

万恶之首能够偷偷潜入我们宗教生活的核心，这真是一件可怕的事……魔鬼在发笑。只要能在你的心中始终树立骄傲的独裁统治，他很乐意看到你变得贞洁、勇敢和节制，就像如果你允许他让你患上癌症，他很乐意看到你的冻疮痊愈一样。因为骄傲就是是属灵癌症，它吞噬了人去爱、知足、甚至具备常识的可能性。

如果你遇到一个真正谦卑的人，不要以为他就是今天大多数人所谓的谦卑的模样——一脸谄媚、满口恭维、不停地表白自己一无是处。他给你留下的全部印象很可能是：他似乎很聪明、很快乐，对你告诉他的一切都真心地感兴趣。你若不喜欢他，那是因为你对任何一个似乎如此轻松地享受生活的人都怀有一丝嫉妒。他不考虑谦卑，也根本不考虑自己。

若有人想习得谦卑，我想我可以告诉他怎样迈出第一步：他首先应当意识到自己的骄傲。这也是相当大的一步，因为至少在迈出这一步之前，人什么都做不了。你若认为自己不自负，这恰恰说明你实际上非常自负。

〔C. S. 路易斯，《返璞归真》（*Mere Christianity*）〕

勾选已完成的作业：（勾选后，可与导伴预约时间）

- ☐ 聆听信息 11
- ☐ 背诵雅各书 4:6
- ☐ 完成练习
- ☐ 阅读：大罪
- ☐ 跟你的祷告伙伴更新信息

Session

12

恩典的推进力

上帝给你生命中带来的更新会指向某个地方。这背后有个推力，这里面有推进力。对你们中的一些人来说，这可能意味着宣教。对你们中的其他人来说，这可能意味着在你所在的地方开展新的事工。对另一些人来说，这可能意味着不是一个正式的事工，而是挑起你一直在挣扎的家庭责任，或者接受各种机会去爱你身边难以相处的人。上帝有一个国度，上帝对你的生命有一个呼召。

本次目标

- 认识到福音不仅是给我们自己的，也是要给予他人的；
- 抓住上帝为他的国度制定的计划；
- 认识到圣灵会装备我们，让我们能以许多奇妙的方式被使用。

阅读讲章

恩典的推进力

约西亚·班克罗福特（Josiah Bancroft）

我们的天父及其儿女的宣教之心。

I. 事奉中的艰难时期–“我在这里做什么？”

我们待会儿要查看哥林多后书第三章，你可以先翻到这章圣经。但在你这么做时，我要从令人遗憾的一个真实故事开始说起。当我在爱尔兰与“环球丰收布道团”一起服事时，我的领队和朋友亨特·多克瑞（Hunter Dockery）接到了来自西伯利亚的一通电话。有位我们之前没有合作过，但知道“环球丰收布道团”事工以及我们如何教导恩典的弟兄，一直在与西伯利亚浸信会的一些传道人合作。他说需要我们，询问是否可以去帮忙。所以在十二月中旬，亨特来找我，说：“看，这人请我们飞往西伯利亚，向80-120名将被差派到西伯利亚各地植堂的牧者教导福音。你想去吗？”

我说：“嗯，听起来不错，什么时候去呢？”他说：“我们打算一月份去那里。”我想：“这一定上帝的旨意，因为这不是我主动寻求的……尤其是这种机会。”我为此祷告并与芭芭拉谈论，我们无法拒绝。我从小到大，每周三晚上都在阿拉巴马州伯明翰市鲁哈马浸信会教会（Ruhama Baptist Church）的团契晚餐上，为铁幕后的弟兄姐妹祷告。谁会知道，谁可能知道我会有一个机会，与这些人交谈，鼓励他们的信仰。你不能拒绝，对吧？所以亨特对这个机会感到兴奋，我们回覆那位弟兄说："我们会去！"

亨特和我报名参加，一月初我们就准备出发了。出发当日，我亲爱的妻子一直在旁照顾我。当我登上飞机时，尽管爱尔兰只有华氏 50 度（约摄氏 10 度），但我们要去的地方真的很冷，所以我的穿着看起来就像米其林先生。如果我摔倒了，上帝保佑，我是站不起来的。在去莫斯科的旅程中，我大汗淋漓，而亨特是经验丰富的旅行者，行装比我的轻便。我们傍晚抵达莫斯科，然后要再从莫斯科飞往新西伯利亚（Novosibirsk）——这是西伯利亚的正中央，也是西伯利亚的地理中心（有颗星星的标志）。我们搭乘的航班要到午夜才起飞，所以必须在谢列梅捷沃机场（Sheremetyevo）附近等待。如果你从未去过那里，那不是个旅游胜地。然后在半夜，我们在过马路时被一些警察大声喝斥，只能不知所措地拖着行李上了一辆巴士，在车上过夜。

天气比阿拉巴马州来的任何时候都要冷。我们去了谢列梅捷沃机场第一航厦，这是完全不同的另外一步。你知道吗，这不是笑话，他们的香烟上有个小国际符号，上面写着"禁止吸烟"。那架飞机上有个标志，上面是一个人形剪影拖着一只山羊走上跳板，上面画了一条线。这真的不是好兆头。飞机起飞时，我有点紧张。感觉上飞机滑行了大约六英里才到跑道尽头，几乎是零飞行。机组人员到达那里后，加速发动引擎，然后滑行回来。我们看着窗外，看到他们打开引擎并开始检修飞机。他们一直在除冰，我一直等那些拿着拖把、头戴传统俄罗斯女士头巾（Babushkas）的婆婆们登上机翼。这真的有点令人不安，然后飞机起飞了，当然，在那种情况下入睡是不可能的。但总算飞行了。

我们的机票很简化，上面写着莫斯科—新西伯利亚。我已经学了足够多的西里尔字母（Cyrillic alphabet），可以听出他们在说什么，所以知道我们不会有事。飞机降落后，每个人都下了飞机，到达的时候已经是早上6:00-7:00。我们下楼等行李时，发现英国航空公司丢失了我们所有的行李。我们一直在等，但行李一直没来。我们也在等接机的保罗，但他一直没来。在等待的过程中，我越来越紧张。最后我注意到墙上的字，出声念出“Nizhnevartovsk”（下瓦尔托夫斯克）。我想：“这在俄语里是什么意思？”我对亨特说：“你确定我们是在新西伯利亚吗？”“是啊！”我们等了又等，既无法打电话，也没有可以放进电话机的硬币，因为不知道必须买特殊的塑胶代币。由于货币波动很大，旅客必须在当天买这种代币，然后用代币支付，我们对此一无所知。

由于无法打电话，我担心我们到底身居何处，于是上楼问了一位身穿制服拿着步枪的家伙。顺便说一句，机场里没人会说英语。你们知道我做过国际事务，我说：“新西伯利亚？”他说：“新西伯利亚。”我又试了一次：“新西伯利亚？”他说：“新西伯利亚……哈哈哈哈哈。”于是我下楼去等行李的地方，亨特还在等，但始终没来；接机人保罗也一直没出现。我们已经下了飞机，天气很冷，你知道亨特原本轻装便服，我不得不跟他共用衣服。他把我的围巾缠在头上，我的意思是，我们当时看起来很绝望。

我告诉亨特有关楼上听到的“Novosibirsk…Novosibirsk…Novosibirsk，Ha ha ha ha ha”，亨特说：“我不知道这是什么意思。”最后我们上楼，我将机票塞进一个小玻璃窗里，玻璃后面是一位身材高大的女士。她看了一眼，马上拿起扩音器，人们跑过来，开始互相争吵。这位穿着制服的俄罗斯大块头女士走过来，说了我们在下瓦尔托夫斯克期间惟一听到的英语，因为我们不在新西伯利亚，甚至离那里有五个小时的飞行航程。我们在西伯利亚迷路了!

我以前也迷路过，但我想让你知道，这次迷路带给我的人生全新的层次。在这一点上，我想让你知道，我并不以此为荣，但这基本上是每个人自做自受的结果。你知道吗，好家伙，压力来了，我是说，我的生活中没有任何恩典可言，全都是正确、工作、生存、我行我素。哦，太糟糕了。这位女士走到我们面前，她做的第一件事就是拿走我们两人的机票，然后拿走护照和签证，说："你们坐一下!"我们照做了，上帝保佑，这是一位天使。她在一家竞争对手的航空公司，为我们订了免费机票，让我们从所在之处飞往新西伯利亚。原来事情是这样的，飞机改变了行程，机组人员用俄语宣布了这一消息，但我们并不知道；其他人都下飞机去喝茶，然后又上了飞机。警卫指着"新西伯利亚"号飞机，觉得这很幽默。

这对我一个月的服事来说，可不是一个好的开端。我以前从未到过摄氏零度以下的地方。很明显，如果我迷路了，我就死定了。你知道吗，路边有冻死的狗，实在很可怕。我真的很高兴亨特以前去过那里，他帮了我大忙，让我不至于完全疯掉。在上帝的祝福下，我们在那里度过了两三个星期的美好时光。

这并不容易。第一天，他们让我带着四十磅重的书徒步走遍新西伯利亚，我一停下来就晕倒了。亨特在我倒地的那个时刻接住了我，让我躺平在地，拍着我的脸叫我醒醒，我们的女翻译员奈莉（Nelly）正巧从拐角处走过来，看到这一幕惊叫了一声"哇!"我们再也没提起过这件事，但上帝却叫我们为此多得益处。上帝使用保罗、亨特和我带领这些人的时候，令我感到很兴奋。我们得到的回应是——他们很饥渴，很开放，这是一段美好的事奉时刻。

在那之后，我们遇到了另一场危机。亨特说："我得走了。"保罗说："这是我们待过最糟糕的教会，马上就要出事了，他们对现况很不满意，你必须和这些人进行一些肉搏战。”然后我们就待在保罗新西伯利亚的家，准备周一早上搭公车去这间教会所在的巴茂尔（Bamaul）。我度过一个漫长的周末，亨特走了，他在机场取了总算抵达的行李就走了。周六保罗和他的妻子有家务和差事要做，把我一个人留在家里。护照警卫开着一辆卡车来了，我让他进来了，他没有……，我的意思是，这是一个漫长难熬的周末，我大部分时间都在想：“我在这里做什么？我在这里做什么？谁告诉你可以这么做的？”

你看，这就是信心之战，不是吗？我所挣扎的，就是“相信上帝能够并将会使用我。”我的弱点显而易见，所以我的困难在于：相信上帝会使用我，而且祂不会等到我完美无缺时才使用我。我必须承认整个周末都在为此挣扎。周日深夜，信心终于出现了。我下定决心说：“主啊，我在这里，没有别人可以帮我。但我相信祢说过：‘来吧！’所以我相信，即使没有亨特或保罗，祢也会使用我；祢会在这情况下使用我！”你知道吗？祂的确成就了这事！那是美好的一个星期。上帝非常仁慈，祂在我需要帮助时，满足了我的需求。

Ⅱ. 圣灵感动你走出去

今天早上我想跟你们谈的部分内容是，上帝在你生命中带来的更新，会引领你走向某个地方，朝某个地方去。这不是为了你，而是背后有股推进力，想把你推向新的领域。对你们当中的一些人来说，这可能意味着宣教、可能意味着在所处之地开展新事工、可能意味着非正式的事奉（例如，承担起你一直在努力的家庭责任，亦或有机会去爱周遭难以相处的人）。我不知道圣灵会把你推向何方，不知道那会是什么样子，但我确实知道：上帝改变你的心，向你施恩，是为了让你结果子。祂对你说这些话，并不只是为你和你的家人；祂能够也会使用你去做从未想过的事情。祂就是这样的上帝，这就是祂的计画。祂乐于使用世上的弱者。智者不多，高尚者不多，但你有资格，你可以做，即使你一团糟！

这就是几星期前我想对教会说的话。使徒保罗不是出于自己的能力去服事，但如果你读哥林多后书十一和十二章，他是怎么说的呢？出于他的软弱！“我要在我的软弱上夸口。”（林后 11:30；12:5,9）那么，让我问你：你是否足够软弱到可以服事？还是你仍然认为服事是出于自己的能力，你所做的就是去找使你比任何人都强大的上帝，这样你就不必相信任何人或任何事，“现在我准备好了，我可以行动了！”你读读新约，看看使徒保罗。他说：“我要以我的……夸口”，以什么夸口？“软弱”，为什么？因为耶稣说：“我的能力在人的软弱上显得完全。”（林后 12:9）你看，耶稣赐给你这一切，并不是要你去服事，祂只是与你同在，应许会经由你做工。这就是信心的一步。

让自己训练有素、经验丰富、聪明能干，以至可以去做自己确信能完成的事奉，这不是信心。这有什么信心可言？你知道这就是我们思考的方式：我必须团结一致，这样才能够从一开始就看到结局，知道有很好的成功机会。我并不是说准备是错误的，事实不然。你需要准备：读神学院、接受训练……等等，要致力于这些事情。我只是说，这些不会给你服事的能力，你甚至可能不信任这些；它们永远都不够。你需要的是耶稣，以及乐意走出去，进入危险的领域。

这未必是西伯利亚。对你们当中许多人来说，危险的领域可能是你的婚姻。你可能会发现，相信上帝能在西伯利亚使用你，比相信祂能改变你对妻子或丈夫冷酷无情的心要容易得多。然而，它是同样的力量和同样的恩典，使两者都发生作用；它们是相互关联的。当祂在你心里动工时，也会经由你对其他人动工。我想做的，是把这些事情按某种顺序排列。你说："等我的心完全了，我就去"，但耶稣说："我希望你更信任我，我要你相信我会使用你，尽管你不完全。"然后凭信心跨出去。

我经常会用以下这张图表来讲一整堂课，今天我不想这么做。但我想藉由展示这张图，向你们指出一些事情。这两个圆圈中间的那条线，就是你生命内在和外在的区别所在。在你的里面，恩典、信心和福音向你显明你的罪，促使你悔改和相信，这样就会有耶稣在你生命中一定程度的喜乐。这只是一个简图（还有很多），但给了你内在运作的简述。再看另一个圈，你会看到自己从喜乐到再次安息在恩典中，寻求上帝的灵来推动你前进。这就是我们和你们谈得最多的一面，是吧？但这并非上帝惟一的动工方式。

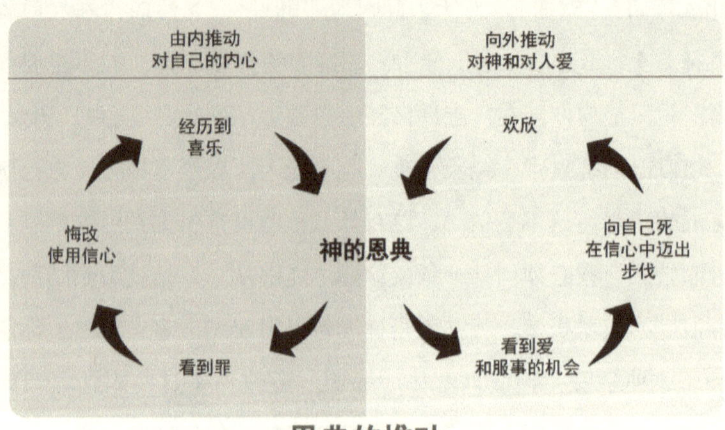

恩典的推动

我不认为杰克·米勒过去教导"为神之子"方式，与我们现在做的不一样。我喜欢杰克教我恩典的方式。让我告诉你，因为这是同样的事；确实如此。在图表上，有关外在的运作，杰克会做的是，他会找寻服事的机会，并对我说："你过来"，然后到了适当的时候，他会将我交给上帝，就离开了。猜猜发生了什么？复兴！突然之间，我需要耶稣了。你明白了吗？让我告诉你这是怎么运作的。

杰克来爱尔兰的都柏林（Dublin），在都柏林希望团契教会（Hope Fellowship Church, Dublin）前面的讲台讲道时，教堂后面有个穿黑皮衣，名叫史蒂夫的人，一面听讲道，一面用手机做毒品交易。礼拜结束后，杰克走过去介绍说："你好，我是杰克·米勒，这位是史蒂夫。哈啰，史蒂夫，你好吗？然后对我说："约西亚，这是我的朋友史蒂夫。"我心想："谢谢你哦，杰克！"（你知道这都是化名）。杰克和史蒂夫聊了几句，史蒂夫说："你们都快把我吓死了！"（他不是这么说的，他是都柏林人，用词比这粗野得多，我在这里就不多说）。

史蒂夫讲话很粗鲁，但既然他说："你们都快把我吓死了"，杰克就顺水推舟地说："那让我和你一起为此事祷告吧！主啊，帮助我们不要把史蒂夫吓死。"史蒂夫，你真的需要了解恩典，我的朋友约西亚会很乐意去你的公寓。约西亚，请把你的地址和电话告诉史蒂夫。

你知道杰克在教我什么吗？信心、恩典、上帝就在那里、祂会使用我！让我告诉你，复兴在我的生命中涌现。突然间，我以全新的方式需要耶稣。主啊，请帮助我！我发现自己不只一次坐在史蒂夫的床上（目睹妓女们进进出出，其中一些就在隔壁的房间里从事性交易），对他和那些妇女讲述耶稣对罪人的爱。上帝与我同在。我的信心还没有强大到不把车停在一英里之外的地步，但上帝与我同在。

你看，我们很难知道哪个先发生。是生命中的更新导致了使命感——无论对家庭、教会还是海外宣教？还是生命中的使命感迫使你回归更新？谁知道呢？但两者是相辅相成的，这不是"自我完善计画"，让你变得足够好去做某些事，乃是上帝的大能在你的生命中运行，让你变得大胆。就如理克（Rick）在研讨会上的前一次演讲中所说的那样，让你变得勇敢，准备好去尝试一些事情；在踏出去时，虽然感到恐惧和挣扎，但无论如何都要走下去。

我会告诉你我脑海中不断浮现的画面。我想到马太福音 14:22-23 记载彼得和门徒在船上的情景。门徒看到暴风雨来了，很担心自己的生命安危。当他们向外看时，见到一个人在海面上走，以为是鬼怪，便害怕，喊叫起来。耶稣安抚他们后，彼得说："主，如果是你，请叫我从水面上走到你那里去。"（太 14:28）你还记得吗？我认为这很了不起。我来告诉你为什么。我翻遍了旧约圣经，还没有找到"在水面上走"的应许。这只是出自彼得的想法："天哪，我也想这么做！"对吧？旧约中有哪一条应许说："当你看见耶稣在海面上走，就当请求祂让你也这么做，如果祂吩咐你来，你就该来"。我是说，旧约里面没有这句话。

有位旧约教授说："嗯，我在思考红海会怎么分开？"我告诉他："这是我听过最愚蠢的事情。"彼得首先想的是"我要死了"，其次是"天哪，我也想这么做"。（我是这么认为的。）耶稣说："你来吧！"（如果祂来自阿拉巴马州，会说"你来啊"。）彼得抓住船舷，伸出一只脚，有海浪，你知道的。他伸出另一只脚，挂在船舷上，然后松开手。就这样，他走了一段路，然后呢？当他看着暴风雨时，就开始下沉了，他想："我做不到！我做不到！"他变得害怕起来，将目光转向自己和周围的环境。船上的十一个人都在说："天哪，真丢人，你不能带那个人去任何地方。我就知道，我就知道，我就知道他不会成功的！他以为自己是谁？他为什么要这么做？"耶稣为了安慰彼得，走到他跟前说："你这小信的人哪"，然后扶起他，带他上船。

现在让我告诉你，那些在船上的人可能会认为这是失败，但我不这么认为。因为这十二个人当中只有一个在水面上行走。亲爱的朋友们，我告诉你，我不会为了安全而活，我想看到上帝以某种方式使用我，而不是让我自觉良好。你知道，这不仅仅是为了让我这个人变得更好，手上的事做得更好，让更多人喜欢我；而是关乎神国，关乎上帝在你生命中的呼召。

我不知道那会是什么，我不想妄加猜测。有可能是宣教、是教会的事奉、是在家庭中新的服事、是对你的孩子、是对你的父母、是对你居住地的穷人。祂可能会在你所处之地为你打开新的大门，但“更新”不是你可以花在自己身上的钱币。于是，彼得踏出来，移动，转了方向……（看上面的图表）我只想向你指出，箭头不是聚焦在内，而是恩典让我踏了出去。它让我放下自我、去爱上帝、去爱他人、不再以自我为中心。

那么，这是如何运作的呢？圣灵会给你事奉的机会，祂呼召你去爱。当你跟随祂时，祂会给你很好的机会去从事正式的事奉，在各个地方对各种人做出仁慈和爱心的行动。这是一个充满事奉机会的世界，当你聆听祂的声音，开始思考也许耶稣正在风暴中行走，也许我应该走出这艘船时，就有了事奉的机会。在每一种情况下，当你向自己死，并凭着信心走出去时，这一切就会向前推进。

向自己死，可能意味着向某些快乐而死，但也可能是向你的怀疑而死，并相信耶稣可以使用你；当你走出去时，相信的不是你自己，也不是你的准备、你的能力或你的事工；而是在你软弱和需要时，走出去，相信耶稣会使用像你我这样软弱的男女。我不是在为准备不足找借口，但事实是，在你准备了一辈子之后，你永远不会准备好。我不是在说马虎草率和不努力把事情做好，而是你准备得再好还是远远不够，不是吗？因此，你必须死心塌地、不计名利、踏踏实实地走出去。你知道会发生什么吗？上帝会使用你！

我并不是说我有时不从船上下来，直接沉入水中，因为一开始就没有耶稣走在水面上。是的，这种情况时有发生。在座有谁曾经按自己的想法而非按上帝的想法，就去开始某项事工？请举手好吗？谢谢，谢谢，谢谢。我看到你举手了。当然，你一定会认为，这样做的惩罚就是，上帝说："我再也不会使用你了！"天哪，想想我们的天父，记住教你的孩子走路是什么感觉。你把孩子抱过来，让他站住，他蹒跚走几步……你退后几步，说："来吧，来吧，我会接住你的。"他走了几步，然后摔倒了，你接住他。他摔倒时可能会受点伤，你把他扶起来。然后接着你会这样做吗？你让他坐下，说："我看就这样了，我们家每个人都会走路，你本来是有机会的。我对你很失望，所有的人都在看着你，多丢脸啊！"是这样的吗？

我的意思是，这就是有时我们对上帝的看法。我作为牧师，有时真的为这种事很纠结。我担心的不是他们，而是担心他们走出来尝试服事却失败时，对我有什么影响。我们是这么自我保护，一心想成为专家。当我们看到上帝使用我们时，会发生什么呢？（见上图）——让我心中产生喜乐。

你认为我在西伯利亚过得愉快吗？你最好相信我过得愉快。第二年我又去了，还带着十六岁的儿子。我们都差点冻死，真的。头两天我儿子没法戴帽子，因此他的头冻僵了，我们俩为此烦恼了好一阵子。他看到我陷入困境、忧虑、失败，但无论如何最终找到耶稣，被主使用。这不就是它的意义吗？这其中有喜乐吗？你最好相信有。所以，我很乐意如实告诉你这个故事，包括我的软弱在内，这样耶稣就可以得到荣耀。

你是否注意到，图表上的箭头并没有停在那里；这一点非常重要。当耶稣差遣那些毫无头绪的门徒出去，要他们去赶鬼、传讲天国时，我认为这至少是祂信心的一步，你说呢？派彼得出去，噢，天哪，他可是舞刀弄剑的；派他出去，哇，这有点吓人。这对耶稣的名声有什么影响？你觉得这对祂的名声有好处吗？我可不这么认为。

他们回来了，彼得和其他那些人说了什么？"主啊，因你的名，就是鬼也服了我们。”（路 10:17）他们都很高兴。你还记得耶稣说什么吗？“不要因鬼服了你们就欢喜。要在恩典中喜乐，要在福音中喜乐，“要因你们的名记录在天上欢喜”（路 10:20）。对吗？因为那里有永恒的喜乐。即使一个事工做得再好，无论人们是否服从你，是否把你赶走，你的名字仍然写在天上的册子上。因此，我们要回到福音中安息，等待圣灵开启新的大门。

我认为这就是基督徒的生活模式。你看，这些东西不是花在你一个人身上的。我真的很纠结是否要跟你们说这件事，因为让你的内心得到恩典是如此重要，我不想打断这个过程。你们当中有些人是如此以工作和任务为导向，我担心如果我谈及使命，你们就会走掉。事实上，你必须用心去做这两件事。那些在内心深处倾听上帝的人，这不仅仅是为了你；而那些想要开始工作的人，需要倾听上帝在你心里说的话。祂会帮你理清思路，带你到达目的地。祂真的会，但这两件事是相辅相成的：心灵的更新和神国的工作，两者相辅相成，相互支持；它们是同样的事，同样的恩典，只是表现在我们生活中的不同领域。这并非两件不同的事，乃是同一个灵，同样的原则；这是同样的能力，既在我里面动工，又藉由我在其他人生命中动工。

III. 有能力服事：在基督里受装备

我想请你们看哥林多后书。我不想在这上面花太多时间，但我认为，让你们看到使徒保罗以某种方式参与了同样的过程，可能会有所帮助。我不会试着去解释每一节经文，但这里确实有一种奇妙的流动。我希望我们有足够的时间，但我只想挑选几个原则，其他的你们稍后再研究，好吗？哥林多后书说：“我从前为基督的福音到了特罗亚，主也给我开了门……”（林后 2:12）他接下来是这样写的吗？——“我就跨过那扇门，进入一个有效的事奉季节，改变了那座城市。”嗯，他可以像大多数宣教士那样，写这种信给安提阿人。

不，使徒保罗是个诚实的人，我们来看他是怎么说的。这难道不是一件了不起的事情吗？但他却说：“那时因为没有遇见兄弟提多，我心里不安，便辞别那里的人往马其顿去了。”（林后 2:13）上帝为我打开了一扇事奉的门，我做了什么？——我没有找到我的朋友，我很孤独，所以我继续往别的地方去。我想你在这里看到保罗的一些软弱和挣扎。你明白吗？他竟然说：“有一扇敞开的事奉之门，但我在那里没有找到提多，所以离开了。”你看不出这其中有多少羞愧吗？

请留意保罗在哥林多后书 2:14 的表述：“但感谢上帝！常率领我们在基督里夸胜”。这难道不是一个有趣的平行吗？“我没有找到提多，虽然我有一扇敞开的门，我离开了，但感谢上帝，虽然有这些挣扎；尽管如此，祂总是引领我走向胜利。上帝仍在我里面做工，并藉由我的服事做工，尽管我有挣扎和失败。”你会注意到他还继续在第 16 节说：“在这等人，就作了死的香气叫他死；在那等人，就作了活的香气叫他活。这事谁能当得起呢？”我告诉你，如果连使徒保罗都这样写了，你我还要在这些方面挣扎多久？对吧？谁能做到？保罗还在这里用几句话讲述他与哥林多人的关系，我就不深入讨论了。

我也希望你们留意保罗在哥林多后书 3:4-5 所说的话：“我们因基督，所以在上帝面前才有这样的信心。并不是我们凭自己能承担什么事，我们所能承担的，乃是出于上帝。”我想问你，你在事奉上的能力和信心从何而来？我会从自身的各个方面来寻找。我有能力，因为我上过神学院、在好家庭长大、拥有资源；我从自己的经验、友谊、支援、董事会、宗派、过往，寻找能力来源。我们会去寻找所有这些，对吧？并自认为走到这一步，就可以准备服事了；虽然尚未完全，但总有一天会准备好的。

保罗是怎么说的呢？他在腓立比书 3:7 说："只是我先前以为与我有益的，我现在因基督都当作有损的。"在哥林多后书 3:5，他说："并不是我们凭自己能承担什么事，我们所能承担的，乃是出于上帝。"上帝使我们有能力成为新约的执事，让你胜任祂呼召你去做的任何事，无论是像保罗那样的宣教士，还是在家里做母亲，祂会让你有能力胜任那项服事，让你在基督里对所做的事充满信心。我们不是已经完美了，不是准备充分到可以去应对每个突发事件；而是拥有耶稣，拥有圣灵。无论上帝呼召你去做什么事，你都可以靠祂胜任，满怀信心地走出去。

而你和我，我们总是在寻找所有这些不同的东西。主啊，我还不够好、还没操练好、还不够知识渊博。让我告诉你，这真的不是关乎你。我不知道该怎么说得更清楚。这与你的能力、长进、忧喜、成败无关，这乃是关乎耶稣和祂的国度在你的生命中前进，并藉由你的生命在他人的生命中前进。

我们是如此自我中心，以至吞噬了属灵生命的核心。我们是如此恐惧、如此陷入挣扎，以至无法相信上帝会使用我们，但祂会的。祂会的，但凡你有芥菜种般的信心，祂就会使用你，回应你的祷告，并在你所处的地方，在他人的生命中大大地使用你。祂也可能差遣你从原本所在之处，去到别的地方，因为这真的不是关乎你，而是关乎君王耶稣和祂的国度。

因此，上帝想把我从这个充满需求和私利——让教会以我为中心、事工以我为中心、你也以我为中心——的黑洞中解救出来。在来这里的路上，诺姆（Norm）和我在车里大笑，他引用了电影里的一句台词。这句台词之所以成为我们团队的名言，确实是因为在我们的肉体表现中，这是可悲的真实写照。他引用的是格劳乔·马克思（Groucho Marx）的话。他说，在电影中（我不知道是哪部电影）

某处有个人说："我已经谈论我自己太久了，关于我的事情已经够多了。告诉我，你们觉得我怎么样？"

这句话听起来很真实，对吧？原因是我太关注自我了，好像所有的事情都不知何故地与我有关，好像整个宇宙都在围绕着我这根钉子转动，而你们都是我戏剧中的配角。如果这一切都不是关乎我，其中就会蕴含着巨大的自由；因为这一切都是关乎耶稣，关于乎祂的国度，关乎祂呼召你来受死、背起你的十字架跟随祂这位君王，让恩典释放你去受苦，而不是过着无风险的生活。

从自我关注中解放出来，才能够背起十字架；从自我关注中解放出来，才能够将生命献给其他地方的其他人，这样就不再是关乎我的事了。当我从名誉中解脱出来，就能将我的家庭、生活和工作交托给耶稣，而这都成为关乎祂，以及关乎信心的事了。在这些事情上，会有极大的喜乐、平安和自由。

IV. 来受死的呼召

再过一分钟，我就要请你思考上帝对你生命的呼召，你们当中有些人可能会考虑去国外宣教。我要请你们这样做，所以我们要给你这张卡片。请你稍为填写一下，或者开始实际为此祷告。但当我走进房间与大家一起祷告时，我会说："听着，我不想让大家感到内疚，我不想用一项任务打断原本呼召你获得恩典的重要工作。我不想高抬'环球丰收布道团'，我不在乎你和谁一起服事，虽然我很乐意与你同工，但外面也有很多很棒的团体。如果上帝呼召你留在现有的教会，我不会叫你离开教会，我不会打断这些事情。"

但与此同时，上帝也将一个负担放在我的心中，要我对你说："你来吧！"你来为主受死吧！你要加入这支受苦的队伍，他们看到基督的苦难充满了他们的身体，为得是要扩展神国。芭芭拉说：“约西亚，你可以问心无愧地去做这事，因为这是我们做过最美妙的事情！”她说得对，这比我能告诉你的还要艰难，但无论如何我都不会放弃；它让我付出了比我所想还要多的代价，但我却得到了极大的平安和喜乐。这不仅是指去国外宣教，也包括上帝呼召你去做的任何事情。背起你的十字架，像耶稣一样受死，好让他人认识上帝的恩典。

你们当中有些人正在做的，正是你现在应该做的事，上帝呼召你的，是要你有一颗更新的心，去完成祂已经交给你的人生任务。为此，我们不会做任何事或说任何话，来阻碍或打断这一切。对你来说，离开所在之处是错误的，因为祂已经将你带到要你去的地方；祂会在你身处的地方，重新激发你的活力、激情、力量和使命，这是很美妙的事情。

然而，你们当中有些人，也许上帝已经在你的生命中动工，要你从事新的事奉。也许是在你所处的地区，工作重心发生了改变。你需要去找牧者，跟他 / 她说：“我心里面对市区中心的服事一直很有负担，我很软弱，你愿意在这方面与我同工吗？”你要在一直不敢涉足的领域，与当地教会建立新的伙伴关系，开展事奉。如果你是属于这种情况，当你为此祷告求问上帝时，请在卡片上“请为我祷告关于……”之处填写内容，我们很乐意与你在办公室一起祷告。

你也可以用卡片背面，写下我们可以为你代祷的事项，比如：“我觉得上帝可能正在带领我，在我们教会参与托儿班的这项新事奉，而祂也确实这样带领了！”“上帝正在带领我，以新的活力来服事我的家人。”“上帝正在带领我爱我的妻子，我害怕得要死，宁可做其他任何事。”因此，你所在的地方可能就有新的方面或新的服事，我们希望与你一起为此祷告。

所以，今晚、明天，或是明天崇拜聚会之前的某个时间，我希望你能为此思考和祷告。我们很乐意与你一起祷告。不过，我们希望与那些可能考虑海外宣教的人，建立特殊的伙伴关系。或许上帝已经对你说过了，正如发生在我们生活中的事情那样；当恩典复苏时，它使我们能够自由听到前所未闻的，去国外宣教的呼召。如果你对此感兴趣，认为也许这就是上帝对你的呼召，这里有一些资讯供你查看，也请告诉我们如何与你一起祷告。你不必现在就确定这一点，也许这正是你想要查询的："我有这个猜疑，但还没到那一步。"没关系的！

重点是什么？恩典会去某个地方，不只是为你，也不仅是关乎你。恩典是为世界，是为神国。耶稣会以奇妙的方式使用你，你相信吗？你能相信吗？小伙子，看着你，我不知道该怎么做。这需要很大的信心，但这就是关键。我们有一位伟大的上帝，祂甚至可以用奇妙的新方式使用我和你。让我们一起祷告。

天父啊，我求祢将这里的每一颗心从内疚感中解脱出来。带着内疚感事奉，只会让牧者和宣教士变得艰难和悲惨。内疚就像精神上的疼痛，有时确实会唤醒我、敦促我、提醒我、召唤我去某些地方。但主啊，出于内疚而去服事，形同炼狱。我祈求，我们在这里所说和所做的，不会让人因为祢呼召他们去的地方，而感到内疚或自卑。因此，我求祢在许多人的心中再次确认祢对他们的安排，让他们更新心灵、活力、异象，去做祢已呼召他们做的事。求祢重申这一呼召并予以加强，坚固他们的心，使他们带着丰盛的恩典，以新的方式回到祢已经呼召他们去做的工作。

主啊，也许这里有些人已经开始猜疑，祢正在呼召他们从事新的事奉：传福音、外展、门徒训练、服事穷人、成立基督教法律协会（Christian Legal Society）或医学协会（Medical Society）……所有这些祢向我们敞开大门的不同事情。也许有人刚刚开始听到那个声音，但模糊不清，不知道祢在呼召他们做什么，但他们愿意凭着信心走出去。天父啊，求祢鼓励他们的心；当他们带着更新的信心步入家庭、教会、以及新领域的生活时，耶稣会扶持他们、与他们同在。

天父啊，我也求祢呼召这里的一些人到国外服事，离开这个舒适的国家，为素不相识的人奉献一生。天父，我知道这是特殊的呼召，求祢保护人们不要将其浪漫化，在没有被呼召的情况下追随它。但是主啊，我相信被呼召去做这事的人，比已经回应的人还要多。因此，求祢赐予他们极大的自由，开始思考祢对他们的呼召、他们的生活、或许还有他们家庭的生活。在他们祷告时，求祢释放他们的心，开始相信祢能在他们身上并藉由他们成就大事。

主啊，求祢用耶稣的恩典来浇灌这一切，释放我们的心，不再认为自己所做的任何工作，或所追求的任何事奉，在祢面前有一分一毫的义。求祢让我们甚至将这些都视为污秽的破布，以便惟独安息在耶稣的义中。奉主耶稣的名祷告，阿们！

家庭作业

需在见面 48 小时前完成（以便见面会谈）

背经：

“但圣灵降临在你们身上，你们就必得着能力；并要在耶路撒冷、犹太全地和撒玛利亚，直到地极，作我的见证。

——使徒行传 1:8

完成下列问题和练习：

1. 讲员描述了他在俄罗斯时的信心之战，以及他为相信上帝能够并会在那样的环境中使用他而有的挣扎。请以此为例，描述一下你在当前环境中，正在进行的“信心之战”的一个方面 / 领域。

2. 阅读哥林多后书 5:14。是什么在驱动着保罗？请解释你的答案。

> 原来基督的爱激励我们；因我们想，一人既替众人死，众人就都死了；并且他替众人死，是叫那些活着的人不再为自己活，乃为替他们死而复活的主活。（林后 5:14–15）

3. 你在哪里希望看到基督的爱在你的生活中表达出来？请举两个例子。

4. 当讲员把他的儿子带到西伯利亚时，他搞砸了；他的儿子看到了他的忧虑和失败。当你在别人面前失败时，你会如何应对？感觉如何？在别人看来，你的想法和言语是什么样的？

5. 请描述你生活中的两个方面，在这两个方面，你因为忧虑、担心自己的失败会暴露、懒惰、害怕软弱、觉得自己无能等原因，而采取了安全的做法或刻意回避神的呼召。

当福音改变我们的时候，它也开始在我们生活的方方面面发挥作用。我们不再被对他人的恐惧所支配，而是被基督的爱所支配。它改变了我们回应他人的方式——尤其是那些与我们不一样的人，或者还不认识耶稣的人。

6. 请说出两个因他们生活方式、行为、言论或价值观而让你不高兴的人的名字。(用缩写，不用真名或全名)。

7. 他们有哪些地方让你感到困扰或反感，为什么？

8. 你还喜欢他们吗？

9. 福音能如何改变你的心和行动，来面对这些人？

改变和更新我们的福音，总是把我们推向这个世界，让我们以爱来服侍和牺牲。我们要记住，天父的心不仅转向我们，也转向那些失丧的人。神的儿子，这位伟大的宣教士，并没有呆在家中，从那里发送信息、提供训练、运送资源或差派使者。相反，他道成肉身，成为我们中的一员。现在，他呼唤我们加入他对世界的心意。

我们至少可以做五件事，为基督来得着这个世界。我们可以：

- 祷告（罗 15:30）
- 奉献（腓 4:14-19）

- 看见（约 4:35-38）
- 差派（约 17:18）
- 去（太 28:18-20）

10. **祷告**。你正在为哪些宣教士、人或事工而委身并持续地祷告？神呼召你在祷告中做什么？

11. **奉献**。你是如何致力于使用你的资源和金钱来帮助为耶稣赢得这个世界？神如何呼召你进一步奉献？

12. **看见**。你是如何学习“看见”自己国家以外的世界的需要的——人群、书籍、会议、或者是短宣？你应该追寻什么样的机会？

13. 差派。放手（releasing）是差派的一部分。圣父差派圣子；圣子差派他的门徒们。同样，我们通过鼓励、放手和支持其他去的人——朋友、教会成员、领袖和家人——成为他差派的一部分。你需要放手、差派或鼓励谁去呢？以什么样的方式？

14. 去。我们都会从问自己“我应该去吗？”这个问题中受益。即使上帝的回答是肯定你现在的呼召，但凭着信心问这个问题也无妨。所以问问自己：“主啊，你要我去哪里？我应该在哪里侍奉？你是否在预备和呼召我去国外服事？”在下面写下你感觉到的神对你说的话。

15. 你是否感觉到主在引导你去结交一个不认识耶稣的人？你可以采取哪些实际步骤来接近他（她）？

阅读

基督的爱激励我们

也许你不会像我一样随流偏离，但我总是忘记主的大爱将我从怎样堕落的深渊中拯救出来。偏离根本不需要付出任何努力，只要停止培养对基督的认识，世俗主义的邪恶洪流就会完成剩下的工作。所有对失丧之人的热情似乎都越来越成为一种消逝的记忆：耶稣为耶路撒冷哭泣，保罗为同胞甘愿受诅咒，这些都变得非常遥远，甚至不真实。我恳求你们为我祈祷，让我对自己曾经失丧的状态记忆犹新，让圣灵给我上第二课。这一课是前一课的后续。它是一种正确的义务感，基于对我们得救目的的清晰认识。

我们从失丧中得到了难以置信的拯救。我们对主的拯救及其巨大代价，是欠了多大的债！但是，我们荣幸的命运又使我们的责任增加了多少。我们的朝圣之旅将达到高潮，我们将完全与基督相似——主完美无瑕的形象。现在，我确信每一个真正的基督徒都同意，我们生命的终极目标是成为基督的样式。但是，我们是否理解其中的荣耀、特权、荣誉和义不容辞的责任呢？好吧，我们时不时会被激起思考。有时，我们会渴慕我们按照上帝之子的形象获得荣耀的时刻。但这种渴望会逐渐消失。我们的思想是懒惰的，忙碌的生活方式让我们无暇深入思考我们存在的根本原因。

我们也认为自己比实际情况更了解自己的命运。我们知道，我们对上帝和他人有一些爱。而爱上帝和爱我们的邻舍如同爱自己，正是像基督一样的本质。那么，我们不是已经在像基督的道路上走得相当远了吗？我们很容易这么说。我们已经教导过他人，并因我们教导基督般的爱的中心地位而受到称赞。那为什么还要学习、追求和渴望我们似乎已经基本达到的目标呢？

尽管如此，恩典的圣灵还是劝我们不要自我陶醉。我们去做工，却发现自己没有什么能力按照上帝的方式去做，也看不到上帝的结果。我们感觉到自己缺乏恩典，与神的团契也越来越弱化。

我们面对试探。我们感受到嫉妒、欲望、仇恨或绝望的力量，意外地意识到我们实际上并不像基督。他的生活完全顺服了天父的宣教旨意。他没有选择掌控自己的生命。在烈火考验的时刻，他呼喊："不要照我的意思，只要照你的意思！"

但在我的内心深处，我发现我的自我总是想从天父那里夺走控制权。我肉体最深的强迫之一就是对天父说："让我来控制。现在就让我的意愿实现吧。我稍后再遵从你的旨意"。两天前的午夜，我不得不向罗丝·玛丽承认，我的灵魂背负着各种重担，我内心试图通过担心来控制许多事情。在圣灵的引领下，我说："请为我祷告！今晚我背负着各种重担和焦虑。我不知道，我一直试图掌控自己的生活、工作和未来。但我为想成为圣灵而悔改。求主洁净我！"她有效的祷告使我有需要的灵魂得到了洁净和释放。并不是说我所有的忧虑都立刻消失了。但天父赐给了我良好的开始。我安息在圣灵同在的应许中，而不是在我自己的表现中，也不是在我焦虑的救赎能力中。我也更清楚地认识到，像我的长兄耶稣一样意味着什么，以及与他合一赋予我的喜乐职责。

基督的宣教热情

主在世上的一生中，具有一个专一的热情，来实现上帝的拯救旨意。在他道成肉身和赎罪的过程中，他提供了"外来的义"（alien righteousness），成为罪人的好消息。他的到来没有任何私利。他唯一的目的就是"寻找并拯救失丧的人"（路 19:10），因为这是他天父的旨意。通过耶稣赎罪祭的伟大工作，救赎之家向万民敞开了大门（参约 2:19; 4:34; 5:36; 14:31; 17:4, 18; 20:21）。

我们的思想可能就像摆放整齐的文件柜或翻倒的垃圾桶。但这些都是小东西，如果与耶稣的一项伟大总体工作脱节，就会萎缩干瘪。他的喜乐职责集中了他所有的能力。请注意他的公开传道是如何开始的。他忘记了自己。他带着圣洁的愤怒洁净圣殿。他说：“不要将我父的殿当作买卖的地方。”（约 2:16）为什么愤怒？这既不礼貌也不符合政治。但耶稣只知道天父的旨意。天父有他打算让自己的房子成为外邦罪人的救赎之所，这些外邦罪人是亚伯拉罕应许的“万民”，也是耶稣大使命的对象。（参创 12:3；太 28:19）

到底发生了什么？是什么激起了耶稣的愤怒？听着，亲爱的弟兄。核心问题就在这里。上帝的教会一次又一次地因为忙碌和公务而妨碍了“万民”得救——它忘记了这个主要目的。我们忘记了：我忘记了；你忘记了；教会忘记了。充斥着兑换银钱的人和贩卖牲畜的市场，是欢迎万民的院。它是神的子民为期待以赛亚书 56:6-8 的应验而建造的。它是失丧之人的欢迎院宇，是圣殿建筑群的宣教部分，是让罪人品尝上帝救赎恩典的场所。

当我写下这些文字时，我自己的心也被耶稣的灵深深撼动。我的脑海中浮现出耶稣站在那里的情景。他严厉地注视着这一切：讨价还价、羊群的咩咩叫声、外邦人崇拜者的混乱。没有人欢迎这些陌生人，没有人教导他们恩典的应许，也没有人呼唤他们为自己的罪破碎。耶稣伟大的心灵深感悲痛。他穿过喧闹，用绳索做成鞭子，把“所有的都赶出圣殿”。这一举动的暴力程度令我震惊。难怪门徒们有一次想起了描述耶稣行为的经文：“我为你的殿心里焦急，如同火烧。（直译：对你殿的热心把我吞噬了）”（约 2:16, 17）耶稣的灵魂充满了救赎之火，他不会容忍有人在找回失丧之人的道路上设置障碍。

齐克果（Soren Kierkegaard）曾说过，“心灵的纯洁就是只愿做一件事”。如果这一件事就是按照我们自己的意愿去做，那么他的说法就完全不正确了。我们最终会成为小希特勒或小杰弗里·达赫默（Jeffrey Dahmers）。但是，当我们在圣灵的帮助下实现上帝的拯救目的时，当我们摒弃自己的意愿去做这件事时，我们的心灵就会变得纯洁。我们甚至会燃烧起圣洁的愤怒。

对失丧者的同情和爱心

我和罗丝·玛丽在卡波皮松树角诺（Cabo Pino, Cape of Pine）美丽的海滩上散步。这里的海滩和欧洲任何海滩一样可爱，是散步休息的好去处。在那里，我们发现有许多裸体男子在故意展示他们的身体。我们没有理睬他们，只是在海边边走边聊。我们向下看，或看地中海对岸，或看非洲的山脉。但就在我们试图避开他们时，一位全裸的中年男子向我们走来。然后，他坚定地走到我们中间。他故意把自己的生活方式强加给我们，粗暴地试图引起我们的反感，还有点像十字军东征，把他邪恶的露阴癖强加给我们。他出卖了自己的意志，并以此为荣。我很生气，也很难过。有一段时间我一直是这样，直到我想起我对耶稣的职责和他的旨意。他让我从罪恶和内疚中解脱出来。但作为国王的无债儿女，我现在又有了新的债务，那就是像基督爱我一样去爱他人。我欠耶稣和这些在叛逆中迷失的人这笔爱债。于是，我为他们祈祷，宽恕他们，祝福他们，祈求基督拯救他们。这也清除了空气中的毒气。

罗丝·玛丽说：“也许我们是唯一为这些人祈祷的人。”可怜的迷失的灵魂，主的宣教之灵使我们能够以天父的怜悯之心看待他们，这是一个真正的恩典奇迹，因为我一开始的愤怒是不圣洁的。它来自一颗分裂的心，一颗一半致力于罗丝·玛丽和我的幸福，一半致力于我们宣教的上帝的旨意的心。这样想吧。十字架的信息带走了罪恶和罪的负担，永远消除了我们身上的神圣愤怒；然后，它也带走了我们自私和自我专注的沉重负担。我感到愤怒，因为美丽的海滩被来自北欧的同性恋者占领了。我想着我失去了什么，想着我对他们公然自我主张的感受等等。但圣灵斥责了我。他问道："他们将在哪里度过永恒？你放弃了每天在可爱的海滩上散步，但他们却会永远灭亡，除非他们悔改。然后，他引导我悔改，以一己之力，品尝他大能之爱的甘甜，渴望这些人也能经历同样的忘我的平安。

以国度为导向的祷告

我的祷告方法是什么？我是祷告勇士吗？完全不是。相反，我年纪越大，就越知道祷告有多难。因此，我所做的就是尽我所能，为我们所有的宣教士、总部同工、教会牧师，特别是为世界丰收布道团的核心教会和牧师定期祷告。但我的祷告总是随流而去，受到冷淡、遗忘和冷漠的影响。因此，我需要奋力向前，否则我的祷告生活就会萎缩到一无所有。主帮助我做祷告工作的一个方法是，带领一对宣教士夫妇，为他们集中祷告两周或更长时间，有时甚至一个月。

这种方法的有效性体现在几个方面。除了在他们生命中取得的成就之外，为他们祷告的做法还训练了我的心智，使我在集中祷告结束后继续为他们祷告。事实上，这可能意味着集中祷告会一直持续下去。这是我的希望！这种方法还能让我的视野更加清晰，尤其是我对神对被祷告者旨意的敏感度。例如，我曾为你，也为我自己祷告，希望救赎的真理能成为我们内心深处深切感受到的现实，希望我们能憎恨自己和他人冷漠的罪，以大胆、温柔和破碎的心热情地去爱失丧的人。

我希望圣灵恩赐我极大的耐心，愿意迈出必要的每一小步，与迷失的人交朋友，然后勇敢地站在他的心门前叩门，含泪站在他内心的城堡前，恳求迷失的人抓住唯一的救赎。要做到这一点，天父必须赐下许多新的恩典。我常常离这种对主耶稣的完全委身还很遥远。为我祷告，我的兄弟，为我祷告。

〔杰克·米勒，《仆人领袖的心肠》（*The Heart of a Servant Leader*）〕

勾选已完成的作业：（勾选后，可与导伴预约时间）

- ☐ 聆听信息 12
- ☐ 背诵使徒行传 1:8
- ☐ 完成练习
- ☐ 阅读：基督的爱激励我们
- ☐ 跟你的祷告伙伴更新信息

Session

13

得释放的良心

如果我们把生活的中心从福音之下——在其接纳之下、赦免之下与能力之下——挪移，我们就会有良心的问题。很多时候，我们远离福音的第一种方式就是为了他人的认可而活。

本次目标

- 了解清洁的良心如何带来勇敢的爱；
- 看看当我们的良心不清洁时，我们的人际关系会如何受到阻碍；
- 知道圣灵渴望通过释放我们的良心来赋予爱的能力。

阅读讲章

我得释放的良心

罗丝·玛丽·米勒

这次讲课的主题是良心，有关福音如何释放良心的重大概念。

Ⅰ.福音如何释放良心

我觉得今天上午保罗的讲课很有帮助。我认为，从“律法和福音如何继续在我们的生活中起作用”的角度和方式来看这个主题，我们听得还不够多。在我思考保罗的家规时，他说得对，家庭不能没有规矩；而人们也无法生活在没有规矩的社区中。有趣的是，这也是上帝以最不寻常的方式为我们做的事。我们家有三个家庭住在一起，每个家庭都有自己的一套规矩，但我们彼此间却没有规矩。已婚的大女儿芭芭拉家住进我们家时，她说，当全新的家庭住进娘家时，我们应该做的，是在爱中超越彼此。我很惊讶上帝的恩典是如何使我们能够三代同堂。

不过，我们一开始确实有个规矩，那就是谁来洗衣服。第一天小女儿凯伦洗，第二天我洗，第三天芭芭拉洗，以此类推，这样持续了一个星期。后来我们觉得这样行不通，如果我想进洗衣房，就必须把前一天凯伦留在烘干机里的衣服叠好，再把今天我洗好的衣服放进烘干机。我大女儿芭芭拉很守规矩和井然有序，洗衣服时会把所有的东西都收拾干净。我们告诉凯伦，她洗衣服时，必须做好这些事情。如果我们真的用心去欢迎、去关爱、去接纳他人，上帝所能成就的事令人惊叹。希望这只是一段有限的时间，如果小女儿凯伦家一月份去不了伦敦的话，我们也就四五个月的时间要待在一起而已，但即便如此，这对我也是一个很好的提醒：如果你决心“不要让规矩取代对彼此的爱”，我们就能生活在一起。

如果你历经了我的成长方式，就会发现每个人的成长模式如何影响他们，留给他们什么印象。正如我第一次分享时跟你们说的，控制、秩序和规则在我们家占据了主导地位。有趣的是，我们从来没有坐下来说：“嗯，这就是它应该如何运作的方式。”而这就是我们生存和希望的方式。还记得保罗上课时画的那幅画吗？我们的自我坐在宝座上，而我们看不到自己生命中的大偶像，这些偶像往往就是那些对我们有益的东西，它们阻碍了基督在我们生命的主权。我为此在良心上纠结了很多年，甚至不知道是怎么回事。

1990 年，我们在纽约机场等待前往奈洛比（Nairobi）的飞机时，我去了书店，心想：“我一定要读一读梅乐蒂 · 碧缇（Melody Beattie）《每一天练习照顾自己》（*Codependent No More*）这本书。这位女士引发许多热议，该书也售出了两百万册，我想知道她对女性说了什么，以及为什么她们似乎如此容易接受她说的话。她这本书的第一部分（我觉得自己还没读完）都是关于“控制”。我一直认为妹妹与母亲之间有一种相互依赖关系，但并未从中看到控制的问题。灯亮了，偶像被推倒了。当我在机场等待航班通知时，在心里悔改自己与上帝送到我生命中的一切关系，甚至悔改自己在控制方面与上帝的关系。我自由了！我不停地对杰克说：“天哪，杰克，听听这个，听听这个。”我在良心中感受到的自由和自在，就像跳舞和欢笑，就像撒拉抱着以撒。正如撒拉所说的，谁会想到，她在年老时还会生下一个孩子？[1]这种自由的果效非常有趣，我想和你们简单分享一下。

我们乘坐一架大型747飞机飞往阿姆斯特丹，然后再飞往奈洛比。我们是坐在飞机中间的部分，杰克坐的是过道的位置，我坐他旁边。当时海湾战争刚刚结束（1991年2月），哈西德派犹太人（Hassidic Jews）正要返回耶路撒冷。所以，飞机上全是他们的身影。有位年轻的犹太男子坐在我旁边，所以我对杰克说："我们交换座位吧，这样你就可以和他说话了。"杰克说："不，你跟他说话，我喜欢坐过道的位置，这样可以伸伸腿。"我决定最好开始跟这位犹太男子聊天，他们太有趣了，飞机上到处都看得到他们在互相交谈、讨论食物、很兴奋的样子。大家安顿下来后，我问邻座男子要去哪里。他说要回耶路撒冷，他们都是学生。我问："你是学什么的？"他说他学旧约。我说："是哦，我很喜欢旧约，亚伯拉罕和撒拉是我最喜欢的人物。"

然后我问："你们有什么条例和规章要遵守？很多吗？很压抑吗？"他回应了这些提问，我们相谈甚欢。之后我又问他是否读过以赛亚书第五十三章，是否知道其中的内容。他说声："没有。"然后很长一段时间，他就跟朋友聊天、吃东西、看电影，之后睡觉。圣灵一直在提醒我，说："罗丝·玛丽，你还没说完呢，你得再说点什么。"最后，旅程即将结束时，我问他关于上帝在旧约（尤其是在申命记）中的命令。我说："你是如何看待'要尽心、尽性、尽意、尽力爱上帝，并爱人如己'这条命令的？"他说："啊，那只是一种情感。"他离开时，我说："我真的希望你能读读以赛亚书第五十三章。"这是圣灵在我心里动工，杰克是见证人，他有所有的故事要讲，大约每年一个。对我来说，我觉得很有意思的是，这是在我摆脱了"认为自己必

1 罗丝·玛丽指的是创世记21:6。以撒出生第八天，亚伯拉罕刚刚为他行了割礼。撒拉说："上帝使我喜笑，凡听见的必与我一同喜笑。"

须以某种方式控制自己的生活”这种罪的束缚之后发生的。

我现在要讲的，并非详尽的内容研究，而是希望打开一扇窗，让你更多地了解上帝的方式与恩典。我读了提摩太前书，对使徒保罗多次对提摩太说，要保持无亏的良心感到惊讶。提摩太是牧者，保罗认为这一点非常重要：“我往马其顿去的时候，曾劝你仍住在以弗所，好嘱咐那几个人不可传异教，也不可听从荒渺无凭的话语和无穷的家谱。这等事只生辩论，并不发明上帝在信上所立的章程。但命令的总归就是爱，这爱是从清洁的心和无亏的良心、无伪的信心生出来的。”（提前 1:3–5）

使徒保罗吩咐提摩太要避免假教师，不要卷入无休止的争论，并告诉他，要凭着信心做上帝的工。这个吩咐的目的，就是叫人过着有信心的生活，不沉溺于虚假的教义；这爱是从清洁的心、无亏的良心和无伪的信心生发出来的。我不认为你能理解如何去爱另一个人，除非你拥有无亏的良心、清洁的良心，并活在至高无上之上帝的权柄和福音的大能之下。正如你们所知，爱的源泉就是恩典，圣灵所结的果子就是爱。当基督的爱流入我的心田时，我对飞机上邻座的年轻人就有了这种感觉。回想起来，我本可以把圣经的道理讲得更清楚，但事实上，我只想接近他和他的心。由于我的良心得到了释放，使我可以向他伸出爱的双手。

律法与诫命相连，是我们应该如何共同生活的美好愿景。如果我们都能完美地遵守上帝的律法，就不会有警察或法院之类的东西了。律法告诉我们如何生活，但却没有力量改变我们。在这份讲义上，杰克写出了福音和律法的共同点。我认为，当这些想法和观念在你们的头脑和心中变得更加清晰时，对你们都会有帮助，尤其是在与女性交谈时，她们有时比男性更容易有良心问题。

律法要求绝对的完美，如果完美地生活，就会得到生命；如果不这样做，就会有死亡。你希望律法在你的心上，这样就可以顺服上帝，讨祂喜悦。在你的良心上，福音就是耶稣所做的一切。如果我们相信这一点，就能活下去。我们确实有律法的替代品，而耶稣就是我们的替代者。因为基督的顺服，因为祂在十字架上为我们的悖逆受死，承受了上帝的愤怒，我们才有了新的生命。然后，我们得到了圣灵的应许，祂会引导我们成全律法。如今圣灵在我们心中运行，你看，保罗在上一堂课所说的，就是信心、圣灵和爱，这是多么地重要。如果我们持守这道，就必爱邻舍并成全律法。

II. 为什么我们常常有良心愧疚

A. 从福音之下转移到人的认可之下

问题总是存在的，是吧？如果我们把生活的中心从福音之下——福音的接纳、饶恕和大能之下——转移，那么你就会有良心问题。很多时候，我们偏离福音的首要方式之一，就是真的为别人的认可而活。这样做很容易，也很微妙。你不想让人讨厌，但在你的内心深处，也不想让自己的生活、言行、举止让人觉得你很特别。“我现在是要得人的心呢？还是要得上帝的心呢？我岂是讨人的喜欢吗？若仍旧讨人的喜欢，我就不是基督的仆人了。”（加 1:10）保罗内心深处有这样的想法，但这正是彼得的问题所在。他害怕，想取悦于人。他带着巴拿巴走上这条道路，但巴拿巴不知道到底发生了什么事。我们常常试图取悦他人或取悦自己，并按照自己的标准生活。

我刚到华盛顿特区时，和那里一位牧师的妻子聊了聊。她说：“这里有一个雅皮士团体（yuppie group，中上阶层的年轻专业人士），这些女性都在努力成为完美的母亲，完美的传道授业解惑者，都在追求完美无瑕。”我们一起讨论了这个问题，她说她们是在给自己埋下痛苦的隐患，而事实上是做不到的，只有圣灵能够教你如何成为好父母。我们在那里挣扎，让别人为我们设定标准，为名誉和外表而挣扎，为成功或失败埋下伏笔，前者让你开始自吹自擂，后者让你以绝望告终。福音在这里没有任何力量，因为它永远都不够。我感同身受！你听到一些好东西就想要更多。而这是你应该不惜一切代价避免的罪。

几年前，北卡罗来纳州的报纸上刊登了一篇文章。有个女人养了一条宠物蟒蛇，她伸出手臂喂蟒蛇沙鼠时，它开始爬上她的手臂。不知怎么的，她拨打了911。救援人员冲进屋子，看到这位女士和这条蟒蛇在一起。她尖叫着：“不要杀蛇！”救援人员后来说：“蛇都要杀死她了，她还告诉我们不要杀它！”喜爱别人的认可，就像那条蛇。

让我告诉你发生在我身上的事情。1982年，我们夫妇和鲍伯、凯伦以及他们的小女儿，一起在乌干达。那是个很难生活的地方。我们都住在一所房子里，还有一个年轻的乌干达人，名叫格雷，和一个来乌干达开创油漆公司的男人。我们的房子没有水，离商店很远，生活很艰难。我们给了凯伦和鲍伯一个机会，去奈洛比“休息休息”。他们走后，格雷和我成了好朋友，他来找我们说：“我有一笔债要还，那个借贷人真的越来越凶狠了。你们能帮我还债吗？”我说：“好，我们会帮你，但我们何不一起把房子收拾干净，然后你就可以用这种方式还债了。”他同意了。凯伦家离开一个星期的期间，我们请了油漆工来粉刷，我们打扫卫生、洗衣服、甚至用烤箱烤香蕉面包。我们过得很开心，还谈论加拉太书。

凯伦家回来后，我还一直指使格雷做这做那，他也都照做了。星期天早上，鲍伯让凯伦来找我。她说：“别再把格雷当佣人了。”我崩溃了，我为什么会崩溃？我从头到尾的动机，都是为了取悦凯伦他们，但这反而让他们不高兴。我哭了起来，在去教堂的路上，杰克对我说："你满心愧疚。"这就是我需要听到的话，我的确愧疚得要命。这给了我很大的启示，如果你只是为了别人对你的好印象、为了别人对你的好感而活，却没有得到别人的认可，那就有麻烦了。

良心需要摆脱这种重担，来到基督面前。那是1982年的事了，希望从那以后我有所成长，我想如果那是现在发生的事，我就能直接和鲍伯谈论这事了。当时我做不到，现在我与人交谈的能力确实有所提升。之前就是那句话彻底击垮了我，让我可怜的小良心不得不回到福音之下，否则就会内疚得滴血。像我这样的完美主义者和律法主义者，几乎比任何其他人都更难对付这种认可（我不知道你是否和我一样为此纠结），因为它们是如此微妙，而且确实有效。

B. 没有遵守爱的法则

当我们开始为别人的认可而活，良心就会变得嘈杂。我们错失将良心重新归于讨天父喜悦的另一种方式，就是"没有爱邻舍如同自己"。随着父母年迈，我越来越频繁地发现这一点，夫妻之间在如何照顾年迈的父母、以及如何顺应照顾年迈父母的命令上，关系紧张。我认为这将成为人们日益严重的良心问题。妇女们强烈地认为应该照顾自己的母亲，并将母亲接到家里住。这耗尽了她们所有的精力，使她们没有时间陪伴丈夫。我之所以提出这个问题，是因为我认为你们当中的一些人，可能已经在处理这个问题，也有可能在将来要处理这个问题。

1965年，我们从旧金山搬到了东海岸，我的母亲、父亲和妹妹也搬了过来。我们家有一间独立的套房，所以一切都很顺利。我父亲于1971年去世，我母亲和妹妹一直住在这间套房，直到她99岁的前一年，身体越来越不好，再也无法在厨房干活，所以我们在这方面遇到了不少问题。1987年，当杰克从癌症中恢复时，我的母亲还住在家里，她的臀部骨折了。我同时需要照顾丈夫、母亲和智力发展迟缓的妹妹，这是一个沉重的负担。但那些“是的，我能做到，我能应付”的策略依然存在。

我们当时和一个团队在西班牙，家人打电话告诉我们，母亲的臀部骨折了。杰克说：“你不觉得是时候把妈妈送进疗养院了吗？”我说：“哦，是的，当然，我觉得是时候了。”等我回去跟孩子们说起这事，他们都吓坏了。于是，我在杰克的需要、母亲的需要、和孩子们的意见之间，左右为难。他们的意见非常强烈，只有一个人认为我妈应该去养老院。他们认为我们能处理好这件事，我想这也是多年来我们给孩子们留下的印象。但我们做不到！你可以想像，杰克和我之间的关系非常紧张。有一天，我把头埋在桌子上，哭着问上帝该怎么办，我的良心压得我喘不过气来。如果你要我向自己传福音，我根本不知道该怎么办。我就像被上帝拎着脖子说：“你知道该怎么做，把你妈送进养老院！”我当时就知道这样做是对的，我问心无愧。那时对我来说，孩子们怎么想并不重要。

几个星期后，我们要去某个地方，大女儿芭芭拉需要照顾我的母亲。我们回来时，她说：“妈妈，这位女士得去养老院了。”然后我们带我妈去小女儿凯伦家度周末，我妈不肯留下来。凯伦说：“妈，这位女士得去疗养院了。”她们一个接一个地看到了上帝的讯息。我又一次被拉了进去，我该取悦谁呢？杰克？我的母亲？我的孩子们？你真的必须听到来自天上的声音，否则是行不通的。然后我就自由了，我的良心自由了，我知道该做什么了。在上帝的看顾中，我们把她送进一英里外的一家养老院。这是一家很棒的教会养老院，她得到很好的照顾。现在（她103岁了）我们不是说“当她死了”，而是说：“如果她死了。”我想芭芭拉已经在为将要发生在我身上的事擦汗了。

C. 撒旦的控告

我们良心不安和嘈杂的另一种方式，是受到撒旦的控告。启示录 12:10 说：“我听见在天上有大声音说：我上帝的救恩、能力、国度，并祂基督的权柄，现在都来到了，因为那在我们上帝面前昼夜控告我们弟兄的，已经被摔下去了。”他正在这样做，而且知道怎么做；他知道如何对付我们。我们的内心如果没有充满爱，没有在福音的庇护之下，他就会攻击我们的良心。在我成长的过程中，多年来我的母亲都会听到一些声音，并对这些声音做出反应。你知道那些声音一直对她说什么吗？“你要谴责自己”，这也是我一直听到的，谴责的鼓声。这么多年来，我甚至不假思索地，就对我的良心发出这种低水准的谴责。

终于有一天，我跟杰克说：“我真的觉得这来自我的母亲。”我们一起祷告，祈求耶稣帮助我认清它的源头，然后这就不再与我有任何瓜葛了；我认出了源头，并拒绝了它。启示录 12:11 接着说：“弟兄胜过它，是因羔羊的血和自己所见证的道。他们虽至于死，也不爱惜性命。”如果你不去履行爱的律法，就会受撒旦的控告。你知道会发生什么吗？你会倾向于说：“我必须做得更多、制定更多律法、列出更多清单、设定更多目标、读更多书、做更多祷告，制定一个计划来帮助我摆脱困境。”希伯来书 9:14 说：“基督借着永远的灵，将自己无瑕无疵献给上帝，祂的血岂不更能洗净你们的心，除去你们的死行，使你们事奉那永生上帝吗？”对我来说，那些寻求控制的问题都是死的行为，它们没有能力、生命或权柄。

III. 如何保持问心无愧

我们如何保持并维护持续的良心？哥林多后书 13:14 是关于培育

与圣灵关系的经文，很有意思。在今天的两堂讲课中，你们听到杰克，也听到保罗说：“愿主耶稣基督的恩惠、上帝的慈爱、圣灵的感动，常与你们众人同在。”这是为神之子的灵，是向天父呼求的灵；这种灵使我们结出真正想要的果子。有一天，我问杰克：“为什么信心不是圣灵的果子?”希伯来书 11:6 说：“人非有信，就不能得上帝的喜悦，因为到上帝面前来的人，必须信有神，且信祂赏赐那寻求祂的人。”杰克说：“信心与基督相连，如果你将它想像成一棵树，树根深入基督所在之处，新的生命就会长出枝条，结出果实。”

使徒保罗说：“那赐给你们圣灵，又在你们中间行异能的，是因你们行律法呢？是因你们听信福音呢?”（加 3:5）那么，圣灵就是能够洞察生活中所有借口、推诿和认可的那一位。祂知道你的渴求在哪里，并将它们公之于众，或将它们提出来，让你摆脱渴求并带到耶稣那里去得洁净。多年来，我一直生活在这种低水准的负罪感中，花了很长时间才分辨出，那些烦人的感觉往往不是来自圣灵。圣灵很有把握地说：“罗丝·玛丽，这就是你生活的地方，这就是你需要人认可的地方。现在，让我们摆脱这一切，让你的良心在上帝的认可之下。”这就是圣灵的工作。

在我们带人到家里居住期间，杰克在我们居住地北面的巴克斯郡（Bucks County）当牧师。有一个主日晚上，我们在教堂做完礼拜后出来，讨论路加福音第十一章中“午夜的朋友”这个比喻。讨论的中心是，我们最需要的是灵粮，我们需要每天求，且要不断地求；如果不断地求，我们的心灵就会得到所需的喂养。我记得当时在想：“这种事永远不会发生在我身上。”我花了很多年才终于明白，我是多么需要圣灵每天来充满我的心，让我看到自己的罪、让我看到基督，这样就可以摆脱我的罪，并安排每一天，让这一天都在祂的控制之下，而不是在我的控制之下。这并不意味着我不做计划，不安排时间。你做了所有这些，但如果圣灵不在其中，不定罪、不带领、不教导如何去爱，那么这可能又是一个死的行为。我们的感觉往往会告诉我们有些事情不对劲，但圣灵总会告诉我们真正的问题是什么。

“耶稣基督为我们舍命，我们从此就知道何为爱，我们也当为弟兄舍命。凡有世上财物的，看见弟兄穷乏，却塞住怜恤的心，爱上帝的心怎能存在他里面呢？小子们哪，我们相爱，不要只在言语和舌头上，总要在行为和诚实上。从此，就知道我们是属真理的，并且我们的心在上帝面前可以安稳。”（约壹 3:16–19）祂使我们的心得以安息，圣灵的果子就是爱。

亚比该（Abigail）是圣经中我最喜欢的妇女之一。我们家住着一个小女孩，我们给她取名亚比该。你们都知道亚比该丈夫拿八的故事。我讲这个故事的原因是，如果你对基督、对祂的国度、对祂在这个世界上所行的事有真正的了解，就会真的激励你去爱另一个人。大卫和跟随他的人都在旷野，他们是一群乌合之众。他们一直在保护拿八的羊，到了剪羊毛的时候，大卫打发人去向拿八要食物，因为此时也是节日。拿八不但拒绝给他们任何食物，还问：“这个大卫是谁？”亚比该听到这话，她知道大卫是谁。于是，她收集了所有的食物，放在驴上，送去给大卫。大卫说：“这些家伙，明天早上你们都死定了！”亚比该听到这话，就去见大卫。

撒母耳记上 25:30-31 这段精彩的经文，描述了亚比该是怎样在主面前谦卑自己。她对大卫说：“我主现在若不亲手报仇，流无辜人的血，到了耶和华照所应许你的话赐福与你，立你作以色列的王，那时我主必不至心里不安，觉得良心有亏。耶和华赐福与我主的时候，求你记念婢女。”她爱大卫，也爱他的王国。她说：“我不希望你成为上帝代表的时候，头上顶着流无辜人血的沉重负担。”多么了不起的女人！亚比该后来告诉拿八发生的事，过了十天，上帝击打拿八，他就死了。大卫听见拿八死了，就打发人去与亚比该说，要娶她为妻。如果你读过这段经文就知道，亚比该并没有花时间收拾行李，立刻起身就跟从大卫的使者去了。真是高贵的妇人！你看到她对王国的爱和对上帝的爱，是如何引导她的所言所行。这位妇人有无愧的良心！

我再次推荐你们阅读诗篇第五十一篇和三十二篇。你会看到大卫在这个可怕的重担下挣扎；他的犯罪、谋杀和奸淫，让他背负着良心的重担蹒跚而行。然而，当他在诗篇五十一篇中忏悔时，甚至没有提到谋杀和奸淫，只说："我向祢犯罪，惟独得罪了祢，在祢眼前行了这恶，以致祢责备我的时候显为公义，判断我的时候显为清正。求祢用牛膝草洁净我，我就干净；求祢洗涤我，我就比雪更白。"（诗 51:4, 7）这就是福音之下的良心。

我们确实有罪，需要救主。旧约中公牛和山羊的血，只是在预表耶稣的所做的事。希伯来书的作者说："那头一层帐幕作现今的一个表样，所献的礼物和祭物，就着良心说，都不能叫礼拜的人得以完全。何况基督借着永远的灵，将自己无瑕无疵献给上帝，祂的血岂不更能洗净你们的心除去你们的死行，使你们事奉那永生上帝吗？"（来 9:9, 14）我们有一位已升到天上的大祭司，在那里用祂的宝血为我们说话。这样，我们就可以带着疲惫不堪的心，放下所有的罪得到安息，因为知道耶稣宝血的大能，可以洗净我们的良心，使我们除去死行，事奉永生的上帝。

家庭作业

需在见面 48 小时前完成（以便见面会谈）

背经：

何况基督藉着永远的灵，将自己无瑕无疵献给神，他的血岂不更能洗净你们的心，除去你们的死行，使你们侍奉那永生神吗？

——希伯来书 9:14

完成下列问题和练习：

在开始练习之前，请仔细阅读以下部分。

一颗清洁的良心

得释放的良心这个主题与我们在本课程中学习的内容密切相关。一颗清洁的良心是，不活在定罪和控告之下的良心。一颗清洁的良心意味着我们“用充足的信心……来亲近神”（来 10:22–24），深深感受到他的爱和喜悦，并依靠他的应许成为我们的力量和安全保障。一颗清洁的良心意味着我们不再有自我定罪的重担和无价值感，这种重担和无价值感驱使我们渴求他人的认可，并要求他们为我们的成功喝彩。相反，我们确信自己作为儿女的身份、我们在基督里的价值，以及我们永远不会失去的美好关系的安全感。

当我们信靠基督的宝血来遮盖我们的罪、失败、软弱和不足，当我们信靠他的义来给我们披上美丽的外衣时，我们就能自由地勇敢无私地去爱人。我们不再需要盟友来洗净我们的良心，因为我们的良心已经被基督彻底洗净了。我们不再需要操纵、要求或哄骗他们说或做一些事情，来向我们保证我们是良善且有价值的人。我们也不需要为自己辩护、退避三舍，或者因为他们攻击或破坏我们的良善与价值而伤害他们。当耶稣日益成为唯一洁净和衡量我们良心的人时，我们就可以自由地去寻找和服侍他人——为了他们所需要的，而不是我们认为自己所需要的。

当我们迈出爱的脚步时，我们会对天父的伙伴关系充满信心。除非我们的良心是美好和清洁的——除非我们活在福音之下，否则我们永远不会很好地爱他人。一颗清洁的良心能让我们袒露脆弱（be vulnerable），以勇敢的爱走向他人。没有这个基础，我们就会胆怯，不愿意冒着安全和保障的风险去面对可能的拒绝。正如保罗所说，爱是出于“清洁的心、无愧的良心和无伪的信心”（提前 1:5）。

1. 在信息中，讲员谈到对圣灵的面包之需要超过一切。你对圣灵的依赖是如何成长的？你是否越看越多渴望圣灵向你显明你有罪的恐惧和邪恶，并让祂洁净你？为什么？

2. 你是否对圣灵抱有任何消极或恐惧的态度，尤其是当你请求他向你显明你是什么样的人，洁净你，并赐给你破碎的灵时？

3. 讲员不断地提到她想要控制自己的生活，而她需要圣灵来掌管和安排她的日子。你每天最明显的控制欲体现在哪里？它是如何不可避免地让你感到沮丧和失望的？

4. 回想过去的几个月，你对自己的行为、言语和思维方式（在家里、工作中、与配偶、孩子、朋友等）有什么新的认识吗？它是如何与你对认可的需求联系在一起的？

5. 选择两个你认为需要用比过去更大或更好的方式去爱的人。(用缩写，不用真名或全名)。

6. 在上面的关系中，放手安全可靠的东西对你意味着什么？你可以在哪些方面把他们所关心的事放在自己的事之上（参腓 2:4），并为弟兄或姐妹舍命（参约一 3:16）？

在下面的空白处，请描述以具体而实际的方式，脆弱地、无私地、大胆地去爱这两个人可能是什么样子。不要只写你能做什么或想做什么，而是要写你需要极大的信心去做什么。想象一下在这些关系中，神可以通过你做些什么。

7. 写下你在回答问题 2 时所描述的爱这些人的真正目的。

8. 对于以你所描述的方式去爱这些人，你可能会在哪些方面感到胆怯、无动于衷、恐惧甚至愤怒？为什么？

9. 将福音应用到这两个关系中。当你走向他们时，你需要提醒自己哪些真理和应许？你需要停止相信哪些谎言？面对这两个人，描述一下你的心需要如何重新定位。

10. 牢记一颗清洁的良心的重要性，你过去是如何依赖这两个人的所言所行的？他们对你或好或坏的评价有何重要性？你以哪些方式寻求过他们的认可？

11. 摆脱对认可的需求如何让你更全心地去爱他人？请举例说明。

12. 你以哪些方式鄙视或蔑视过那些困扰你的人？你是如何因为他们对待你的方式而疏远他们或想要惩罚他们的？

用你所描述的方式去全身心地爱这两个人。愿意继续地去走爱他们的旅程。祈求圣灵加给你力量，洁净你，让你确信自己是神的儿女，并赐给你信心，让你能够迈出无私的爱。请你的祷告伙伴与你一起祷告。

阅读

福音的转化性力量

我是一个正在康复的法利赛人。我喜欢赞美人胜过赞美上帝。我自然而然地用对神的认识和敬虔来代替对神的真正认识。我可以捍卫福音的真理，但我常常无法体验到福音在我生命中的改变力量。

几年前，当我与人合作教授一个牧师博士班时，我的法利赛主义之深暴露无遗。在一次课程中，我的同事意识到我们班上有很多牧师和基督教领袖似乎很灰心，在灵性上被打败了。我也在挣扎，只是在全班面前掩饰得很好。

观察到周围的痛苦，他（我的同事）把我拉到一边，建议我把全班分成三组，带领他们互相分享福音。我惊呆了。“为什么？”我心想。难道他认为这些人中有些不是真正的基督徒？

然而，随着他的解释，我意识到我的推理是多么错误。我一直以为福音只是为非基督徒准备的，一旦有人信主，福音与基督徒的生活就几乎没有关系了。那天我开始明白，福音不仅仅是我必须通过的一道门，而是我生命中每天都应该走的一条路。

这是一个痛苦而常见的故事。我们开始了美好的基督徒生活，但渐渐地发现自己的属灵转化越来越少，甚至根本没有。

对基督徒来说，好消息是，我们冷漠而坚硬的心灵可以得到从神而来的解药！福音的目标不仅仅是让我们重生，更是让我们转化成基督的形象。它的目的不仅仅是饶恕，而是改变我们成为真正的上帝敬拜者和真正爱他人的人。

然而，我们常常把福音简化为“上帝的救赎计划”，让迷失的人从罪的刑罚中得救，却没有意识到这也是“上帝的救赎计划”，让基督徒从罪的权势中得救。拯救罪人的福音信息同样也使圣徒成圣。

为了更充分地理解福音如何救赎我们信徒，从而改变我们的心灵，我们必须首先学会拒绝当今随意分发的假冒灵药。

对于基督徒内心缺乏属灵转化的问题，唯名论（Nominalist）的回应是："别担心。这只是人性的一部分。难道你不知道我们是在恩典而非律法之下吗？"但圣经教导我们，任何与罪的长期友谊都应该让我们警醒，让我们意识到自己心灵的死寂，也许还有未得救的状态。

我们必须拒绝的第二个处方是被动主义者（Passivist）的处方，他们认为，作为基督徒，我们除了把生命的控制权交给上帝之外，对灵性的改变没有任何真正的贡献。要解决我们的属灵争战，我们只需要"放手，让上帝来"(let go and let God)。这种观点很容易导致我们终其一生都在追逐一个又一个虚假的希望或经历，以寻求"更多的东西"来使我们的信仰更加充实。与其寻求"更多的东西"，我们必须学会理解和利用我们"在基督里"已经拥有的一切。（参西 2:9, 10）

最后一种错误的解决方案是道德主义者（Moralist）的解决方案，他们的座右铭是"只要更加努力！"。这种观点被包装得比这更复杂、更属灵，但如果你仔细聆听，你仍然会听到一个核心信息：努力花更多的时间在神话语和祷告上——努力成为一个更好的见证人——努力不生气、不忧虑——努力成为一个更有爱心的配偶或父母。我们只能听到这么多激励人心的鼓舞士气的话，然后就会发现自己要么陷入一种否认属灵的生活方式，要么对生活中明显缺乏内在现实感到绝望。使徒保罗写道："你们既靠圣灵入门，如今还靠肉身成全吗？你们是这样的无知吗？"（加 3:3）

上述处方之所以不可避免地让人一成不变，要么否认，要么绝望，是因为它们都绕过了心灵。我们的根本问题不是外在的或行为的，而是内心的问题。

真正的灵性不仅是思想和意志的问题，也是心灵的问题。乔纳森·爱德华兹在其经典著作《宗教情感》(*Religious Affections*) 中写道："一个人如果只有教义和神学知识，而没有宗教情感，那么他就从未真正参与信仰。"

我的心没有得到更大的改变，其中一个主要原因是我允许清教徒所说的"我心中的情感"(The Affections of my Heart) 被偶像俘虏，这些偶像紧紧抓住我，把我心中的情感从神那里夺走。今天，俘获我们心灵情感的现代偶像是认可、名誉、财产、权力、享乐、控制、关系、性或金钱。当我们允许自己内心的情感被这些偶像俘虏和腐蚀时，结果总是一样的——在我们的生命中缺乏神改变的力量和同在。

那么，福音的大能如何改变我们拜偶像的心呢？通过悔改和信心。耶稣的信息很简单，但却改变了我们的生活："你们当悔改，信福音！"(可 1:15) 使徒保罗写道："你们既然接受了主基督耶稣，就当遵他而行。"(西 2:6) 他明确指出，悔改和信心是信徒生命中是持续性的。

通过悔改，我们将内心的情感从偶像身上抽离，凭着信心，将它们重新放在耶稣基督身上。我们都必须学会问："我的心现在渴求的是什么偶像？"一旦确定，我们就必须愿意采取彻底的行动来反对我们的偶像，削弱它们支配生命的力量。

然而，悔改只是我们在转化中责任的一半——消极的、防御性的一面。圣经中赋予我们的另一项责任是积极的、进攻性的策略，即信心，这包括学习如何将我们的心思意念放在基督身上。祂希望我们享受祂，渴望祂胜过我们所有的偶像。

信心要求我们持续地重温和享受在基督里的诸多特权。

你是被饶恕的！与其不断地为自己的罪惩罚自己，试图赢得饶恕，或试图达到完美主义的标准，你必须学会凭着信心来要求上帝的应许，即通过基督的宝血获得永恒的饶恕。（参西 2:13）好消息是，你绝对做不了任何事，让上帝多爱你或少爱你！如果认为你的行为会导致你在神的悦纳上时有时没有，那么你在恩典中的成长就会出现短路。

你是被接纳的（参林后 5:21）。你不再需要害怕被拒绝。你不再需要赢得他人的认可或隐藏自己的弱点。你不必总是维护或建立自己的声誉。你可以不再试图成为自己不是的人，向上帝和他人承认自己是个罪人。现在，你可以带着大胆的、基督般的爱走向他人——不用担心被拒绝。

你是被收养的（参约一 3:1-2）。你不必再像一个属灵孤儿一样生活或来产生感受了。上帝不会只把你看作一个被赦免的罪犯，而是把你看作祂的亲生儿子或女儿！现在，你可以立即进入天父的同在，得到祂的应许，满足你的一切需要，并享有祂为你的益处而管教你的特权。

你是自由的！无论你现在在与罪的斗争中感到多么失败，你都不再受罪的束缚。（参罗 6:5-18）无论你目前的挣扎是什么，真正的希望都存在于持久的改变之中。

你并不孤单！通过在基督里的信心，你获得了圣灵，圣灵与你并肩同行，安慰你，鼓励你，并赋予你力量，让你过上帝呼召你过的生活。（参约 16:5-15）

有人说，躺在阳光下的石头会不由自主地变得温暖。同样，当我们学会让自己坚硬的心接受福音的温暖和光照时，我们也会不由自主地得到转化。我们应该不断地向自己和他人传讲这一好消息，这样，无论我们有怎样的挣扎和恐惧，我们都能因听到上帝的声音一次又一次地向我们的心灵重复这些永恒的真理而得到鼓励、坚固和改变。

神所要求的只是我们继续通过耶稣基督的十字架，在悔改和信心中亲近祂。在这里，我们谦卑自己，抛弃所有的骄傲和自足，向神承认我们的真实面目。正是在这里，我们找到了超自然的能力、勇气和力量，使自己更像耶稣基督。

〔斯蒂芬·L. 乔德斯（Steven L Childers），Reformed Quarterly，Fall 1995〕

勾选已完成的作业：（勾选后，可与导伴预约时间）

- ☐ 聆听信息 13
- ☐ 背诵希伯来书 9:14
- ☐ 完成练习
- ☐ 阅读：福音的转化性力量
- ☐ 跟你的祷告伙伴更新信息

Session

14 饶恕的生活方式

十字架改变我们。祷告上帝来唤醒你，让你认识到天父对你难以饶恕的人的爱和饶恕是何等浩大。求他向你显明你所欠的债有多重，他爱你有何等多，他饶恕你有何等多。从这种饶恕中，你会找到饶恕他人的力量。

本次目标

- 体验自由释放的喜乐，这喜乐是来自意识到我们竟从多么巨大的罪债中得蒙饶恕；
- 意识到我们内心的本能反应是拒绝饶恕；
- 看到福音如何使我们有能力取消他人欠我们的债。

阅读讲章

饶恕

戴夫·德斯福格（Dave Desforge）

当我举两个发生在我生活中的例子时，想想你自己生命中还没有饶恕的人，或至少向上帝敞开心扉，让你看到你生命中还没有饶恕的人。

I. 引言

如果你想知道谁是你可能还没有饶恕的人，请在你自己的头脑和心里想想，你讨厌谁？是谁让你一想到他们或在他们身边时，心里就感到难受和烦躁？他们会让你内心产生某种厌恶的痛苦，或让你想要逃避、不去想他们、不想和他们在一起。想一想，在你的心里，哪里没有圣灵的果子：仁爱、喜乐、和平、以及“其他的”果子？取而代之的是内心的沮丧和恼怒。你的心会对那人做出“膝跳式”（knee-jerk）的直觉反应。仔细想想你生活中的人际关系，想想那些你厌恶的人。这些就是你需要饶恕的人，请你在过程中思考这个问题。

我想在这个话题中举两个例子。一个来自我的过去，至今对我还有影响；另一个来自我的现在，对我当前也有影响。我希望这两个例子中能够涵盖饶恕的广泛内容。第一个真的很痛苦，事实上，我通常不太可能不带情绪地谈论它。尤其是现在，因为在这个情况中，经历着上帝在我内心和生活中的另一层显露。在我十岁左右，我的生父离开了，我们家一位亲密的朋友进入了我的生活，充当了我的父亲。

我们住在波士顿地区，在单亲妈妈的陪伴下长大，我真的缺乏那种“男孩”式的参与和男性化的接触，而如果你有爸爸，就会像个男孩一样享受这种接触。我从来没有过这种感觉。我经常独自做运动，必须学会如何做“男孩”的事情，甚至还得自学上厕所之类的事情，也必须弄清楚我和我的姐妹们之间的区别。

这个男人在我大约十岁的时候进入我的生活，成为我的父亲。他带我去了保罗·里维尔（Paul Revere）的故居、参观波士顿所有漂亮的历史景点、教我很多关于历史和战争的知识等，男孩子喜欢的所有事情。他带我去看了生平第一场冰上曲棍球比赛，我看到鲍比·奥尔（Bobby Orr）在他的新秀年打冰上曲棍球；看到约翰·哈维契克（John Havlechek）担任先发球员为波士顿塞尔蒂克队（Celtics）打篮球；看到卡尔·雅泽姆斯基（Carl Yastremski）在红袜队（Red Sox）的职棒赛。这些人你可能都不认识，但他们都是著名的球员。他带我去参加男孩子的各种活动，我第一次露营就是和他一起去的。几乎所有与早期男子气概有关的事情，我都会与他联系在一起。在两年的时间里，他非常巧妙地操纵我，对我进行性虐待和其他虐待。显然，要学会饶恕他是非常困难的事情，我希望在整个话题中阐明这一点。

另一方面，以免你认为饶恕只与那种程度的虐待和痛苦有关，或者与那种如此明显与赤裸裸的事情有关，我想从另一个角度，举出上个星期我与妻子的例子，因为很多时候，对我来说，饶恕她要比饶恕那个男人难得多。当时我们一起在厨房，她说了一些话。我想让你明白，我认为这比平时更难，因为我当时处于一种易怒的状态（我工作太多或太辛苦时，经常会陷入这种状态）；正因为如此，它比平时可能产生的影响更大。另一个原因是，我妻子通常不是这样的，因为这与她平时对我的态度截然相反，所以影响也更大。她在批评我，我感受到她的批评所带来的影响。她通常不会对我吹毛求疵，所以这确实是巨大的反差。在我今天的话题中，我也想把它与那次经历联系起来，谈谈上帝在我心中做了什么，以及当你的妻子批评你时，饶恕她意味着什么。

请翻到马太福音第 18 章。我要看的是“恶奴才”比喻，以及耶稣在其中关于饶恕的教导。我想从这个比喻的结尾开始：“于是主人叫了他来，对他说：你这恶奴才！你央求我，我就把你所欠的都免了，你不应当怜恤你的同伴，像我怜恤你吗？主人就大怒，把他交给掌刑的，等他还清了所欠的债。你们各人若不从心里饶恕你的弟兄，我天父也要这样待你们了。”（太 18:32–35）

当我谈论饶恕时，想将饶恕与“福音”和我们“为神之子”联系起来；耶稣甚至在这个比喻的结尾也使用了“父”这个词。我想做的第一件事，就是从这个比喻的结尾开始，提出几个要点。当我读完这个比喻，尤其是读到比喻的结尾时，有两件很明显的事触动了我。首先是耶稣多么严肃地看待饶恕这件事，而且不仅在这里。每当我读到耶稣关于饶恕的教导时，总是大吃一惊；祂谈到这个话题时，是多么冷酷甚至黑暗。祂展现给我们看的，是恐怖的画面、恐怖的表演，但我认为祂有充分的理由。

我在这里看到的第二件相关事情，是祂对彼得提问的回答。我认为耶稣这样做，是在给彼得他迫切需要的教训。我非常需要，你也一样，这是关于你“梦想所在”与“梦想所向”之间区别的教训。耶稣所做的，是使用我曾用在我的孩子、妻子和会众身上的教导方式。很多从事教学的人都用过，亦即“对比教学”：经由展示黑暗面或结论来教导，也就是：“如果你继续走这条路，这就是你的下场；如果你这样想，这些是合乎逻辑的结论，这会是你的终点！”耶稣在这里回答彼得的想法，将他带到问题所指向的道路上，让他看到这条路的尽头。当你不饶恕时，耶稣说:“这就是最终的可怕景象”，祂在这里给我们描绘的是地狱的景象，是审判的画面，是仆人因无法饶恕而受折磨的画面。

当耶稣与彼得对话时，我认为祂提出了我在整个新约中（尤其是耶稣的教导中）看到的核心观点。那就是:“无论你寄希望于什么，无论你付出什么样的生命和心意、无论你以什么为‘主’、无论你以什么样的方式生活，都会以什么样的方式死去；你寄望于什么，就必受什么样的审判。”祂对彼得说这话的意思是，如果你想寄望于福音以外、在祂以外的其他终极事物上，那么这就是你会成为的那种人。如果你寄望于自己的义，那么你就是自义的人，会受到自义的审判，并死于自义。如果你想站在审判台前，而没有永活的福音遮盖你、在身边为你辩护，那么在上帝严酷的审判和公义面前，你将受到审判，这就是你的下场。看看这幅可怕的画面！

言外之意，耶稣也是在说，还有另一条路，故事中的这个人从未理解或置身其中。耶稣以此来教导人，另一条路就是去见这位伟大的君王，接受祂的怜悯、饶恕、生命和恩典。当你这样做，如果真的这样做，那么怜悯、恩典和饶恕就会充满你的生命，并将其传递给他人。如果你走在怜悯的道路上，那么怜悯就会从你而来。

一开始，我想让大家从这个比喻的结尾，来看看耶稣要表达的意思。我想问你，当你思考自己的生活和饶恕时，是否知道你将自己放在什么位置上？这是个终极问题。我认为你需要知道:“当我无法饶恕时，会发生什么事?”这让我意识到，我的心已经偏离或飘向了另一条路，而这条路的结局非常黑暗。我可以转向两个地方；如果我想靠自义生活，那就不是怜悯、恩典和饶恕之路。这就是这两条路的走向。

II. 我们直觉反射性的报复本能：彼得的问题（太18:21-22）

记住这个比喻的结尾，让我们回到比喻的开头，看看发生了什么。这个比喻以彼得的一个提问开始。马太福音第 18 章的上下文是，耶稣指示门徒去找伤害他们、得罪他们的弟兄。如果这样做没有用，甚至要进一步，带两个人一起去。这在彼得心中浮现一个问题：要对伤害你的人穷追不舍吗？

在“为神之子”课程中，你会学习有关“冲突”。在探讨冲突之前，有一个重要的提问：“你的心在哪里？”这就是耶稣要彼得先弄清楚的问题。甚至在“为神之子”课程中学习马太福音前一部分之前，我们说，需要进入别人的生活，必要时甚至要以健康的冲突、真理和诚实去找他们。但在这之前更重要的问题是：你如何以“正确”的心态去做？如何以充满爱、而非出于自私的方式去做？甚至想办法去报复他们？你的心在哪里？你如何以正确的内心去面对他人？

A. 什么时候才算够？

彼得问：“主啊，我弟兄得罪我，我当饶恕他几次呢？到七次可以吗？”（太 18:21）耶稣回答说：“我对你说，不是到七次，乃是到七十个七次。”（太 18:22）彼得问耶稣要饶恕得罪他的弟兄几次，应该最多七次吧？（七是相当完美的数字）我请你现在想一下，在脑海中和心里面的那些人。我应该饶恕佩吉多少次？如果她一直对我吹毛求疵，我应该饶恕她多少次？这不算是我们俩的主要争执点，但我们之间还有其他的事，还有与孩子之间的事。当你想到这些人时，会想起一些事件。你会饶恕他们几次？如果你第一次饶恕了，他们第二天又照做不误，你还会饶恕他们吗？如果他们第三天或第三个星期，又做了你之前饶恕过他们的同样事情，你会再次饶恕吗？饶恕四次？五次？六次？

我觉得彼得在这里说得太客气了，饶恕别人七次已经很多了。耶稣在比喻的结尾说，饶恕最重要的，是要以发自内心的真实和真诚去饶恕。你能发自内心地为同一件事饶恕别人七次吗？我认为彼得是在说："主啊，七次，也许就这么多了。我在祢身边待得够久，知道祢的仁慈和饶恕。所以，我知道这一定比我想的或比我感觉的，要来得多。所以，也许总共七次。"

我们知道，从那天起，拉比们已经把这一切都弄清楚了。犹太拉比们已经找到问题的答案。这是很自然的问题，你不也是这样的直觉反应吗？我问："佩吉，在我要求你改变之前，我要饶恕你多少次？在我说你不能再这样做之前，我还要告诉你多少次我仍然爱你，会帮你脱罪？"什么时候才是底线？拉比们已经想好了，他们在教义和法律中说，你需要饶恕的次数是三次。如果有人得罪你，你就饶恕他一次（我引用两位不同拉比对此事的看法）；如果他们第二次得罪你，你就再次饶恕他们；如果他们第三次得罪你，你还是可以饶恕他们，但不会再有第四次了。你再也没有义务饶恕他们，因为那样也许是在帮助他们犯罪，帮助他们不认真看待这事。

我知道，在我的婚姻中，我不想饶恕别人超过一次。当佩吉第二次这样做时，我就会想起第一次，我内心所想的就是让她想起第一次。这个周末我们在佛罗里达，她把钥匙放错了地方。我真的尽力不去问她："这是第几次了？"已经不止一次了，整个周末我都表现得很好，但在回家的飞机上，我还是问了她。这就是记录别人罪行的倾向，当我们饶恕别人时，并不想将它一笔勾销。我们把它划掉，但想把它保留在那里，这样如果它再次出现，我们就可以把它带回来。因为在某种程度上，我们都不想饶恕。

我认为这就是这段经文开头所发生的事。耶稣直指问题的核心——我们为何如此无法饶恕。原因在于，我们想要的只是公义；我们直觉地反对饶恕，想要复仇。我们的内心深处有个声音在说："这件事只能到某个程度，在你越过那条线之后，就必须有公义，我必须报复。"

看看这里发生了什么。耶稣说："彼得，这事你也无法明白，连你都饶恕不了七次。彼得，尽管你很仁慈，你都做不到。我告诉你，不是七次，乃是七十个七次。"顺便说一下，在希腊文中，对于这是指 490 次，还是 77 次，存在一些分歧。它的意思可能是七十加七，也可能是七十乘七。当我读到这些注释时，不禁哑然失笑，因为我可能从未饶恕超过三次。

当耶稣说"七十个七次"时，我不认为祂是在说"当你走到那一步，饶恕了某人七十个七次，就可以停止了。"就像我不能转向佩吉说："好了，不说了，你已经做到了。七十七次，不能再多了，到七十八次，你就没机会了！"耶稣是在说，忘了它吧！祂要我们撕掉记录、撕掉帐本、扔掉簿记、关闭会计部门。这是无法计算的。如果你认为这是关于计数、记录或类似的事情，那你就不明白祂在说什么。这是关于"义"。

B. 拉麦之歌

如果你回到创世记，这一点就会得到进一步的说明，因为耶稣在这样回答彼得时，是在拾起一些非常熟悉的东西。耶稣想到的，是拉麦的故事。"玛土撒利生拉麦。拉麦娶了两个妻：一个名叫亚大，一个名叫洗拉。亚大生雅八；雅八就是住帐棚、牧养牲畜之人的祖师。雅八的兄弟名叫犹八；他是一切弹琴吹箫之人的祖师。洗拉又生了土八该隐；他是打造各样铜铁利器之人的祖师。土八该隐的妹子是拿玛。拉麦对他两个妻子说：亚大、洗拉，听我的声音；拉麦的妻子，细听我的话语：壮年人伤我，我把他杀了；少年人（在希伯来文也可称孩童）损我，我把他害了。若杀该隐，遭报七倍，杀拉麦，必遭报七十七倍。"（创 4:18b-24）(我认为希腊文实际上应该翻译为"七十七次"的原因之一是，耶稣是在暗指创世记。希伯来文很清楚是七十七次，但这不是问题所在。)

这里有形成一个巨大的对比。当耶稣对彼得说话时，彼得说："我应该饶恕七次吗?"耶稣说："七十个七次。"我读过的大多数注释者都认为耶稣是在暗指创世记。我想让你明白其中的区别：你在拉麦身上看到的，与耶稣所说的恰恰相反。在拉麦身上，你看到的是我们内心的直觉反应。在创世记第四章，你看到了从该隐到拉麦的人类历史，看到了人类罪恶的发展。故事始于该隐，他禁不住诱惑，出于报复而杀死了弟弟亚伯。几代人之后，以拉麦作为结尾，罪恶真正渗透并就此扎根。拉麦不仅屈服于复仇的诱惑，而且还以此为乐。

他唱着这首嘲讽的复仇之歌。他说，如果上帝在该隐犯罪时为他报仇，那么我就为他报仇七十七次。如果违背上帝公义的罪发生七次，那么拉麦就会觉得自己是如此的公义，他的复仇应该发生七十七次。从该隐到拉麦，你看到了人类的傲慢。耶稣反过来说："不，彼得，你不能只饶恕七次，那是人类希望能饶恕的最多次数，而你连这一点都做不到。我要求你饶恕七十个七次。"耶稣是在要求彼得做他甚至都做不到的事情。我认为，饶恕比"控制舌头"或为神之子课程中所提的任何其他事情，都更能让你看到自己多么需要恩典和福音。如果有什么事情你会意识到自己做不到，那就是你是否能够真正发自内心地饶恕一个人，而不是饶恕几次而已。

C. 示例

我和施虐者的关系就是这样。从那时起，我内心的一切都在发生变化，除了最初的十五年，我在自己的内心服了很多药，以至于感觉不到痛苦，让自己不认为有什么不对劲或需要被饶恕，而是想要报复。你试着不去感受痛苦，这样就不必带着痛苦去找上帝，多年来我就是这么做的。一旦我开始感到痛苦，就想杀了他；每次想到他，我就在心里、在脑海里，以各种创意的方式杀死他。我幻想着如何伤害他。我梦见过，通常你的梦会显示出你不饶恕的地方。事实上，最近这个“洋葱”又出现了新的一层。过去几个星期，我又做噩梦了，梦见了他的所作所为。你觉得我在噩梦中是什么感觉？这是一种可怕的感觉，但我再次杀了他，感觉好多了。公义想要介入，我对施虐者和对佩吉，都是这么做。当我感受到来自妻子的批评时，内心的一切都想还击和反击。我想平衡天平，不想饶恕她；我想做的，是透过报复来弥补内心的感受。

你要从哪里得到如此饶恕的渴望呢？你不会想这么做的。你认识到这一点了吗？如果你想到最坏的情况，当然能认识到这一点，但如果你想到心中的任何人，我相信你也能认识到这一点。你要从哪里获得这样做的动力和渴望呢？如何才能够做到这一点呢？在我的生活中，没有任何事情能让我知道，我是多么无力去饶恕别人。

III. 我们迫切需要福音：比喻（太18:23-35）

这就是耶稣带给我们福音的地方。彼得问了这个问题，耶稣就讲了这个“恶奴才”的故事。祂所做的，就是将彼得带到福音面前，因为福音是你能找到渴望像耶稣或有能力像耶稣的惟一地方。

> “天国好像一个王要和他仆人算帐。才算的时候，有人带了一个欠一千万银子的来。因为他没有什么偿还之物，主人吩咐

把他和他妻子儿女，并一切所有的都卖了偿还。那仆人就俯伏拜他，说：主啊，宽容我，将来我都要还清。那仆人的主人就动了慈心，把他释放了，并且免了他的债。那仆人出来，遇见他的一个同伴欠他十两银子，便揪着他，掐住他的喉咙，说：你把所欠的还我！他的同伴就俯伏央求他，说：宽容我吧，将来我必还清。他不肯，竟去把他下在监里，等他还了所欠的债。众同伴看见他所做的事就甚忧愁，去把这事都告诉了主人。”（太 18:23–31）

如果你真的明白这段经文的内容，就会发现这几乎是滑稽的。耶稣用这个比喻来回答彼得的问题，祂说的是，彼得迫切需要福音。让我从这个比喻中总结出我认为的福音含义。

1. 福音意味着关闭你内心中的记帐部门

它告诉我们的第一件事就是，福音意味着关闭你内心的记帐部门。这是一个关于记帐、保存记录的比喻，讲的是有位君王召见仆人来盘点他们用他的钱做了什么。这是一位想要算清帐目的君王，当他开始结算时，遇到一个欠他一万两银子的仆人。在整个比喻中，“apodidome”这个词用了七次；这个词的意思是“偿还或结算”。这里反复强调的是，这是关于结算及平衡天平、关于偿还和报复、关于扯平。

我想让你们看到的是危险所在：当你看前几节经文时，会觉得这是关于报复。我不觉得对佩吉有报复心，但对我的施虐者有报复心，因为这显而易见。但我不想对可爱的妻子怀恨在心，所以我想：“这与我无关，这与报复无关。”

有趣的是，当耶稣回答彼得的问题，并提出整个报复问题时，祂马上讲了一个显然不是关于报复，而是关于公义的故事。祂对彼得的整个观点是，祂想消除公义的问题，因为饶恕与先前的公义有关。祂想对你我的心说的是："我是否需要面对这样一个事实，即我的心在某些时候，总是希望佩吉回报我？"我是否对生命中每个伤害过我的人都是如此期待？我被要求饶恕时，我所要做的就是放弃这种权利，放弃对回报和偿还的直觉反应。福音意味着关闭记帐部门。

2. 福音意味着无人能超越这位宽宏大量的君王：你得到了很多饶恕

我认为这个比喻还告诉我们，没有人能超越这位宽宏大量的君王。这和路加福音的教导是一样的："多得蒙赦免的，爱得多"。耶稣回答彼得说："我对你说，不是到七次，乃是到七十个七次。"（太 18:22）你对上帝有这样的感觉吗？你明白福音意味着无人能超越这位宽宏大量的君王吗？当你想到自己缺乏饶恕时，是否明白这段经文是在说，上帝要求你做一些事情，当祂要求你做一些事情时，绝不会要求你做任何祂不会做的事？你认为上帝没有达到祂自己的标准吗？祂达到了！你要带着同样的罪去见上帝多少次，然后才会说："我的信用必须提升，祂不会饶恕我的，我已经越过那条线，现在祂说的是付出和回报。公义即将伸张，你必须平衡天平……？"福音意味着无人能超越这位宽宏大量的君王。上帝会饶恕你七十个七次。

正如这里所说的，福音意味着你是这个故事中的仆人，你在这部戏里扮演的角色是仆人。这段经文说，宽宏大量的君王怜悯他的仆人，也怜悯来到他面前的仆人。然后又说："因此，天国好像一个王要和他仆人算帐。才算的时候，有人带了一个欠一千万银子的来。因为他没有什么偿还之物，主人吩咐把他和他妻子儿女，并一切所有的都卖了偿还。那仆人就俯伏拜他，说：主啊，宽容我，将来我都要还清。"（太 18:23–27）

我们大多数人真的都不知道“一万他连得”是什么意思。它的意思是，你我来到这位宽宏大量的君王面前，我们欠他一笔难以想像的巨款。在耶稣那个时代，一万他连得相当于一百美元的钞票。他连得是当时最大的计量单位。在希腊会计系统中，一万是你能得到的最高数字。我问我的孩子们最高的数字是多少（因为他们现在上学了），他们说不出来。他们不确定是十亿、兆，还是千兆。就我们的目的而言，我们可以想到兆，因为我知道美国政府是这样做预算的。

耶稣在这里说的是，你来到这位宽宏大量的君王面前，就像这个欠了君王一兆美元债务的仆人。在当时，这笔钱比美国所有最大地区所欠的税款还要多；就好比你欠上帝的债，比北卡罗来纳州的税收、或整个美国东南部的税收还要多。耶稣的意思是，这是一笔很大的金额。

然后，祂在比喻中说，君王看着这笔债务，仆人的反应是：“请宽容我吧。”我一点也感觉不到这个仆人的诚意，因为他接下来说的是：“将来我都要还清。”一方面，你必须看到这笔债务的规模，才能够明白这有多荒谬和可笑，另一方面，这又是多可悲。看看这个人是如何从不放弃赖以生存的信念，并寄望于自己的义上；他仍然声称会将欠款的支票寄过来。宽宏大量的君王忽略了这一点，做了仆人甚至无法想像的事，免除了他的债务。君王说：“算了吧，我免除你的债务，我一笔勾销，撕掉你的借据，你不欠我什么！”这就是上帝为你我所做的，福音意味着你得到了许多饶恕。

3. 福音意味着饶恕是昂贵的，需要死亡

福音也意味着饶恕是昂贵的，需要死亡。当你看这个比喻时，谁承担了债务？谁承担了代价？谁买单？当君王免除债务时，他是在说，他会偿还债务并承担损失。这是死亡的一种形式，没有死亡，就

没有饶恕；除非你面对愿意承担损失的事实，否则没有饶恕可言。我的反应是，我愿意承担五美元、十美元、十五美元的损失；但到了一定程度，我就不会再承担损失了。我内心没有足够的资源，我不是宽宏大量的君王。饶恕意味着我会真正面对债务，并愿意承担损失。

这段经文说，这个仆人出去后，遇见他的一个同伴欠他十两银子。显然，当你第一次想到十两银子，并将它与一千万两银子相比时，这似乎是一个微不足道的数字。本意是如此，但它并非微不足道，这相当于耶稣那个时代一百天的工资。我不知道你怎么想，但对我来说，这可是一大笔钱。如果你欠我一百天的工资，我是不会轻易放过的。当这个人不愿意饶恕另一个人欠他十两银子时，这本来就是一件很难做到的事情。事实上，有些事情非常困难，有人欠了我一大笔债，这很难饶恕，也不会是真正的饶恕。

对于施虐者，我在十几岁时就饶恕了他，但那不是真正的饶恕，因为我所做的只是否认痛苦。我饶恕了什么？我还以为只是几分钱呢，所以，事实证明，我并没有真正饶恕他。对我妻子也是一样，如果我只是饶恕她，而不真正面对痛苦；如果我不真正面对债务，不真正面对承担损失和死亡的代价，就不会有真正的饶恕。

我的一位朋友最近和我分享时，谈到了这段经文。他说：“当我面对父亲时，意识到的一件事是，我必须有一种恐惧感，意识到痛苦的程度，并知道自己没有足够的资源能够饶恕他。”我没有足够的能力来承担这种损失，意味着我迫切需要上帝；如果你面对债务和损失，就会需要上帝，因为你没有资源能够做到。

4. 福音意味着当我们不饶恕时，我们的心就会要求偿还

福音还意味着，当我们不饶恕时，我们的心就会要求别人偿还债务。仆人在得到宽宏大量的君王饶恕后，立即出去，为了这十两银子

掐住别人的喉咙。对我来说，问题的关键在于，当我不饶恕时，就会窒息。如果我不能释怀并要求回报，报复就会发生。如果我寄希望于公义，那么就会去追求公义。这意味着我要平衡天平，要那十两银子；我不愿意吃这个亏，我会窒息。

我对施虐者就是这样。我在心里这样做，在梦中这样做，有一次回家探亲时见到他，也这样做了。我冷冷地注视他，静静地冷淡他。我将他冷冻起来，透过眼神和肢体语言让他知道，我在用一切可能的方式杀死他。如果他有错误的举动或说错话，我就会揭穿他，将仇恨撒在他身上。

对于佩吉，我立刻想做的是得到回报，而我所做的是自以为是。我一走了之，把这件事记在心里，在接下来的几天里一直耿耿于怀。我以为她没有注意到，直到她来找我，问我为什么对她这么刻薄。我不觉得自己刻薄，我是个好人，并没有对她做我想做的事。她说，她看到了我从嘴里吐出的每个仇恨字眼，每个冷漠的眼神，以及“过去几天里你在这个家里置身于遥不可及的位置上”，我的所作所为让她窒息。如果你自己不承担损失，就会这么做，就会让对方承担损失；如果你不死，就会希望对方死，会本能地想掐死他们。

5. 福音意味着无论别人对你犯了什么罪，相比之下都微不足道

此外，福音还意味着，无论别人对你犯了什么罪，与你被赦免的债相比，都是微不足道。

与一千万两银子相比，十两银子实在微不足道，它只是总债务的百万分之一。不过，我认为，比这更能说明问题的是，得罪他的人与和他所欠债之人的不相称；债务的大小与你所欠之人的荣耀有关。他欠了伟大君王的债，君王却饶恕了他。

当我想到施虐者时，我和他之间关系的最大突破是，上帝让我看

到自己得到了多少饶恕：正如上帝向我所显示的，这个人心里的那些东西也在我心里。我对宽宏大量的君王所犯的罪，比他对我犯下的任何罪都要大。这让我逐渐对他产生怜悯之心，逐渐饶恕了他。饶恕往往是一个过程，并非一次就能完成。随着痛苦的洋葱一层一层地揭开，我必须一遍又一遍地饶恕他七十个七次。

这种情况已经发生在他身上，尽管我仍在处理这件事，仍有巨大的痛苦，但在去年透过信件和电话追寻他之后，我得以与他见面。经由一段时间向他传福音，他开始有了安全感，开始向我忏悔他所做的一切，并承认这些事情。他带着歉意和悔恨，请求我饶恕他做的每件事，并向我保证他正在接受治疗，而且正在与问责小组合作。他向我保证，会不惜一切代价在金钱或其他方面帮助我渡过难关。

我向他提供了帮助，处理其他一些被他虐待过的人。我们在当地一家餐馆见了面（我邀请他来我家，但他觉得太丢人），我真的能够直视他的眼睛，告诉他我和他一样是大罪人。我告诉他，我可以爱他、饶恕他，并将寻求持续的饶恕。我让他知道，我也会尽所能地帮助他。

这也与佩吉有关。最亲密的人往往最难饶恕，因为你对他们的期望更高，所以当他们犯错时，债务总是更大。最近几天，上帝一直责备我的心，我才意识到自己对佩吉的挑剔是多么苛刻以待，是多么地不宽容。祂让我也走向她，请求她的饶恕。

6. 福音意味着在你不饶恕之处，你已脱节

福音意味着，当你与福音和耶稣脱节时，你就没有饶恕。我们很快就会忘记，然后去掐别人的脖子；在我们眼中，他们就会膨胀为更大的罪人。这让我们自认为行得端正，因为公义正在发挥作用。

最后，我想谈谈你现在要做的事。你要做的就是与福音相连，十

字架将会改变你，祷告将会唤醒你，让你看到天父对你难以饶恕之人的爱何等浩大。求上帝向你显明你所欠的债有多重，祂有多爱你，祂已经饶恕了你多少。你会从中找到饶恕他人的力量，并再次向祂说："这里还有一些我无法饶恕施虐者的债务，我把这个交给祢，宽宏大量的君王，我将我的不饶恕交给祢。"然后继续这样做，越频繁越好；不断增加债务，然后接受君王的爱；让马太福音 18:27 适用于你。君王以他那颗慈悲怜悯的心看着你，对你说出祂对那个仆人所说的话。祂会免除我们的债务，还我们自由。

最后，请记住东非复兴的故事，其中提到，当他们聚在一起敬拜时，福音是如此鲜活，他们承认可怕的罪——那些永远不会在公开场合说出来的罪。当他们站起来承认这些罪时，周围的人甚至在他们讲完自己的罪之前就开始唱赞美诗，开始唱圣歌。据说这是因为他们听到的饶恕多于听到的罪。我祈求，当你来到宽宏大量的君王面前时，你能听到饶恕胜过听到罪恶。

家庭作业

需在见面 48 小时前完成（以便见面会谈）

背经：

> 当归向耶和华，用言语祷告他说："求你除净罪孽，悦纳善行；这样，我们就把嘴唇的祭代替牛犊献上。"
>
> ——何西阿书 14:2

完成下列问题和练习：

1. 查看下面的与饶恕有关的二十条福音原则：

(1) 我的巨额债务被免除了，我从上帝的忿怒中被释放。

(2) 哪怕是我不饶恕的罪，也会被饶恕、遮盖和遗忘了。

(3) 耶稣代替我承受了上帝的忿怒和公义，并不断为我代求。

(4) 耶稣的顺服之义（完美地爱和饶恕他人）记在了我的账上。

(5) 我不再是奴隶，或孤儿，既孤独又无助。

(6) 我现在是后嗣（继承人），与基督同受产业。

(7) 我有一位满有慈悲怜悯的大祭司，他理解我在挣扎地饶恕人时所面临的考验和诱惑。他就在我身边。

(8) 神儿子的灵住在我里面，不断提醒我的身份，引导我像我的天父一样，作为我的帮助者与我同伴同行，并为我呼求。

(9) 我不再被定罪，也没有人可以指控我。我不必害怕看到自己对他人缺乏饶恕。

(10) 没有人（也没有任何事物）能将我与天父的爱分开。他已经看到了我内心的每一个黑暗部分，并为之付了代价。悔改能带给我喜乐。

(11) 我的天父委身于让我成熟，并为此耐心不懈地追寻我。他对我有一个荣耀的异象。我不必惧怕他想在我身上创作的任何东西。

(12) 我没有被赐予惧怕或胆怯的灵。天父为我而战，将他勇敢的心放在我里面。

(13) 我可以来到施恩宝座前，可以大胆地向天父诉说我在饶恕上的挣扎。

(14) 我的心已被宝血所洒洗净，不再有罪咎感。我已从罪恶的捆绑中得了自由。

(15) 我已经从要饶恕的“律法”捆绑中得释放，我可以表达出我所享受、并以他为乐的天父之心肠，能热切地寻求实现饶恕的“律法”。

(16) 耶稣就是我的圣洁和成圣。他是在我生命中工作的创始者和完成者。我会跑完全程。

(17) 我已经从撒旦的奴役中得了自由。我的天父已战胜了撒旦。我不必惧怕。

(18) 我已从罪的奴役中获得自由。天父赐予我能力，让我在饶恕上遵从他的旨意。

(19) 天父让我成为他天国事业的伙伴。饶恕会在地狱之门上炸开一个洞!

(20) 有一天，我将成为像我天父一样完美的饶恕者和爱人者，与他永远团契相交。他希望我在此时此地品尝和享受更多这个“现实。

想一想你还需要饶恕（或更深地饶恕）的两个人。你可以选择你在课程开始时已经关注过的一段关系。如果你很难想到某个人，那就想一想你受到伤害的时候；想一想你以某种方式疏远的人；想一想你不再喜欢与之相处的人；想一想无论你看到、听到或想到谁，他都会激起你坏果子——比如愤怒、流言蜚语、挑剔之灵或缺乏友善。想一想那些与你有过关系冲突的人——你发现自己仍然在脑海中重温这些冲突。

2. 写下你的两个选择（简写，不用真名或全名）。

第 1 个人：

第 2 个人：

3. 这两个人最让你恼火或不安的是什么？

第 1 个人：

第 2 个人：

4. 这里”公义”的问题是什么？你觉得他们是如何冤枉你、伤害你、得罪你的？

第 1 个人：

第 2 个人：

5. 在你真正原谅他们之前，你本能地想对他们提出什么条件？换句话说，在你释放他们之前，你的内心想要要求他们做什么？你具体希望他们说什么或做什么？

第 1 个人：

第 2 个人：

6. 你是如何充当记录员来记录他们的错误的？哪里有债务积累？

第 1 个人：

第 2 个人：

7. 对于这两个人，你的下意识反应是什么？你是如何形象地“掐住”他们的脖子，并寻求补偿和回报的？（与人保持距离是“掐住”他们脖子的一种方式。）

第 1 个人：

第 2 个人：

8. 设法面对所涉及的罪和损失的程度，以及神呼召你去承受的伤害。你是否意识到自己曾试图回避或忽略这一点？你是否为这种损失而悲伤？在进入第 9 个问题之前，给自己一天的时间充分默想这个问题可能会有帮助。

9. 上帝还希望你承认哪些方面的伤害和罪债？

10. 描述你自己在上帝面前所欠的债，以及它如何远远大于第 1 个人和第 2 个人所欠的债——但却被取消和赦免了。不要急于回答这个问题，花点时间具体描述一下你的债务。

11. 想想你对第 1 个人和第 2 个人所持的负面态度是如何在你身上体现出来的。与他们眼中的刺相比，你眼中的梁木是什么呢？（参路 6:41-42）

例如，约翰很难原谅安迪，他是一个自命不凡的万事通，让约翰觉得自己不受尊重。有一天，上帝让约翰看到，虽然他不爱出风头，但本质上他也有同样的态度。对于安迪的“无所不知”，约翰也是无所不知的！同样，在信息中，讲员讲述了自己虽然没有像施虐者那样虐待他人，但上帝让他看到自己的恶欲和对人的利用，在本质上是一样的。

12. 你以前与这些人相处的方式是如何反映出你小看了对自己所欠的债？以及你如何小看了基督的饶恕？

13. 描述你没有爱和饶恕第 1 个人和第 2 个人的罪。

第 1 个人：

第 2 个人：

福音意味着，你无法用自己的微薄之力偿还的罪债，完全在你慷慨的天父的能力范围之内。你在他那里拥有一切所需，可以成为一个越来越能彻底饶恕的儿子或女儿！陆可铎（Max Lucado）讲述了丹尼尔的故事，丹尼尔一直梦想着拥有自己的健身房。然而，当他去银行领取融资支票时，却发现他的兄弟已经设法用这笔钱还清了自己房子的抵押贷款。丹尼尔是个大块头，曾获得过健美奖章，他断言如果再见到他兄弟，就扭断他的脖子。陆可铎描述了他们接下来的相遇：

> 有一天，丹尼尔在一条繁忙的大道上遇到了他。让丹尼尔用他自己的话告诉你发生了什么：
>
> 我看到了他，但他没有看到我。我感到拳头紧握，脸上发烫。我最初的冲动是去抓住他的喉咙，掐死他。
>
> 但当我看着他的脸时，我的愤怒开始融化。因为当我看到他时，我看到了我父亲的形象。我看到了父亲的眼睛。我看到了父亲的神情。我看到了父亲的表情。当我从他的脸上看到父亲，我的敌人再次变成了我的兄弟。
>
> 丹尼尔朝他走去。他兄弟停下脚步，转身开始逃跑，但他跑得太慢了。丹尼尔伸手抓住了他的肩膀。
>
> 他兄弟龇牙裂嘴，以为会发生最糟糕的事情。但他没有被丹尼尔的手捏住喉咙，而是发现自己被丹尼尔的大臂膀搂住了。兄弟俩站在人流中间哭了起来。
>
> 丹尼尔的话值得重复，“当我从他的脸上看到我父亲的形象，我的敌人就成了我的兄弟”。
>
> 在敌人的脸上看到父亲的形象。试试看。下次当你看到或想起那个让你心碎的人时，请多看两眼。当你看着他的脸时，也要看看他的脸——那位饶恕赦免你的脸。看那在你恳求怜悯时流泪

的君王的眼睛。看看天父的脸，他在别人都不给你机会的时候给了你恩典。在你的敌人的脸上找到饶恕之神的面容。然后，因为上帝对你的饶恕远远超过了你蒙召去施予他人的饶恕，让你的敌人和你自己自由吧。

让你心中的创伤愈合。

〔陆可铎，《天堂的掌声》（*The Applause of Heaven*）〕

14. 解释福音现在如何使你对这两个人产生慈心和真诚的爱。

15. 描述一下你现在要在这两份关系中采取的爱的具体步骤。开始为他们祷告并祝福他们。向神敞开，愿意接受神的引领，用仁慈和爱去祝福他们。完成这个问题后，与你的祷告伙伴分享进展。

第 1 个人：

第 2 个人：

阅读

喂养你的敌人

两个不可饶恕的人坐在我的办公室里，挑衅又恐惧。他们的生活刚刚被打破。几天前，珍妮特（Janet）发现她的丈夫加里（Gary）和他的秘书有染。这个痛苦的消息放大了他们之间的分歧，加深了他们之间的隔阂。现在看来，他们唯一的共同点就是无法原谅。珍妮特恼怒地承认："我知道我应该原谅他，但我做不到"加里低声喃喃道："我就是无法原谅自己给家人带来的痛苦。"这段关系似乎注定要失败。

每天，我们既要面对呼唤饶恕的过失，也要面对上帝无情的饶恕要求。我们大多数人都很难原谅那些伤害我们的人。伤害越大，饶恕就越困难。我们常常对饶恕的意义感到困惑："我是否应该对婚外情置之不理，就当它没发生过？"

还有的时候，我们会觉得自己无法原谅那些在我们身上索取一磅肉的人："我试过了，但就是无法摆脱我的怨恨"。我们的困惑是正常的。上帝无情地要求我们去饶恕，去转过脸，去把自己的外衣给敌人，这有时令人愤怒，有时似乎不合逻辑，而且总是代价高昂。难怪饶恕的要求常常被视为高尚但不切实际，或者，同样可悲的是，在应用时缺乏智慧或理解。

饶恕他人并不是一个容易理解的概念，更不用说应用了。但在基督徒的生活中，没有比这更重要的话题了。那么，让我们来探讨（我希望我能回答）这样一个问题：爱我的敌人意味着什么：性虐待我的人，我愤怒而麻木不仁的配偶，在我背后说我闲话并损害我名誉的朋友，甚至是对我提议去散步嗤之以鼻的孩子？

什么是饶恕?

要理解饶恕的真谛，也许最好的起点就是看看上帝饶恕的方式。上帝对我们的饶恕是对我们——犯罪者——的力量和怜悯的热情移动。

祂大胆的力量是祂圣洁的力量，直到所有的罪都被毁灭，祂的荣耀像太阳一样闪耀，祂才会罢休。祂大胆的怜悯不断祂召唤我们回到祂的怀抱，一个安息和喜乐的地方。祂饶恕了我们的罪，但也强烈地摧毁了我们体内限制我们喜乐和活力的毒瘤；与此同时，祂伸出仁慈的臂膀，在我们回转向祂时接纳我们。祂完全面对我们所造成的伤害，同时让我们尝到仁慈的滋味，意在引导我们悔改与和解。

在无情仆人的寓言中，耶稣用一幅戏剧性的画面描绘了这种饶恕：主人仁慈地免除了一笔难以理解的债务，使债务人摆脱了监禁、耻辱和贫困。剩下的唯一债务就是让他人尝到救赎之爱的滋味。（参太 6:12-15；18:21-35）让我根据圣经中关于上帝饶恕的描述，给饶恕下一个可行的定义。饶恕他人意味着取消债务，以便为**悔改和恢复破裂的关系**提供机会之门。

但是，理解饶恕的含义和找到自己内心提供饶恕的力量是两码事。我们如何才能超越理智上的理解，学会以上帝的方式去饶恕呢？首先，我们需要瞥一眼被饶恕的惊心动魄的奇妙。

一颗饶恕的心知道自己得到了多少饶恕。

珍妮特发现丈夫有外遇后，对他变得冷漠无情。她的精力都放在了生存上。她无法忍受（似乎是这样）让自己感受到原谅所需的激情和温柔，因为她的心在深深地痛着。但是，尽管她想保持冷漠和优越感，她偶尔爆发的惩罚性愤怒却嘲弄了她的努力。

当她意识到离婚是唯一的选择时，她才有可能原谅加里。她被困在愤怒和现实之间。愤怒让她脱离现实，苟延残喘；现实却让她意识到，她不想独自抚养孩子、养活自己或面对生活。饶恕似乎是回归正常生活的唯一途径，但饶恕也似乎是一扇向死亡敞开的大门。

珍妮特对恢复正常生活的渴望还不足以提供饶恕的能量。假设她是一名基督徒，对上帝的饶恕有所了解。她要怎样才能给予加里真正的饶恕，一种超越实用主义的饶恕？当耶稣告诉他的门徒，他希望他们原谅一次又一次伤害他们的人时，他们本能地知道他们没有力量去服从。他们回答说："增加我们的信心！"耶稣告诫他们要"七十个七次"地饶恕。然后他承诺："*你们若有信心像一粒芥菜种，就是对这棵桑树说，'你要拔起根来，栽在海里'，它也必听从你们。*"（参路 17:3-6）信心与饶恕有什么关系？当主说即使是微不足道的信心也足以一次又一次地饶恕时，他的意思是什么？在我们讨论这个问题之前，让我再补充一个想法。

一颗饶恕的心能让他人窥见上帝品格的神秘奥妙。让他人品尝到上帝滋味的能量，不会超过我们自己品尝到上帝饶恕的滋味。耶稣对傲慢的律法师西门说："*赦免少的，他的爱就少。*"（路 7:47）耶稣似乎在说，饶恕的力量与我们对自己被饶恕的程度、对自己应受上帝定罪程度的觉察直接相关。西门对自己的敬虔程度印象深刻；因此，他没有被能够饶恕罪的神所吸引。我们基本上也是如此。那么，什么样的信仰，才能激发我们接受和提供饶恕的能力呢？

真实地看待我们自己。信心，即使小如芥菜种，也能使我们有"未见之事的确据"（来 11:1，粗体为后加）。事实是，我远比我的外表更糟糕；我甚至比我自己知道的还要糟糕。我需要信心来看到自己的罪，因为我的欺骗使我将自己的罪与他人的罪相比较，使我看不到自己需要饶恕。信心偶尔会让我瞥见自己为何需要上帝持续不断的怜悯。

对上帝的真实看法。我还需要信心来面对最难以理解的事实：在我对祂最愤怒的时候，祂的荣耀向我走来。祂带着灼热的善意和张开的有力双臂向我走来；祂的双眼因我的归来而喜悦流泪。凭着信心，我看到了自己无罪推定的面纱之外，看到了赦罪之父的内心。

一旦我们经历过上帝的怜悯和饶恕，我们就会找到能量去抵消他人的债务。瞥见上帝的怜悯，我蹒跚的脚步也会加快，让别人也尝尝我的怜悯。我们不会止步于提供饶恕，但是，我们会以上帝为榜样，追寻伤害我们的人，以达到和解的目的。

一颗饶恕的心渴望和解

一颗饶恕之心的动力是渴望看到、触摸到、品尝到、感受到、闻到和解的气息。我们大多数人都经历过与朋友关系紧张的时刻。虽然什么也没说，但空气中却弥漫着一种未知的、未言明的冒犯。饶恕的心寻求的是，当空气终于清净，心灵重新连接时，我们所体验到的那种安宁和喜悦。和解是恢复的平安，是真正的平安，是恢复破碎和疾病的事物的完整和健康。

和解对于被冒犯者和冒犯者来说都是代价高昂的。被冒犯者原谅（取消）债务，而不是终止关系，因为鉴于冒犯行为，终止关系可能是合理的，也是意料之中的。相反，他会给予怜悯和力量，以恢复双方的关系。被冒犯者付出的代价是暂缓审判，而是提供恢复关系的可能性。

犯罪者的代价是悔改。和解从来都不是单方面的。（我原谅了你，然后你就可以逍遥法外，可以不承担任何后果地一再伤害别人）。相反，饶恕是一种和解的提议，但不是和解的给予。

耶稣说："若是你的弟兄得罪你，就劝戒他；他若懊悔，就饶恕他。倘若他一天七次得罪你，又七次回转，说：'我懊悔了'，你总要饶恕他。"（路 17:3–4）耶稣是说饶恕是有条件的吗？除非犯罪者悔改，否则我们就不能饶恕？

如果这是祂的意思，那就与祂其他关于饶恕的教导相矛盾了（参太 6:12，14-15；可 11:25；路 6:37）。显然，无论对方的反应如何，我们都应该饶恕。我相信祂在路加福音第 17 章这段话中的意思是，在对方悔改之前，我们不能同意和解。

我们从耶稣在十字架上的呼喊"父啊，赦免他们"中看到了这一原则的写照。当主饶恕那些把他钉在十字架上的人时，他是否在那一刻赐予了他们每个人与天父永恒亲密的关系？我不这么认为。我相信祂是在把他们从杀祂的直接后果中解救出来。他们理应受到旧约中以色列人触碰约柜时的那种审判：当场死亡。耶稣请求饶恕他们，从而避免了对他们的惩罚。但他们必须以悔改和信心作为回应，就像耶稣身边被钉死的那个小偷一样，上帝才会赐予他们和解。

我们能从中学到什么？面对斥责，如果犯罪者表现出悔改的态度：深刻的、改变心灵的认罪态度和彻底的人生重新定位，我们就必须始终提供和解。但我们不需要向没有悔改的人提供恢复与和平。

一颗饶恕的心会取消债务，但在对方悔改之前不会再次借钱。一颗饶恕的心会为任何敲门者敞开大门。但是，只有脱掉泥鞋和脏衣，才能进入家门，也就是进入心灵。如果要建立真正的亲密关系与和解，犯罪者必须悔改。这意味着，廉价的饶恕——不惜任何代价的和平——不是真正的饶恕。

正是对和解的强烈渴望使我们能够给予真正的饶恕。如果没有让犯罪者重新回到上帝和被伤害者身边的强烈愿望，那么所提供的饶恕充其量只是防腐剂和机械的。在最坏的情况下，它是法利赛人的自以为是。饶恕远不止是一种商业交易；它是一位伤心欲绝的父亲为失去孩子而哭泣，渴望看到孩子恢复生命、爱和善的牺牲。

此外，一颗饶恕的心不会被动地等待悔改的发生。相反，它让犯罪者尝到怜悯和力量的滋味，旨在揭露和摧毁罪恶。

一颗饶恕的心能摧毁罪恶

饶恕的心憎恨罪恶，渴望和解。因此，它努力消灭罪恶，并提供强烈的动机让人悔改，重新建立关系。它提供“美味佳肴”，揭露罪人的空虚，诱惑他回到天父的怀抱。

保罗告诉我们，要给敌人食物和饮料：“你们这样做，必将火炭堆在他的头上。不要被恶所胜，要以善胜恶。”（罗 12:20–21）把烧着的炭堆在敌人头上是一个混合的比喻，似乎象征着上帝炽热的公义（参诗 140:9-10）。然而，它也是仁慈的象征：贝都因人给没有火的人火炭，以示恩惠。这也是羞耻的隐喻——头上的火炭会让人的脸变得通红。

这个复杂的比喻有什么意义呢？我的理解是，献上善意有两种效果。它通过让罪人感到惊讶和羞愧来战胜邪恶，它还邀请作恶者追求生命。

出其不意会打乱敌人的预期。敌人通常都有一个想法，即使是模糊的、无意识的想法，他知道受害者会如何回应他的罪。如果他的攻击受到善意和力量的回应，就会使他的观点陷入混乱，使他的计划落空。仁慈越是激进，他的反应就越有可能在不确定中崩溃。

羞耻是曝光的礼物——它让敌人有机会深入内心，看看是什么主宰了他的心。帷幕拉开，他看到自己是一个虚假王国的巫师。从这个意义上说，羞耻是一种重度的怜悯。

每当我们给敌人送上“美味佳肴”的时候，我们就会在上帝的良善面前揭露他的罪。给敌人提供“美味佳肴”意味着什么？美味佳肴是任何的礼物——同时彰显上帝的仁慈和力量。在实践中会是什么样子呢？答案很可能因人而异。让我举几个例子。

你可能会用逃避（“对不起：我会努力做得更好”）或抗争（“你竟敢质疑我的动机！你有什么问题？”），无论是哪种情况，羞辱性攻击都起了作用——它让你感到不安，并控制了你的内心。相比之下，“美味佳肴”的反应既不会选择逃跑，也不会选择战斗。一位女士对她愤怒、羞辱的丈夫说“亲爱的，当你如此愤怒地对我说话时，让我想起了你的坚强。但当你试图欺负我时，你就显得软弱了。”她的回答戳穿了他的愤怒，并邀请他以一种坚强、热情和温柔的方式进行互动。她的话语是强烈的——她揭露了他狰狞的愤怒；她的话语是温柔的——她用热情和优雅邀请他走向她。好的食物既不是苦味的（强势而不留情面），也不是糖精味的（温柔而没有力量）。

我认识一位女士，她和隔壁的消极邻居纠缠不清。每次邻居来访，她都会找茬。几个月来，我的朋友默默地忍受着她的攻击。最后，经过深思熟虑和祷告，她恭敬而亲切地问她：“简 Jane，你似乎总是在与一些不公正的事情作斗争。你是如何面对内心的痛苦的呢？”我朋友的美味佳肴是一种救赎性的好奇心，它既突出了邻居的消极态度，也突出了她内心的挣扎。

敌人面对美食佳肴所带来的惊喜和羞愧，要么会暴跳如雷，要么会目瞪口呆，难以置信。无论哪种情况，都会发生变化——要么悔改，要么更加邪恶。悔悟的心会走出困境，宣布失败，并要求体面的投降条件。顽固不化的心则会走出森林，挥舞起利剑，宣布拿起武器。这样，邪恶就可以得到直接的解决和打击。

我们要让他人尝到十字架的滋味，这既是愤怒的彰显，也是仁慈的彰显。它既是警告（上帝憎恨罪恶），也是邀请（拥抱上帝的良善，接受宝血的保护）。为了给予饶恕，我们必须有表现出怜悯的温柔，也要有闯入内心傲慢的癌细胞的力量，因为我们知道，如果不加以治疗，罪将摧毁罪人的心。

〔丹·阿伦德（Dan Allender），Feeding You Enemy，Discipleship Journal，1992〕

勾选已完成的作业：（勾选后，可与导伴预约时间）

- ☐ 聆听信息 14
- ☐ 背诵何西阿书 14:2
- ☐ 完成练习
- ☐ 阅读：喂养你的敌人
- ☐ 跟你的祷告伙伴更新信息

Session

15 维持和平还是缔造和平？

我们几乎会自动认为冲突是坏事，维持和平是好事。然而，维持和平与缔造和平是两码事。维持和平者试图通过退缩或攻击来避免建设性冲突，结果往往是陷入更深的冲突。和平缔造者则考虑到生活中总是包含着挣扎，而这个冲突的核心是一个与他人关系的”爱的攻势”。

本次目标

- 了解维持和平与缔造和平之间的区别；
- 学习如何参与建设性冲突；
- 认识导致破坏性冲突的一些原因。

阅读讲章

建设性冲突

杰克·米勒

本课的主题是"建设性冲突"。这有可能吗？我们都知道破坏性冲突是可能的。我们都经历过破坏性冲突，但建设性冲突的主意对我们来说，可能有点陌生。

Ⅰ. 引言

我们几乎不假思索地认为冲突是不好的，维持和平是应该的。然而，维持和平与缔造和平可能是两回事。和平维护者试图避免冲突，但最终往往会陷入更深的冲突。和平缔造者是个有世界观的人，他/她会考虑到生活总是包含着挣扎，要在这个世界上成为耶稣基督的仆人，就必须以前所未有的方式去争战。要么争战，要么死亡。当你通读圣经时，会惊奇地发现，其中有多少内容都是用战斗的语言表述，甚至在罗马书第六章中谈到身上的肢体时，实际上用的是"武器"的术语。

当我们谈到冲突时，我想先请大家翻到路加福音 6:39-42，这里展现了主耶稣想要带我们进入的那种带有悖论性质的冲突。耶稣说："瞎子岂能领瞎子，两个人不是都要掉在坑里吗？学生不能高过先生；凡学成了的不过和先生一样。为什么看见你弟兄眼中有刺，却不想自己眼中有梁木呢？你不见自己眼中有梁木，怎能对你弟兄说'容我去掉你眼中的刺’呢？你这假冒为善的人！先去掉自己眼中的梁木，然后才能看得清楚，去掉你弟兄眼中的刺。”

在雅各书 3:13-18 中，我们发现自私的野心和嫉妒助长了破坏性冲突。“你们中间谁是有智慧、有见识的呢？他就当在智慧的温柔上显出他的善行来。你们心里若怀着苦毒的嫉妒和纷争，就不可自夸，也不可说谎话抵挡真道。这样的智慧不是从上头来的，乃是属地的，属情欲的、属鬼魔的。在何处有嫉妒纷争，就在何处有扰乱和各样的坏事。惟独从上头来的智慧，先是清洁，后是和平，温良柔顺，满有怜悯，多结善果，没有偏见，没有假冒。并且使人和平的，是用和平所栽种的义果。”如果你以正确的方式来读，这段经文非常鼓舞人心。使人和平的，是用和平所栽种的义果。

II. 什么是建设性冲突？

A. 渴望上帝的荣耀

什么是建设性冲突？是指没有痛苦的冲突吗？是指有计划的冲突吗？是指突然出现在你面前，你突然知道如何去应对的冲突吗？什么是建设性冲突？它之所以具有建设性，其中一个原因就是，你自觉地渴望将所有精力投入在：看到上帝在你和他人的生命中得着荣耀。我认为你可以用来衡量的这个标准，是你对荣耀上帝的目标，在于“你凭本性会做的事”与“你凭恩典会做的事”之间的区别。这种区别就是上帝的荣耀；凭本性所的事会产生破坏性冲突，凭恩典所做的事则会尊荣上帝。这是惊人的差别！

这是在向人公布：“你做不到而上帝却在你里面和通过你做到了！”同样的道理也适用于你的基督徒朋友，如果你正在门育某位与你关系密切的人，那就帮助他们进入建设性冲突。他们凭本性所做的事与凭恩典所做的事，两者之间的区别就是上帝的荣耀。我们也可以将其应用到非基督徒身上。当我们或多或少地与他们发生冲突时，会看到他们现在的本来面目。该怎么做呢？我们要荣耀上帝！当我们看到之前和之后的变化时，上帝的荣耀就会体现出来。我们要非常小心地不断高举这一点，因为正是这一点在向我们和非信徒强调福音的荣耀。

这就是特别的信息，因为这个信息是上帝的武器，藉由祷告使之发挥功效。那么，我们可以非常肯定地说，它的核心就是要特别彰显上帝之爱的大能，也是在揭露我们天生爱自己而不是爱他人的区别所在。我们天生以自我为中心，这就是我们在某个特定时刻可能变得刻薄或残忍的原因；打破这一切能让我们过着充满爱的生活。

B. 发动爱的攻势

建设性冲突的核心，是在与他人的关系中发动爱的攻势，这就是荣耀上帝。触及他人良知的事物，正是会触及我良知的事物。我是刚硬的罪人，是什么触动了我的良知？发现上帝竟然爱我，让我心柔软了。这对我来说既是最难相信的事，也是最难以置信的奇妙事情。我经常这样想：当我认定罗丝·玛丽就是我的真命天女，并向她求婚时，出乎我的意料，她并没有立即对整个想法表示热情。她说她得考虑考虑。在我看来，这似乎并不需要考虑，我已经考虑过了。于是，我就快乐地以自我为中心地送花给她，带她散步，给她朗诵诗歌，一大早就在她去大学之前出现在她的窗前。最后我看着她的眼睛说："罗丝·玛丽，我爱你"，就这样，我觉得她有点尴尬。当上帝看着我们的眼睛说："我爱你"时，我们会感到尴尬，但这就是融化我们的原因。祂说："是的，我愿意。"当我们发动爱的攻势时，这就是感动他人的原因，这就是荣耀。

1. 赢得这个人，而不是赢得争论

怎么做呢？我想举《归家吧，芭芭拉》这本书结尾的一个例子。八年来，我们的女儿芭芭拉一直在考验我的耐心，而且经常暴露出我的耐心是多么匮乏。上帝的恩典让我在那场冲突中对自己有更多了解，这对我的帮助可能比其他任何人都多。问题来了："你要怎么发动爱的攻势，将这个人带进神的国度？"如今我和她的关系是敞开的，我们是好朋友。上帝做了很多工作，只是她还不是基督徒。这时，教会的长老们为她和安吉洛（他们甚至还没有结婚）预备了一份奉献。她有奖学金去读史丹福大学，但他们没有足够的钱跨州前往。于是，长老们拿出奉献，为他们支付旅费。

当长老们把钱和一张温馨的纸条交给他们时，安吉洛非常感动，站起来就往外走（我想他的良知被这份爱深深触动了）。后来他告诉我，他不得不走到外面的门廊上，因为他不想让大家看到他眼中的泪水（他原是个很坚强的人）。这让我很受鼓舞。我问："主啊，接下来祢要我做什么？这肯定会荣耀祢。"拿出奉献来帮助一对同居的伴侣，自然不是长老会长老们会做的事。说实话，我和安吉洛一样惊讶，那样的荣耀对他来说非常明显。他回来后说："我从未见过像这样的教会。"

几天后，就在他们准备离开之前，我来到客厅。芭芭拉在那里，凯伦躺在沙发上，罗丝·玛丽或站或坐着。我做了祷告，然后走了进去。我们开始谈论他们的旅行。我问道："芭芭拉，妳有没有想过永恒？"我说："当我上天堂时，真的很想带妳一起去；不仅仅是为了美好的回忆，我还想带妳你一起去。"当她听到这句话时，勃然大怒。用她的话说，在我们家，大喊大叫的人并不多。事实上，她是惟一大喊大叫的人。她大喊大叫，但渐渐平静下来。我只是坐在那里，什么也没说，这是我难得闭嘴的时刻之一。等她平静下来，你相信吗，我又重复了一遍。

我说："芭芭拉，我不知道妳为什么这么生气。我只是说，当我上天堂时，我不想只把妳当作美好的回忆。"当然，她又生气了。我不是想操纵她，只是在告诉她我的感受。她真的很生气，说："你总是这样对我，从小到大，你总是和我吵架。"我让她说了一会儿，最后说："不，芭芭拉，这不是真的，我只记得我们吵过两三次架。这远远不够，我们应该吵更多的。"她看着我，突然跑过房间，泪流满面地扑倒在我的脚边，把头靠在我的膝上。抽泣过后，她抬起头，笑着说："爸爸，我们以后要经常这样做。"我知道我们之间的冲突都结束了，但我说："芭芭拉，我有一件事想问妳。妳知道吗，这一切都证明我无法改变妳，妳也无法改变自己。但耶稣可以，妳会祈求祂改变妳吗？"她认真地想了想，说她会的。

六个月后，她成了基督徒，不久之后，安吉洛也成了基督徒。在那长达八年的冲突之初，我不可能做到这一点，就像我不可能飞越房间一样。我想你们没有任何人指望我飞越房间，这是不可能的。上帝的荣耀就是这种差别。圣灵改变了我对芭芭拉的看法，我经历的不是精神操纵，而是真正体验到基督的荣耀。我不知道这是否吸引你，我们都喜欢成功的故事，如果你读了这本书的其余部分，就会发现中间并没有多少成功的故事。我输掉了所有的战斗，但最终，主赢得了战争，这才是我们真正想要的。我们常常对战斗感兴趣，而主却对赢得战争感兴趣。这就是爱情攻势的定义，在爱的攻势中，你更感兴趣的是赢得对方，而不是赢得争论，或者为了自我利益来证明自己有多么正确。

2. 开诚布公地处理分歧，不持论断态度

因此，建设性冲突是一种爱的攻势，你在其中参与属灵争战，而在整个过程中，衡量上帝荣耀的尺度，就是祂借着恩典所造成的差别。我认为，归根结底就是要学会，如何在不持论断态度的情况下处理分歧。大约20年前，在新生命教会成立之初，我遇到的一件事情是，我倾向于与教会中的某位领袖关系紧张，因为他确实没有做他应该做的事情。他没有做什么特别的事——那是我的问题，但我实在看不到他在做什么。于是我举行了一个小小的祷告会，只有我一个人，没有邀请主。我不需要祂，只是去告诉祂我的看法。我对祂说："主啊，这个人是个枯燥、乏味、冷酷的知识分子。"我给这人画了一幅很难看的图画。最后，主造访了这个祷告会，我越是跟主谈论这个人，就越意识到自己画了一幅自画像。我一直在严厉地论断他，但自己却受到了定罪。

如果你看看雅各书，这正是他所说的："弟兄们，你们不可彼此批评。人若批评弟兄，论断弟兄，就是批评律法，论断律法。你若论断律法，就不是遵行律法，乃是判断人的。设立律法和判断人的，只有一位，就是那能救人也能灭人的。你是谁，竟敢论断别人呢？"（雅4:11–12）你说你是遵行律法的人，实际上你是律法的审判者，当你作为审判者和控告弟兄的人开始留意律法时，其实你从未蒙召成为审判者。上帝真的让我谦卑了，那个人应该非常感谢上帝，祂在我见到他之前先来到了祷告会。

3. 处理问题，而非人身攻击

接下来要做的，就是尽量处理问题，而不是人身攻击。尝试解决问题最自然的方法是坦诚，而不是说："有什么问题吗？有什么困难吗？"即使你想在上帝的教会中改变某个策略，也常常会从论断人开始，提前想到他们会反对什么。很多时候，有些人几乎会自动地反对某些事情。我认为，当你更仔细观察时，就会发现，从不好的角度上来说，我们做事的方法并不是那么对抗性的。例如，我之前在新生命教会开始经历某种程度的复兴时，面对的问题是：“你要怎么改变主日崇拜程序来反映它？”

我有个在美国加州的朋友，他只是简单地更改了教牧祷告的名称（我想他是把“教牧祷告”改成了“会众祷告”），结果惹来了一场争斗。外面那些老鹰随时准备降落，你还记得希腊神话中的普罗米修斯和啃食他肝脏的老鹰吗？我就是普罗米修斯，很多人就是老鹰，或者说是在啃我肝脏的老鹰。因此，我认为不改变主日崇拜程序中的任何内容是明智的，因为人们可能无法立即接受。我和长老们谈过，说我想偶尔让教会里的新信徒做一些见证，时间不会很长，但如果你们同意的话，我们就会在主日崇拜程序中加入见证时间。他们无法也没有反驳这一点，所以我们开始时不时地请人做见证，我也变得更擅长询问这些人的属灵经历，有些见证真的非常有力。

教会里有位女士，我教导了她六个月才让她加入教会，因为我觉得她没有清楚理解福音。我对她进行洗脑，让她重述福音的内容。后来，她得了眩晕症，由于太严重，甚至无法上洗手间。我每个星期去探望她一次，有一天她对我说：“牧师，你有没有注意到，你每个星期都来这里和我一起祷告，但我一直没有好转。”我说：“艾玛Emma，这倒是真的。”我承认自己时不时会有点自大，没有其他人注意到，但它确实存在。所以我走出她的家门时，看着她，大笑着说：“艾玛，妳祷告的声音不够大。”

第二个星期我又来了，完全忘记了那句可笑的话，她却满口赞美。我问她发生了什么事。她告诉我，她的情况正在好转，可以走到洗手间了。我说：“好啊，那太好了，我也赞美主，但这是怎么回事？”她说：“我很高兴，现在我祷告时，吉姆和我女儿住在房子的另一头，听不到我祷告的声音。上个星期你来的时候，带着爽朗的笑声走出门，说我祷告的声音不够大，我觉得你是对的。我现在都是大声呼喊，每次祷告都会得到回应。”

她容光焕发，很难再继续卧床。我猜想，她最终是发自内心深处向主大声呼喊，从而信了主。凡求告主名的，都必得救。她简直变了一个人，我希望她能来教会做见证。由于她是一位七十五岁左右的女士，我想这对教会里的老年人来说不会那么有威胁。她在座位上站起来，开始讲述耶稣为她所做的一切。她又哭又笑，对大家说："请不要为我难过，我哭是因为我太高兴了，我只是希望你们也能拥有同样的福气。你们觉得耶稣怎么样？”这就是荣耀！

我们将荣耀带入主日崇拜中，这开始改变会众对敬拜的整体态度。他们越来越意识到上帝的作为和荣耀。现在的情况是，透过与上帝的作为连结，整个敬拜都发生了转变。我所做的惟一其他改变，就是开始鼓励长老们自己参与，至少是短暂地参与教牧祷告，这样我们就能互相分担一些。随着越来越多的人开始回应福音，有十几个人在众人面前与长老们一起祷告，最后增加到十八、二十人。我开始鼓励这些人与长老们一起祷告，这只增加三四分钟的主日崇拜时间。这些人开始唤醒会众。

每个人都期望长老们知道如何祷告，也期望我知道如何祷告。我们的确知道如何祷告，但矛盾的是，正因为知道，反而不知道如何祷告；我们懂得太多，反而战战兢兢，甚至无法大声祷告。我刚开始训练他们时，他们也不会祷告。后来他们开始和我一起大声祷告，我也带他们参加教会主日崇拜前的祷告会。当他们在教会里祷告时，人们才真正意识到上帝就在那里。这就是我所做的一切。我保留了整个主日崇拜程序：仍然有背诵使徒信经和主祷文，但当事情发生时，人们开始觉醒，就不再看周报的程序单了。圣灵就在那里。这是爱的攻势，你要努力让人们看到基督正在做的事。这不是针对个人的，如果当时我要求对教会主日崇拜程序进行重大改变，就会发生激烈的争吵和个人冲突。

4. 提问，而非指责

我们应该提问，而不是指责。什么是建设性冲突？在我服事的同一间教会，曾有过关于妇女问题的激烈争吵。我从来没有完全弄清楚这一切是怎么结束的。那场争吵非常可怕，许多人因此离开了教会。反正教会很小，他们也不希望有人离开。无论如何，也许这就是上帝的恩典。人们变得非常愤怒，他们在妇女问题上互相叫嚣。这件事发生在我来之前，如果我早知道的话，可能就不会来这间教会了。最后，我去找那些妇女，问她们为什么冲突结束了。她们被指责制造分裂，但其实是因为她们效率过高。她们告诉我，教会里的男士效率很低。我问她们这话是什么意思，她们说："他们会把任何话题都谈到死，他们似乎不知道怎么开始，也不知道怎么承担并做成工作。"我告诉她们，我自己在这方面也有一些问题。我对她们说："妳们为什么不帮我做事呢？你们不必有任何正式的职务，因为你们都说已经放弃这个念头了。妳们为什么不单单帮我一下呢？"

她们的眼睛闪闪发光，说："我们马上就有一些想法，我们听说你想开始在村子里传福音，为什么不让我们帮你省点时间呢？我们会走遍整个村庄，采访每个人，看看他们是否愿意接受你的探访。当我们完成这项工作后，会告诉你哪些家庭需要你打电话。"她们为我节省了大量的时间，而且做得很好。由于她们做了这事，在很短的时间内，就有很多家庭来到教会。太神奇了！还好我不是对她们说："女士们，我听說妳们的名声有点糟糕！"我反倒是听了她们的话，因为她们的理由很充分。在任何教会，你最不想干涉的，就是妇女事工，因为她们比男性事工管理得更好。当然情况未必总是如此，我也见过一些运作不善的。尽管如此，男士也经常会陷入无能的罪中。这些女士都很能干，我们需要的是整个身体，而不仅仅是其中的男性部分。

我们展现领导力的方式之一就是倾听他人。所以我问了她们一些问题，她们帮了我很大的忙。然后她们就忘乎所以了，以为什么话题我都会听她们的。她们开始插手我自己的事工，问东问西。我想，在某种程度上，我最终听了她们的意见，这一事实导致了教会更深层次的复兴，至少在我的生命中是这样。其中有一位女士很胖，她常常在祷告会中坐在第一排或第二排。后来，她总是说，为什么我们不能多一些祷告会，少一些查经呢？我问她是否不喜欢我的查经班，她说她喜欢，这让我心生感激，得到了些许的爱和鼓励，但她们还是说："我们不能在另一个晚上举行祷告会吗？"我还是觉得有点难过，难道她们不知道我上过威敏斯特神学院吗？后来我想到，也许她们知道，所以才为我祷告。这就是她们经常做的另一件事。我曾在其他教会工作过，会众从未如此热切地为他们的牧师祷告过。这些女士们开始热切地为我祷告，最终，在她们的影响下，我自己的生命也发生了很大的改变。但如果你开始威胁和指责，而不是问她们为什么会这样想，上帝是不会祝福的。

5. 拒绝说闲话

建设性冲突的另一方面是：当你对他人不满时，需要拒绝说闲话，敢于直接去找对方。这意味着我们必须让自己平易近人。如果我没有至少以某种方式让这些妇女认为她们可以和我说话，我想她们不会来找我的。所以，我们真的要在平易近人上下功夫，我在这方面做得还不够。我猜想，如果你想打一场真正的漂亮仗，就必须更加平易近人。我自己是这么认为的。积极地说，如果你要拒绝闲话，会怎么做？你要做的就是学会开诚布公地与他人交流。这就是"为神之子"的意义所在，我们是开放的。关键在于，上帝与我们之间没有任何遮掩。我们都要揭去帕子，像照镜子一样，看见主的荣耀。我们正在被改变。

“成圣”就是看着福音的镜子，变成基督的形像。我们越来越多地成为用生命交换生命的人，因为基督为我们交换了祂的生命。如果这是真的，我们就会看到积极的一面。那也就意味着，我们必须认真地看待此事，不再重复负面的谈话。我不知道你是怎么想的，但当我从其他基督徒那里听到足够多的问题之后，往往会变得沮丧。你是遇到了大问题，但这对我来说有时是巨大的纠结。当我只看到问题时，就会有一种酸楚的心理状态。我们必须将这视为邪恶的，因为随之而来的是自怨自艾，所以要小心，不要在你的教会里上演基督教肥皂剧。肥皂剧包括什么？——重复别人说的谈话。你必须学会与之争战。

III. 破坏性冲突的起因是什么？

A. 基督徒同类相食

破坏性冲突的原因是什么？在这个系列中，我们已经谈论很多关于“舌头”的问题，舌头是毁灭性撕咬和吞噬的利刃，基督徒同类相食（cannibalism）。我们需要扪心自问，是否还有更深层次的原因。我认为是这样的：当人们悔改信主并在团契中相聚时，会对彼此产生新的爱和新的喜乐，同时也会产生新的烦躁情绪。你在教会中注意到这一点吗？过了一段时间，就会产生一种烦躁情绪。查理和露丝·钟斯与我们一起庆贺的事，其实很多都是基督徒的烦躁情绪。难道不是吗？神圣的、虔诚的基督徒烦躁情绪。你们知道那个短剧吧？小男孩的手被强力胶粘在一起，父亲和母亲在去教堂的路上互相指责。就是这种烦躁情绪。

无论圣灵要在事工中成就什么，我们都需要祂的来访，以克服这种烦躁情绪。人们总是在谈论他们领受了圣灵的洗礼，我认为，我们都需要领受多次圣灵的洗礼，也需要领受清晰洞察力的洗礼，这样就不会再将别人视为敌人，而是祝福他们。我们还需要喜乐和爱的洗礼，应该每天早上、中午、晚间都领受洗礼，这就是我们祷告的原因。因此，我们必须特别针对烦躁情绪来祷告，因为这会让我们变得自以为是，觉得自己比别人优越。环球丰收布道团的一位前宣教士，很好地总结了摆脱这种烦躁情绪的困难度。他是一位非常有恩赐的宣教士。关于优越感，他是这样说的："当你比别人优越时，真的很难不觉得自己比别人优越。"我们大多数人都有这种感觉，这不就是它的核心吗？我们可能并不比任何人优越，甚至远不如他人，但我认为这就是烦躁情绪的根源。

B. 自认为"正确"

杰夫·萨拉森（Jeff Salasin）在一次研讨会上，总结了我的教导内容。他说："你可以用三个英文字母来概括杰克所说的话：PUS（脓汁）。"我很高兴我来自俄勒冈州，我们那里不这么说话的。但我想了想，他是对的。"PUS"代表骄傲（Pride）、不信（Unbelief）和自以为是（Self-righteousness），我会加上"L"，让它更文雅一些；"L"代表欲望（lust），这些都是烦躁情绪的背后原因。当我们看待"舌头"的作业时，应该将它视为揭示者，它能揭示内心的想法。当然，一旦遇到考验而你又没有祈求智慧时，就会变得特别危险。这要怎么解释呢？我们每个人都有自己真正在乎的事情，也许这对上帝也很重要，因为这是对我们很重要的事。在这一点上，事情真的很重要，我们很可能是对的，但这正是会让我们处于危险之中。我不知道你是否懂得这一点。你明白吗？如果你身陷罪中，你更有可能立即悔改，而不会在"确信自己所做的是你的美德之一"的事上悔改。当我是正确的时候，请提防我；当你是正确的时候，要提防你自己。

你看，当我们谈论律法时，必须非常小心。有时我们确实是正确的，但即使我们确实是对的，也可能非常危险，因为耶稣谈到法利赛人时说："凡他们所吩咐你们的，你们都要谨守遵行；但不要效法他们的行为，因为他们能说不能行。"（太 23:3）请读路加福音和马太福音第23章，耶稣俯瞰耶路撒冷时说："耶路撒冷啊，耶路撒冷啊！你常杀害先知，又用石头打死那奉差遣到你这里来的人。我多次愿意聚集你的儿女，好像母鸡把小鸡聚集在翅膀底下，只是你们不愿意。"（太 23:37）这是在耶路撒冷遭遇灾难之后发生的。这对那些自以为遵守律法却实际上没有遵守的人来说，基本上是个灾难。要提防"你是正确的"！如果你在经受考验时祈求智慧，会发现什么？

我知道，我真正脆弱的地方，是在福音布道的计划上，这对我来说非常重要，如果你想从中抽掉一个关键，可能会发现自己在一段时间内非常不受我欢迎。我可能不会对你说什么生气的话，但更可能会把你冷落在一边。有人喜欢这样吗？有一次，我和妻子罗丝·玛丽飞往加州，我准备在那里讲道，然后去墨西哥。我非常沮丧，而且情况越来越糟。当我上飞机时，遇到一位来自威敏斯特的同事。他满脸喜乐，我却觉得很反感。但是，当我看到他的喜乐时，主定我深层的罪，因为我错过了一些有价值的东西。是什么呢？从主而来的喜乐，以及让祂掌管你的计划，两者息息相关。

有位朋友取消了我计划中要邀请的一位主要传道人，以致我的整个项目就泡汤了。我去找他理论说："你答应过我给我那位讲员，却把他拿走了。"他说："嗯，你是对的，我确实答应过你，很抱歉，但我已经把他安排给其他人了。"我离开时说我原谅了他，但我真的没有原谅他。我只是没有智慧认识自己，也没有向上帝祈求智慧。我面临着自我毁灭的危险，但上帝当时所做的，是让我悔改。它的力量如此强大，以至于当我到达加州时，心中充满了喜乐。

C. 未经检视的品格缺陷

还有，未经检视的品格缺陷。雅各书中有很多关于自私野心和嫉妒的论述。如果你看加拉太书中关于肉体的行为，会惊讶地发现，其中有多少是分裂的行为，而不是指争战精神——不先除掉自己眼中的梁木，就想去除掉别人眼中的刺。“情欲的事都是显而易见的，就如奸淫、污秽、邪荡、拜偶像、邪术、仇恨、争竞、忌恨、恼怒、结党、纷争、异端、嫉妒、凶杀、醉酒、荒宴等类。我从前告诉你们，现在又告诉你们，行这样事的人必不能承受上帝的国。”（加 5:19–21）

还有骄傲、不信和自以为是的欺骗。我们已经谈过这个问题，就不再赘述，但我想说的是，发现你是否非常骄傲和自以为是的方法之一，就是看看你的信念。当今拥有坚定的信念是件好事，你必须有坚定的信念，但也必须接受这样一个事实：与这些坚定的信念交织在一起的，是有罪的态度。仅因你有坚定的信念，在很多方面都是正确的，并不意味着这些信念的核心当中没有嫉妒、骄傲和不信。我们可能需要认真诚实地检视这些信念，而这是我不愿意做的事。

我见过因争论律法而犯罪的人，几乎比任何其他事情都多。他们就是在争论律法的过程中触犯了律法。义人要去赢得不义之人时，必须非常小心。在我服事的一间教会中，有位长老与另一位长老的妻子犯奸淫。他们一起私奔，并且通奸超过一年半。我认为这可能会摧毁教会，并不是说人们会模仿他们的行为，而是大家都感到非常震惊。马上就有一些人想要审判他们，而另一些人却可能过于宽容。

你需要做的，上帝赐恩典与长老们做的，是在第一个主日，一起站在会众面前，请大家为此事祷告，我们甚至没有说出是谁。第二周，我们宣布这两个人在接受教会纪律，但并没有被逐出教会。我们所做的，就是在第一个主日请大家先为自己的罪悔改，然后再处理这些罪。我几乎把处理这些问题当作全职工作，直到问题解决为止。上帝借此事带给教会极大的合一和祝福。这原本可能极具破坏性，但我们必须检视自己的信念和感觉，因为有些人本能地想要做出严厉的审判，而有些人则不那么严厉。这可能会导致人们开始互相争吵，所以，当你坚信自己是正确的时候，就要小心了。

IV. 谁有资格进行建设性冲突?

那么，谁有资格参与建设性冲突？基本上，我们说这必须是一位有智慧的人。如何获得智慧？雅各书 1:5 说，只有一种方法可以获得，那就是“求问”：“你们中间若有缺少智慧的，应当求那厚赐与众人、也不斥责人的上帝，主就必赐给他。”我想还有一个更基本的问题：我们为什么不多求智慧呢？你花多少时间祈求智慧？我没有花那么多时间。我通常会背靠着墙说：“主啊，给我一些智慧吧！”我们不就是这么做的吗？所以，不是主动出击，而是在扭转败局。在每个创业，在每个过程中，我们都应该不断地祈求上头来的智慧。这样才能够成为雅各书中所描述的和平之人：“使人和平的，是用和平所栽种的义果。”（雅 3:18）你要如何参与其中？

你参与其中的一种方式，是我已经说过的：透过信息和悔改。另一个方法是，当教会或婚姻中发生严重冲突时，人们往往对彼此一无所知。悔改会让这一切变得明朗。很多时候，我们没有向别人充分解释自己，人们对我们为什么要这样做感到困惑。很多时候，只有当丈夫和妻子坐在一起说：“你希望我做什么或停止做什么？你想从我这里得到什么？”时，婚姻问题才得以解决。我见过许多婚姻透过这一简单的行动取得了长足的进步。在俄勒冈州，我们有这样一句话："从不抱怨，从不解释。"（Never complain，never explain）这是该州的哲学。在俄勒冈州的传统中，我们从不抱怨，从不解释。虽然头破血流，但无所束缚；我们可能不知道要去哪里，但正要往那里去。

V. 一个永恒的视角

在我看来，最好的例子之一就是回到耶稣和祂处理冲突的方式。你会注意到，有时耶稣似乎是故意挑起冲突。你有没有注意到耶稣似乎很有争议？如果你读过贝里（Kenneth E. Bailey）有关比喻的书[1]，显然会发现，这些比喻相较于我们读到的更具争议性。其中蕴含的文化冲击，往往像箭一般射入人心。这让我们深深体会到耶稣的严肃。对于爱，我们已经说了很多。耶稣也在创造一种圣洁的爱，你注意到了吗？

例如，祂与人谈论地狱，也谈论天堂。当你看到耶稣一而再地卷入冲突时，祂将冲突带到永恒。祂所讲的比喻不是鼓励情欲、不法或贪婪。我想说的是，将这一点应用到我们今日的基督徒身上，很少有人谈论的主要欲望之一，就是贪爱金钱和对物质的贪婪。我认为教会需要在这些领域有所冲突。耶稣曾教导我们，如果你进入永恒，心思却被物质所占据，会有什么下场；这将表明在我们的圣洁中没有人会看到主。耶稣说，与其下地狱，不如挖掉你的眼睛，砍掉你的手或胳膊。我认为，在冲突中必须有这种神圣的严肃性。

---

1 贝里，《诗人与农夫：从文学与文化进路再思耶稣的比喻》（*Poet and Peasant: A Literary-Cultural Approach to the Parables of Luke*），Eerdmans，大急流城，密西根州，1976 年。

说回芭芭拉，我想，当我说：“芭芭拉，我不希望妳下地狱”时，是真心话。我说得很正面，但她听到的是另一面。我在休假时，默想马太福音第23、24和25章中有关地狱和苦难的内容。十八个月大的萨姆Sam踩在我的圣经上，好端端地把那几页都弄坏了，害得我几乎看不清楚里面的内容，但经过一些修补，我想它们还可以。我很想说：“好吧，反正我也不需要圣经里的这些内容，如果我真的想知道，可以从马可福音或路加福音看到同样的内容。”如果你不能从自己面对永恒的过程中获得一些力量，并让别人看到这是一场生死之战，就无法跟随耶稣。然后，你要与非基督徒、失丧者和那些至少自认为得救的人做属灵的探讨。我猜教会里有很多人坚信自己会上天堂，他们需要足够爱他们的人与他们发生冲突，不是去论断他们，而是询问：“你的灵魂怎么样了？”

家庭作业

需在见面48小时前完成（以便见面会谈）

背经：

> 你不见自己眼中有梁木，怎能对你弟兄说：‘容我去掉你眼中的刺’呢？你这假冒为善的人！先去掉自己眼中的梁木，然后才能看得清楚，去掉你弟兄眼中的刺。
>
> ——路加福音6:42

完成下列问题和练习：

在开始练习之前，请仔细阅读以下部分：

仅仅只是维持和平还是在缔造和平？

缔造和平要求我们愿意真实和诚实，并大胆地追求他人与上帝和我们和好。然而，在我们参与冲突时，无论对方如何回应，甚至是否回应，我们自己的心是正确的至关重要。为了对他人有正确的心，我们需要过一种悔改和饶恕的生活方式。饶恕那些以某种方式伤害或损害过我们的人，会预备好我们的心以无私的爱去迈向他们，寻求他们的益处超过我们自己的，并为他们舍命。否则，我们就会成为和平维持者（peacekeepers）——倾向于以攻击或退缩来面对伤害我们的人。

和平维持者使用不同的策略，来实现自我保护的目标或极力追求避免冲突。路径可以是更消极被动的，或者是更具攻击性的。有时，我们以更消极的方式来"维持和平"，即退缩——回避、退出、否认或掩盖。其他时候，我们的行为则更具侵略性，去征服——控制、修理、羞辱、恐吓、攻击或压制。我们可能会逃跑和躲避与朋友之间的问题，也可能会碾压她，但无论哪种情况，我们都不关心爱上帝或爱那个人。我们只是想对自己感到和平，而不是缔造真正的和平或追求真诚的和解。因此，也许令人惊讶的是，我们可以用攻击性的或消极被动的方式来维护和平。然而，这两种选择——退缩和征服——都是没有爱的。到头来，我们只是关心自保和自义。

1. 确定你在维持和平的一个关系。写下你的选择（用首字母缩写，不用真名或全名）。

2. 描述你曾遇到的冲突，或可能需要面对、但却选择逃避的冲突。

3. 维持和平是一种在我们心中谋杀他人的方式，无论是通过退缩来饿死他们，还是通过征服他们来窒息他们。你更倾向于退缩还是征服？描述上述关系中能说明这一点的两件事。这些行为是如何显示了你“扣留了”对那人的爱？

4. 阅读以下关于维持和平与缔造和平之间的区别，这些区别与左栏中的维度有关。

维度	维持和平	缔造和平
心的基础	不信，自义	悔改的信心，饶恕
动力源头	罪性，害怕	圣灵
委身	避免建设性冲突	追求建设性冲突
方向	霸凌、否认或避免	邀请更好的事物
感受	生活是安全、无痛苦的	生活是挑战性的、更少确定性的
目标	自我保护，“和平”	上帝的荣耀，他人的良善
结果	疏离，破碎的关系	和解，被医治的关系

5. 应用上述表格，描述以下各项在你的冲突中是如何体现的。

心的基础：是哪些特定形式的不信（偶像）导致了这种冲突？例如，你是否自以为是或不饶恕？如果有，是在哪些方面？

动力源头：你有哪些特别的恐惧会给这场冲突火上浇油？

承诺：你是如何避免建设性冲突和真正建立和平

方向：关于这场冲突，你对什么感到愤怒？你使用了哪些策略来表达这种愤怒？

感受与目标：这种交往方式是如何让你感到安全、受到保护、坚硬的？

结果：描述最终结果。这种关系目前是什么样的？

6. 写下认罪和悔改的祷告。包括你意识到的任何骄傲、不信、自私、刻薄或愤怒。

7. 阅读以下参与建设性冲突者的行为和态度。花点时间思考每一项。完成后，请在下面相应的方框中打勾。

参与建设性冲突的人：

☐ 比起争论，更想赢得对方。

☐ 以谦卑的态度对待差异，而不带论断和定罪的态度。

☐ 处理的是问题，而不是人身攻击。

☐ 提问，而不是指责。

☐ 平易近人、受教。

☐ 善于倾听，渴望他人好。

☐ 对确立自己有多正确、对方有多错误不感兴趣。

- ☐ 期待上帝使用其他人来显露自己对福音的需求。
- ☐ 不表现出苛求 / 要求很高的态度。期待圣灵改变他人。
- ☐ 拒绝说闲话，直接与当事人交涉。
- ☐ 祈求智慧和恩典，避免自以为是地知道什么是最好的或正确的。
- ☐ 承认自我欺骗，先找自己的梁木，再找别人的刺。
- ☐ 意识到她的强烈信念常常被罪的态度所感染。
- ☐ 致力于建立相互的理解。
- ☐ 不断邀请人们去体验比他们目前经历的更好的东西。对人未来的样子具有看见。
- ☐ 想要上帝的荣耀被在所有参与其中的生命看到。
- ☐ 致力于持续的饶恕，包括在进一步对话的过程中。

8. 你们的关系中缺少了上述清单中的哪些行动和态度?

9. 哪些缔造和平的要素，已经在你的关系中体现?

10. 再次考虑你所经历的冲突，描述你倾向于相信的谎言——以及与之相反的福音真理。

关于对方的谎言

例如：他们是更大的罪人；上帝无法改变他们；他们不值得同

情；他们没有希望；他们永远不会改变。

关于对方的福音真理

例如：他们和我一样需要帮助；上帝关心他们；上帝可以改变他们。

关于自己的谎言

例如：我不能爱他们；我必须不惜一切代价保护自己；我必须改变他们；我必须维持和平。

关于你自己的福音真理

例如：上帝的灵能赋予我爱这个人的能力；我不必改变他们。

11. 对这个人发起“爱的攻势“的第一步可能是什么？

12. 神希望你如何带着对他的荣耀和他可以塑造他们的异象，无私地走近他们？在与这个人交互的方式上，请写出一些具体而实际你可以做的事情或改变。

阅读

审视自己

当我们卷入争端时，自我审视尤为重要。在我们处理好自己的过错之前，将很难帮助他人看清他们是如何助长争端的。但是，一旦我们承认了自己的错误，弥补了自己造成的伤害，其他人往往会受到鼓励，去跟随我们的榜样并倾听我们的话语。以下是我们开始这一过程可采取的步骤。

诚实面对罪

结婚五年来，我能想到的只有一次，在我和科莱特（Corlette）发生争执时，我可能完全没有犯错（我也可能是搞错了）。其他每一次我们之间的冲突要么都是我造成的，要么是我通过有罪的言行使冲突变得更加严重。当然，当我卷入激烈的争吵时，我最不愿意想到的自然是我的罪。但硝烟散去后，我总能看到一些我本应采取不同做法的地方。在上帝的帮助下，我正试图加快这个过程，这样我就能更经常地避免罪性的反应，或者至少能更快地面对它们……

因为我们中大多数人都不愿意承认自己犯了罪，我们倾向于掩盖、否认或合理化自己的错误。如果我们不能完全掩盖自己的所作所为，我们就会说自己只是犯了一小个“错误”或“判断失误”，试图藉此将自己的罪行最小化。另一种逃避罪责的方法是把责任推卸给别人，或者说是别人导致我们做出了那样的行为。当我们的错误太明显而无法忽视时，就很容易实行我所说的“40/60 法则”。事情会这样进行：“好吧，我知道我并不完美，我承认我对这个问题负有部分责任。我想说，大约 40% 的错在我。也就是说，60% 的错在她。既然她的责任比我多 20%，那就应该由她来请求原谅。”我从未真正说过或想过这些原话，但我有时会发现自己以微妙的方式使用了这个通用概念。藉着相信自己的罪已经被别人的罪抵消了，我就可以转移对自己所作所为的注意力，并逃避悔改和认罪的呼召。我说服自己：如果有什么需要悔改的，就必须从她开始。

当然，当我们试图掩盖自己的罪时，我们只是在自欺欺人。正如约翰一书 1:8 所指出的：“我们若说自己无罪，便是自欺，真理不在我们心里了。”（另参诗 36:2）每当我们拒绝正视自己的罪时，我们最终都会付出令人不快的代价。当大卫王没有立即悔改时，他就发现了这一点。诗篇 32:3-5 描述了他在向上帝认罪之前所经历的良心不安、情绪混乱，甚至身体上的副作用：“我闭口不认罪的时候，因终日唉哼而骨头枯干。黑夜白日，你的手在我身上沉重；我的精力耗尽，如同夏天的干旱。我向你陈明我的罪，不隐瞒我的恶。我说：‘我要向耶和华承认我的过犯。’你就赦免我的罪恶。”

显然，无视罪是不会有好结果的。如果你很难发现并承认自己的错误，你可以做两件事。首先，你可以求神帮助你看清自己的罪并为之悔改，不管别人会怎么做。正如大卫所祷告的：“神啊，求你鉴察我，知道我的心思，试炼我，知道我的意念，看在我里面有什么恶行没有，引导我走永生的道路。”（诗 139:23–24）神帮助你看清自己的罪的方法之一就是学习他的话语。当你花时间研读圣经，了解神对你所面临的问题和所做的事情的看法时，你往往会发现自己在哪些方面没有达到神的标准。

其次，向灵性成熟的朋友寻求坦诚的洞察和建议往往会有帮助。（参箴 12:15; 19:20）有一天，一位女士打电话来质问我针对一个共同熟人所发表的言论，这件事让我受益匪浅。虽然我在电话中“赢了”对话（至少我是这么认为的），但事后我的良心很不安。因此，我向一位朋友描述了当时的情况，并征求他的意见。幸运的是，特里很爱我，愿意告诉我真相。他问了几个问题来澄清情况，并揭露了一些我不经意间忽略的事实。然后，他温和而坚定地说，他认为我错了。

这不是我想听到的，但当特里解释他的理由时，我知道他是对的。五分钟后，在上帝的帮助下我克服了自己的骄傲，给那位女士回电话承认了自己的错误。她亲切地感谢我的认罪，并爽快地原谅了我。当我挂断电话后，我再次意识到，只要我们以上帝的方式对待罪，我们就能体验到多么大的自由！“遮掩自己罪过的，必不亨通；承认离弃罪过的，必蒙怜恤。”（箴 28:13）

承认错误动机

在雅各书 4:1-3 中，我们了解到冲突中常见的罪恶言行只是更深层次问题的表象。“你们中间的争战斗殴是从哪里来的呢？不是从你们百体中战斗之私欲来的吗？你们贪恋，还是得不着；你们杀害嫉妒，又斗殴争战，也不能得。你们得不着，是因为你们不求。你们求也得不着，是因为你们妄求，要浪费在你们的宴乐中。”

正如雅各警告的那样，仅仅识别并悔改罪的言行是不够的。要想保持和平的关系并做出需要的改变，你还必须处理促使你做出这些言语行为的态度、渴望和动机。耶稣教导说，罪恶的思想、言语和行为“是从心里出来的”（太 15:19；参罗 1:24）。事实上，他把心比作结果子的树。（参路 6:43-45）他解释说，好行为出自一颗好的心，罪恶的行为出自一颗坏的心。（参路 8:11-15；参箴 4:23）因此，要想持久地改变我们的生活方式，真正的改变必须首先发生在我们的心里。

（参弗 4:22-24）

在圣经中，“心”一词不仅仅用来描述感觉。它通常指我们整个的内在生活，包括思想和态度。（参来 4:12）因此，当圣经谈到改变我们的心时，它要求我们改变感觉、渴望、信念、期望、思想和态度。当你接受基督为救主时，你的内心就会发生超自然的转化，然后神会在你里面作工，继续改变的过程。上帝应许说：“我要洁净你们，使你们脱离一切的污秽，弃掉一切的偶像。我也要赐给你们一个新心，将新灵放在你们里面，又从你们的肉体中除掉石心，赐给你们肉心。”（结 36:25b–26；参来 8:10）

正如上述经文所指出的，获得新心的一个方面就是要洁净我们的偶像。偶像不仅仅是木头、石头或金属的雕像；它是我们所喜爱和追求的任何替代上帝的事物（参腓 3:19），也可称为“假神”或“功能性的神 functional god”。用圣经中的话来说，偶像就是我们心目中神以外的东西（参路 12:29；林前 10:6），它激励着我们（参林前 4:5），主宰或管理着我们（参诗 119:133），或者是我们所侍奉的（参太 6:24）。

即使是真正的基督徒也会与偶像崇拜作斗争。虽然我们相信上帝，并说我们只想侍奉祂，但有时我们允许其他的影响源来控制我们。我们允许自己的生活围绕着心中欺骗性的欲望，而不是围绕着神和他启示的旨意。下面列出了一些偶像或功能性的神，它们会溜入我们的生活，使我们远离主，并引发冲突。

1. 不正当的肉体享乐欲望—肉体的情欲（参约一 2:15-17；加 5:16-21；弗 4:19）。这类偶像的特征通常是厌恶约束自己的思想、心灵或身体。肉体的欲望可能包括性不忠贞、赌博、暴饮暴食、吸毒或酗酒，而这反过来又会导致婚姻或就业问题。追求享乐也会导致懒惰，而懒惰往往会造成经济窘迫。

2. 骄傲与自大。专注于自己的智慧、成就、权力、能力、名誉或财产也是一种偶像崇拜。（参箴 8:13；林后 5:12；雅 3:14；约一 2:15-17）骄傲会让我们不愿承认自己的错误，从而导致过度的防卫和沉迷于自我辩解。它也会让我们垄断讨论，或坚持按照自己的方式行事，因为我们相信自己知道所有的答案。骄傲的人往往不愿意寻求或听取他人的意见，甚至讨厌别人的建议。这会导致我们做出不明智的决定，并倾向于将出现的问题归咎他人。

3. 爱金钱（或其他物质财富）。（参提前 6:10）贪婪被明确称为偶像崇拜（参弗 5:5）。这种虚假的神也可能表现为嫉妒、过度渴望经济安全、夸耀我们所拥有的东西，或对拥有某些东西有不健康的愉悦。（参太 6:24；路 12:16-21, 27-31；徒 5:1-3）"爱钱"会导致我们撒谎、毁约、偷工减料、虐待员工、违反版权法，或强迫性地追求不必要的东西。它还会让我们难以免除债务或施以仁慈。

4. 惧怕人。这可以有多种形式。有时，它会让人害怕别人真会对我们做什么（参箴 29:25；路 12:4-5），但最常见的是过分在意别人对我们的看法。这会导致我们专注于接纳、被认可、受欢迎、个人比较、自我形象或取悦他人。（参约 9:22；12:42-43；加 1:10；帖前 2:4）这种偶像会让我们不愿面对严重的罪。不断渴望被认可和接纳会让我们说闲话，或让我们不敢就道德问题发表意见。它还会让我们做出明知不对的事情，最终导致内疚和怨恨。此外，如果我们害怕别人对我们的看法，我们也可能不愿意承认错误或寻求帮助，这往往会延长冲突。

5. 我们太想要的美好事物。这些最微妙的偶像包括爱情、幸福、健康、陪伴、孩子、成功、繁荣、娱乐、声誉、影响力、地位、好形象，甚至是属灵的力量。（参路 12:27-34）这些东西虽然本身是有益的，但如果我们想要它们的理由是错误的，如果我们的思想和行动都围绕着它们，或者如果我们无法拥有它们成了不满足的主要根源，那么它们就会成为偶像。对爱和幸福的痴迷渴望会导致抛弃家庭和职业承诺。相反，对声名显赫的渴望会导致工作狂，这是婚姻纠纷的主要贡献者。

偶像——世界上的事物——可以激励我们，也可以主宰我们。它们影响我们思考什么、把时间投入何处、如何处理我们的权利和资源，以及如何与他人打交道。这些偶像中有许多很难识别，因为它们的影响是零星的。我们可能在一天中的大部分时间里都忠实地跟随上帝，但当一时间面临一个决定时，我们可能会侍奉偶像而不是上帝。当我们卷入冲突时尤其如此。虽然我们可能一心想以敬虔的方式行事，但当我们真正与对手面对面时，我们会突然说出和做出我们从未想过的事情。这种行为往往表明，我们需要从心中根除一些偶像。

〔肯 · 桑德（Ken Sande），《我们和好吧》（*The Peacemaker*）〕

勾选已完成的作业：（勾选后，可与导伴预约时间）

☐ 聆听信息 15

☐ 背诵路加福音 6:42

☐ 完成练习

☐ 阅读：审视自己

☐ 跟你的祷告伙伴更新信息

Session

软弱布道 16

如果你说你爱别人，却不尊重他们，他们就不会明白你在说什么。当你开始向自己群体以外的人传福音时，你必须明白关键在于尊重他人。在圣灵同在中带着孩子般的信心，你愿意与那些与你不同的人在一起。心存谦卑，勇于冒险。去，并死。敢于冒险，你将永不生锈。

本次目标

- 认识到天父呼召我们进入参与他改变生命的激动人心的事业；
- 认识到我们更愿意“在平静中生锈”，而不是“在信心中冒险”；
- 了解福音如何以加深我们的信心和荣耀上帝的方式推动我们向外。

阅读讲章

关爱他人

杰克·米勒

本课主题是如何为基督赢得朋友和影响他人。
我们将讨论建设性冲突，但特别要展示如何透过流露上帝恩慈的善，
来对抗他人和自己的恶。

I. 如何赢得朋友

A. 按照我们自己的形象塑造人

我不知道你的情况，但我有过最美妙的经历之一就是结婚。当你结婚时，内心深处的目标是要让对方变得完美。你可能不会在结婚誓词中这么说，而是花言巧语地说各种你要做的事，但在心灵深处却想按照自己的形象来完善对方。如果一个男人在二十年后才得知，他的妻子是个无可救药的女人，她永远不会按照他的形象来塑造，他会感到非常痛苦。我相信很多妻子也都有过同样的经历，她们在多年后才发现，自己永远无法真正将那个男人变成自己希望看到的样子。

十字架的荣耀是基督在我们里面作工，这是相当令人兴奋的事。即使你正忙于脱离泥沼，但这是荣耀之路和目的地，你知道主会为你预备恩典。当你发现生活中的紧张、冲突、失败和罪恶时，会开始意识到基督是为你而来，祂就在你这边。当你第一次投篮得分，并说：

“我真的看到球进篮筐了！”令人惊奇的事情就发生了。我们真正想说的是，如果你想为基督赢得并影响他人，就要让他们品尝到同样的恩典和同样的爱。上帝必须以某种方式更深地抓住我们，使我们越来越放下虚假的道具、以及想按照自己的形象塑造别人的企图。

B. 冒险或生锈

在罗丝·玛丽和我的例子中，如果你听她讲课，会发现她一直在使用运河 Canal 和河流 river 的意象。让我解读给你听，我想这也是她的意思。我理解她的意思是：“我要把目标定得很低，这样就永远不会在任何危险的水域里翻船。”我们俩之间有部分的纠结就是在这个问题上。罗丝·玛丽要让她的船驶向何方？我看了看，尽管我有勇往直前的形象，但我也有过同样的问题。其实，我们每个人内心都知道自己是只小鸡。尽管我们都喜欢梦想伟大的目标，但实际上却只想待在运河内，倾向于设定低目标。显然，要实现低目标，并不需要太多的恩典。难道不是这样吗？司布真说过，如果你只求建立一间两百人的教会，这永远不会解决你的骄傲问题。如果你祈求建立一万人的教会，就知道自己做不到，因此如果这事发生了，你会将荣耀归给上帝。我们把目标定得太低了。

我想留给你们的是，基督想要呼召你采取信心的行动，深化信仰，从而承担更大的风险。罗丝·玛丽在她的讲课时说过：“我先生杰克的座右铭是‘要么冒险，要么生锈’，而我的座右铭是‘我宁愿生锈！’”我们都有这样的感觉，宁愿安静地生锈，也不希望有人来打扰。主就在那里，要带你出来。你可能会被各种情况和环境灼伤；或可能发现对自己、家庭、教会或未来感到非常消极。你只需振作起来，一切都会好起来的！

这将是一场生死搏斗，即使你害怕，它也会很棒。这是一条狂野的河流，从来就不是运河，那只是一种幻象。只有在河流中，你才会变得强壮，小运河会让你停滞不前。所以，去到狂野的河流中吧，在那里你会成长，但你必须是自由的。为了自由，基督已经释放了我们。我们一直想让你明白的一件事是，要获得自由，你必须放下一些东西。这就是核心所在：你必须放下这些东西！

C. 在乌干达深化信仰

为了让罗丝·玛丽摆脱小目标，我认为上帝做的一件事，就是把她推到河里，让她不知道该做什么，她必须就地成长。我记得我们第一次去乌干达，去之前我哭了几个星期。我倾向于尽快努力解决问题，并尽快揭露和处理自己的罪。长老教会的人不喜欢浪费时间，所以我悔改，集中精力处理过后，就将之抛诸脑后，继续行动。罗丝·玛丽有路德会背景，她的行动更加深思熟虑。当我去乌干达时，担心的所有事情都发生了。我担心自己会受到微生物攻击。我不太害怕子弹，尽管我也不喜欢子弹。让我中招的是胃病毒，我在三个星期内瘦了十五磅，罗丝·玛丽也迅速消瘦。

我们去看医生，他说我们得了国际酒店饮食症。我们不能喝那家酒店的水，也不能吃那里的食物。那该怎么办？饿死？我做的第一件事，就是设法让罗丝·玛丽去菜市场买东西。菜市场品像不佳，肉上有苍蝇之类的东西，但总的来说，还算是个不错的菜市场，有很多水果和蔬菜。我骗罗丝·玛丽去菜市场，在街道上走着走着，就在她不知情之下，突然抓住她的胳膊，把她抱进菜市场。她正准备尖叫之前，我们已经进到菜市场了。她觉得食物看起来很不错，没过几分钟就开始跟人讨价还价了。接下来，她就成为菜市场的购物老手了。

后来，我们通过一位朋友受邀前往恩德培市（Entebbe）的议会大厦会见总统。不知何故，我们与其他要去见总统的人走散了。我们来到大草坪上，所有的政要都在这里。第一排是总统和他的顾问们，第二排是各国大使，第三排是各州官员。当我们来到草坪上时，只剩下两个座位了，而且就在总统旁边。罗丝·玛丽说：“杰克，我们去那边的草地上坐吧。”她基本上是在说：“找出那条运河吧！”我告诉她，我们不能当着这么多人的面坐在草地上——我穿着西装，她穿着漂亮的衣裙，我认为不应该这么做。

我说：“我们为什么不继续往前走呢？就当我们是上帝之子吧。”毕竟，我们的确是，对吧？她有点勉强地同意了，所以我们就往前走。当我们走近时，总统看到了我们，挥手示意我们过去。我们回头看他在向谁招手，原来是在向我们招手，那两个座位是留给杰克和罗丝·玛丽的。这让罗丝·玛丽士气大振，当我们下次在一个小型聚会上见到总统时，她和他已经是老朋友了。罗丝·玛丽乐在其中，她最喜欢贵族、皇室和总统了。突然间，她的性格发生了翻天覆地的变化。

我在罗丝·玛丽的书中看到她讲述乌干达故事的另一面。这就是，她身上有很大的潜力和恩赐，却被对运河的渴望所阻碍。我有，你也有。在我看来，当上帝开始说：“别管它了，让它去吧！放下一切，放下你的名誉、朋友和财产；放下你的私心，放下你的防卫心。”突然间，各种各样的东西就开始从你身上冒出来。我们第二次去拜访总统时，罗丝·玛丽和他聊了很久，就像多年未见的老朋友一样。她是个害羞的人，谁知道上帝会怎么使用你。我们想要掌控自己命运的欲望，正是阻碍我们拥有上帝所赐予那种身量的原因。这只是一个愿意让上帝成为上帝，让恩典成为恩典的例子。大家都明白了吗？我们并不是想让你痛苦地去看自己的偶像，而是想让你放下偶像，获得以上帝为中心的喜乐、满足和自由。没有人会夺走你任何有价值的东西。如果你明白了这一点，就开始拥有自由。

我们向来在一个叫 lweno（英文俚语“我赢了你”）的大市场前举行主日崇拜。这是他们可以在一端偷走你的手表，而你可以在另一端买回手表的地方。这些人组织得很好，是乌干达为数不多的有组织活动之一，他们始终认为社会中的企业家精神能够让事情继续发展。几名士兵就在那里被枪杀，他们非常愤怒，试图抓捕那些被怀疑是游击队的年轻人，而且抓的都是年轻人。我们就在他们抓捕年轻人的地方举行主日崇拜，这样他们就不会杀了他们。

我们与其他美国人和乌干达人一起这样做，在大市场所在的停车场布道，士兵们曾在这里试图抓捕年轻人，把他们带到另一边的车上。当士兵抓住这些年轻人时，市场里的人群会出来围住士兵，靠得很近。你会听到士兵们“咔哒”一声打开自动武器，然后向周围的人群挥舞枪支。我们身边有一群人，当士兵周围的人群听到武器的“咔哒”声时，他们会像受惊的兔子一样跑向我们。士兵袭击我们的人群时，大家就会惊慌失措。我们总是处于被扫荡或被机枪扫射的危险之中。

有一次，士兵们变得特别愤怒，用卡拉什尼科夫自动步枪（AK47s）威胁我们，一大群人向我们涌来。我抓住罗丝·玛丽，把她抱起来，但这是白费力气，因为她正在享受人生中最美好的时光。她发自内心地唱着歌，听起来就像一只鸣禽。我看着人群，一边试图把她抱起来，一边把人们推开。她唱完歌后看着我说：“杰克，你的脸都白了。”我说：“罗丝·玛丽，你最好相信我真的吓坏了！”

这个害羞的人完全无所畏惧，散发着上帝的荣耀和恩典。她本来最担心在乌干达被子弹击中，后来她告诉我，她的秘密想法是让这件事尽快结束。此时的她已经不再害怕了，因为她深切地感受到，为她赎罪的基督是这条河的主，在河上不会发生任何不是基督安排的事情。你必须明白其中的联系，因为基督是恩典之河的主。

祂之所以是河水之主，是因为在祂的赎罪中，不仅确立了对我们的饶恕、接纳和恩宠，还为我们设定了美好的计划。这计划是为永恒而设的，但我们被带入这个计划时，确信一切都是为了我们的益处和上帝的荣耀。这就是不同之处。我们面临的挑战是，如果你我臣服于这个计划的荣耀，就会有一些源自这种美好安全感和宏伟希望的策略；我们只需开始以同样的尊严对待他人。我们开始有一种来自天堂的单纯、安静和直接。

D. 以待己之道待人

当你注意被恩典感动之人的生活时，会看到两件事很突出。一件事是，那人会开始谦卑，或是可能非常谦卑；另一件事是，与他们相处绝对会让人心烦意乱。我认为这两者相辅相成。如果你看看教会历史上的伟人，是什么让小时因患麻疹未得适当医治，以致左眼斜视，样貌奇怪，后来成为基督教大觉醒运动中重要人物之一的怀特腓德，拥有这么多的和平与爱？他真的像个孩子。如果你读乔纳森·爱德华兹（Jonathan Edwards）的书，他也许是美洲大陆有史以来最伟大的思想家，但他就是像孩子般那么单纯。他只是深刻地意识到一位至高无上的天父、基督的爱、以及天国在历史中的运行。他有伟大的心灵，可以为任何以基督之名命名的兴旺团体欢欣鼓舞。他时刻感到欣喜，不认为有什么事是小事。他是个大人物，却是像孩子般的大人物。在马太福音 18:4，耶稣说："凡自己谦卑像这小孩子的，他在天国里就是最大的。"

如果是这样，那么我们就开始做简单的事情。我们可能不以为然的事情会突然变得重要起来，因为我们将自己的全生献给主，以赞美和祈祷为祭。祷告不仅仅是我必须拨出时间做的事，而是实际上与整个生活息息相关。当我把某样东西作为礼物送给别人时，在某种意义，这是我祷告生活的一部分。当我收到他人的礼物时、当我以亲切的举止表达爱意时、或者当我因为没有以亲切的举止表达爱意而悔改时，无论是什么，都是在以所受到的同样尊严对待他人。

马太福音 7:12 这段话非常令人信服，因为它向你展示了这是如何运作的。“所以，无论何事，你们愿意人怎样待你们，你们也要怎样待人，因为这就是律法和先知的道理。”耶稣在登山宝训的这一部分中，要我们用“祈求、寻找、叩门”来向圣灵祈求美好的事物。祂说，你所要做的就是：“无论何事，你们愿意人怎样待你们，你们也要怎样待人，因为这就是律法和先知的道理。”如果是这样的话，那么你要做的就是设身处地为对方着想，说：“我希望这人为我做什么？”或者：“在那种情况下，我希望别人怎么对待我？”这并不意味着总是奉承对方，当然也不意味着，因为你不想被骗而对那人撒谎。展现亲切的态度，比如微笑、表达感谢的便签、赞赏，或者有时甚至请他们帮忙。这是一种简单的生命交流，当我们这样做时，会发生令人惊奇的事情。

1924 年，英国国教宣教士芙萝伦丝·阿尔肖恩（Florence Allshorn）前往乌干达。当她到达时，发现负责她的女人，在几年的时间里来来去去换了七个，她不知道这是怎么回事。她走进她们一起住的房子，发现客厅被整齐地从中间分成两半，一半里面没有家具，另一半则摆满了家具。有家具的那一半都归她那位前辈宣教士使用。她发现负责她的女人很抑郁，有时两三个星期都不跟她说话。由于芙萝伦丝还不会讲当地语言，很难和她相处。芙萝伦丝忍不住哭了起来。有位乌干达女舍监出来对她说：“妳知道吗，你们宣教士来到这里，说耶稣会拯救我们，好吧，到现在耶稣还没有拯救这种局面呢！”

芙萝伦丝说，她的心灵受到震撼，显然当场就悔改信主了——宣教士也会悔改信主！接下来，她说：“没错！这就对了！在这里看不到耶稣拯救这个局面的能力。”她为自己的罪和自我中心哭了又哭。她说：“现在我知道了，我的遭遇并不重要，重要的是上帝的荣耀和尊荣，以及其他人的遭遇。”从那天起，她就自由了。她做了什么？一旦获得自由，她就能满怀同情地看待她那位前辈。她没有贸然介入，因为这位女士不是你想贸然介入的人。有一天，芙萝伦丝发现那位前辈很喜欢看书，她翻遍自己的书架，找到一本她认为那位前辈可能会喜欢的书。她问：“妳想读这本书吗？”那位前辈接过书读了起来。过了一会儿，她也拿了一本书给芙萝伦丝，问她是否想读。

到了年底，她们成了好朋友，整个福音站的氛围都变了。基督的生命就在眼前。“你要别人怎么对待你，就怎么对待别人。”简单的道理：谦卑。这就是传福音的方式。你下定决心对配偶、对朋友、对仇人等，那些形形色色的人，都这样做。他们可能自己百感交集，有时觉得自己是你的敌人，而可能对你也有同样的感觉。但无论如何，当不同的族群或种族融洽相处时，你们确实对撒旦的国度是危险的。他有麻烦了。想想看！

E. 尊重他人

在新生命教会的早期，我们有一些来自非常粗野地方的信徒。有位朋友对我说：“杰克，你们教会的一些人让我感到紧张，我可不想和他们待在暗巷里。”我说：“如果你在暗巷里，有我们的信徒和你在一起，你会安全得多。”他说：“说得好！”你看，基督正在动工。其中一位曾经是黑人穆斯林，长相有点吓人。他为什么回应福音？我原本不想让他回应福音的，觉得自己没有精力再多应付一个人，想让他回到他的暗巷里去。

为了保护自己，我跟他说，他必须去告诉当地公园的人，他曾在那里因为真实或想像中的种族蔑称，击倒了公园的警卫。我说：“你必须回去道歉，你刚出狱，他们很可能会把你关起来，然后扔掉钥匙。除非你和我一起去做这件事，否则我不会再和你有任何瓜葛。”他看着我说：“米勒博士，我们走吧！”我说：“等一下，你确定要这么做吗？”他这么做是为了帮我一个忙。他回来告诉我发生了什么事。当他回去时，他们几乎都惊呆了。警卫说，以前从来没有人为任何事情向他道歉过。

这个人的举止很有风度。我问他：“你为什么回应我？”他说：“我回应你是因为你叫我查尔斯，而不是查理。（我很清楚自己为什么叫他大名，而不是叫他小名）而且你欢迎我到你家做客，很尊重我。”对很多人来说，如果你说你爱别人但不尊重他们，他们就不会明白你在说什么。因此，当我们开始向自己群体以外的人传福音时，必须看到关键在于尊重他人。不是卑躬屈膝，而是真正的尊重。带着自己的尊严和对圣灵同在的孩童般信心，愿意和他们在一起。

我认为罗丝·玛丽就是一个很好的例子。我们身边有很多南亚人，尤其是来自巴基斯坦和印度的人。在乌干达，我们在下榻的旅馆与他们一起吃饭，一起为主做见证。有个穆斯林家庭甚至和我们一起在詹金镇（Jenkintown）住过一段时间。我们有相当多医治的经历，看到上帝医治了他们。令人惊奇的是，我认为，我们在下榻的旅馆为穆斯林祷告后，他们都得了医治。我是说，他们当中有些人病得很重；我和他们一样对此感到敬畏。事实上，在某些方面，我觉得我比他们更惊讶。他们每天要是不先来向我们请求祷告和求智慧，就不做任何事情。让人惊奇的是，这些人都透过祷告得到了帮助。当我们祷告时，他们感受到上帝的同在。罗丝·玛丽胆子越来越大，她把他们组织成一个圣诞唱诗班，乌干达人和穆斯林在我们下榻的旅馆，唱着所有这些伟大的圣诞赞美诗。

两年前，罗丝·玛丽去到伦敦，她走进那些商店，说：“古普塔先生，我们想为你的生意祷告。我们相信上帝要祝福你的生意。我丈夫杰克已经准备好为此祷告了。你愿意吗?”哇，他愿意吗？当然愿意！于是我们为他的生意祷告。第二年我们又回来了，古普塔先生说：“自从你们为我的生意祷告后，我的生意蒸蒸日上。主耶稣基督听到了你们的祷告。”他是印度教徒，可能只是将主耶稣基督作为他信奉的另一个神明，但尽管如此，他心目中的权力中心在某种程度上与主耶稣基督关连。所以，罗丝·玛丽这位自称胆小的女士，去了所有这些地方。她走进另一家商店，向亚洲老板自我介绍，开始谈论在非洲奈洛比的经历。接下来，她问我能否为他们祷告。店主请顾客等一下，让我带领他们祷告了10—15分钟。我没有请他们跪下，但可以这样做。在祷告之前，我总结了一下福音，然后就祷告了。

上帝的恩典使罗丝·玛丽的生命发生了多大的变化！我只想强调一点，如果你愿意稍稍突破极限，你身上的某些特质就会大有能力地发挥出来服事上帝。这句话是谁说的？查克·耶格尔（Chuck Yeager），他说：“挑战极限，突破音障。”总是更进一步地尝试自认为能做到的程度。挑战极限！上帝想要你做什么？你困在生活和服事中吗？挑战极限，更多地进入应许，更多地进入恩典。请人为你祷告，心存谦卑，勇于冒险，不要原地不动。赴汤蹈火在所不辞！对吧？勇于冒险，就永不生锈。

II. 从内在改变

A. 暴露

这又回到我们一起研讨时努力在解决的其中一个问题，这就是本星期服事中艰难的一面；也就是说，如果你在读圣经时听到圣灵的声音，就会满怀谦卑，或者至少觉得羞耻。顺便说一下，这两者有点不同。有时，你必须经历羞耻才能够变得谦卑，但尽管如此，两者还是可以联系在一起。当你审视自己内心时，会发现什么？当你考虑成为宣教士时，实际上是在向其他文化延伸。当今的世界变得四分五裂，以致你在自己的社区就可以走向其他文化。难道不是吗？世界确实在分裂，所以，其实你可以去海外寻找更稳定的文化，你会更快地适应海外文化甚于适应自己周遭的文化。我们一直在说，你会发现自己心存恐惧，也存着偏见；还会发现自满，甚或卑鄙。

如今我喜欢服事吉普赛人，但有一点我不喜欢，尤其是意大利的吉普赛人，他们总是想偷我的钱包。我有个底线，就是不准人家偷我的钱包。在吉普赛人当中，不让人偷钱包是很危险的事，因为可能会为了自卫而被人捅刀子，我对这种事真的很生气。我对吉普赛人没有什么偏见，但对任何偷我钱包或自以为可以偷我钱包的人有偏见。我们都有过这样的经历，对吧？可能是黑人或亚洲人。我是和印第安人一起长大的，我的曾祖父母信奉长老会的这种哲学："遵守十诫，射杀印第安人。"下一代认定："不遵守十诫，也不射杀印第安人。"然后下一代又回到十诫。

所有这些传统的背后是种族精英主义，我们必须正视这一点：家庭精英主义、种族精英主义，这很快会带来对他人的鄙视。你要如何面对？也许你们自己的历史有令人失望的地方，当你审视内心时，并没有任何真正的饶恕感。这一切都在嘲讽你，但并没有真正触及到你。有人对你倾吐心声，但你就是听不进去。要怎么改变呢？这种情况有时就像有一道无形的屏障挡在你面前。

理查德·洛夫莱斯（Richard Lovelace）谈到了这一点。他说，有时祷告就是像这样。我的女婿安吉洛在成为基督徒之前，说他在大声祷告方面感到很纠结。他说，在突破那道无形的屏障之前，他无法成为基督徒。最后，他不得不呼喊："上帝啊，可怜可怜我吧！"当他大声祷告时，就得救了。你可能也有类似的问题，永远学不会像艾玛那样大喊大叫。（"建设性冲突"中讲述了艾玛的故事。）"上帝啊，怜悯我这个罪人；上帝啊，为我这个罪人赎罪。"这才是健康的祷告。上帝已经为你赎罪，但整个想法是，你需要基督的宝血来感动你。

B. 定睛在耶稣身上

你如何放开自己的拘谨行为？我会翻看福音书，让自己沉浸在其中，直到完全明白基督的思想。彼得前书说，我们应该跟随祂的脚踪行。"你们若因行善受苦，能忍耐，这在上帝看是可喜爱的。你们蒙召原是为此，因为基督也为你们受过苦，给你们留下榜样，叫你们跟随祂的脚踪行。"（彼前 2:20b–21）当我们跟随基督的脚踪行时，要祈求祂显明恩典，使我们学像祂，这样就会变得更加单纯。请注意耶稣所服事的人群，祂服事很多上层及下层的人。祂有个门徒是狂热份子，祂也服事很多在社会上潦倒落魄的人。祂在井旁服事一位撒玛利亚妇人，而拉比原是不允许跟女人说话的，与撒玛利亚妇人说话更是双重禁忌。耶稣基督打破了自己的文化，这就是祂的独创性，表明祂从上帝而来，不受文化的限制。

你相信祂让一个妓女亲吻祂的脚，而不把脚拉开吗？我们在爱尔兰时，曾经在一个房间里过夜，白天住在那里的是个妓女，我们起先并不知道。当时我们经济拮据，罗丝·玛丽说必须控制预算，于是住进一个负担得起的房间。妓女白天住在里面，晚上我们住在里面，我睡在她的床上，觉得不想碰到被她接触过、或她接触过的任何东西。我觉得很难受，罗丝·玛丽倒是随意得多，但我很高兴能离开那个房间。

耶稣接受这个女人碰触祂的脚。祂去参加利未人的宴会，天哪，那里一定有很多病人！很多罪人！盛大的宴会，耶稣就在那里。当祂被钉十字架时，有个朋友和祂一起死了，那人是个盗贼。这个耶稣与奇怪的人结伴，当祂受洗时，祂是为了什么受洗？祂没有任何罪！祂是在祭司的职份上受洗，为要与罪人同列。祂是悔改领袖的代表，不是为自己的罪，而是为我们的罪。祂与罪人同列，为罪人上十字架。

结论是什么？如果你要有这样的勇气，我认为你需要把与基督的关系个人化。这是主观、合法、永久、对你永远有利的。但是，它个人化了吗？“我，约翰·钟斯，已经与基督同钉十字架，现在活着的，不再是约翰·钟斯，而是基督在约翰·钟斯里面活着。约翰·钟斯的生命，是因信那爱约翰·钟斯并为他舍命的神子而活。”（参看第三课“上帝被动的义”里面讲到的故事）换句话说，耶稣这样做是为了我。你要向耶稣呼求恩典，向满有恩典的主呼求，这样就能设身处地为别人着想，使律法在你身上得以完全。在审判之日，除非你的生命结出果子来见证恩典的工作，否则你不会被接纳。没有果子就没有根，所以，你必须有从恩典中流出的信而顺服。

不知道你是否看过音乐剧《悲惨世界》(*The Miserable World*)。我记得那本书。其中有这样一个场景：原是逃犯的那个冉阿让，现在是市长，是个信主的基督徒，他来到市中心。当他经过时，有匹马拉着一辆车，他看到了发生的事。车轮在车轴下断裂，有个老人，他是冉阿让的仇人，被困在车子底下。马车开始倒塌，可怕的重量压在那个老人身上。冉阿让望向人群，看到警探贾维尔，他说：“世界上没有人能举起那么重的东西，除了已经死掉的罪犯冉阿让，没有人有那么大的力气抬得起这么沉重的担子。”冉阿让知道，如果他抬起重物，就会暴露出他是罪犯。这是他面临的可怕问题，他该怎么做呢？

冉阿让爬进马车底下，用他惊人的力量抬起那人身上可怕的重物。现在，由于情况没有那么不稳定，其他人过来把压在他们俩身上的马车搬开了。你看，有了耶稣，冉阿让就愿意去帮马车底下那个曾经的仇人抬起可怕的重物。这就是耶稣在我们与祂为敌时，为我们所做的事。这是一种可怕的重担，你的罪、你的诅咒、你的审判，全都由耶稣承担了。在耶稣的死亡中，有一股可怕的力量摧毁了那辆车，将其粉碎。

所以，你不必害怕最后的审判日。在默想基督和祂的工作时，你可以找到我们亟需的个人亲密感。上帝就像一个爱我的父亲，为我舍弃了祂的儿子，这是为我而做的。爱我们的主用祂的宝血将我们从罪恶中释放出来，使我们成为父神国度的祭司。愿荣耀归于祂，直到永永远远，阿们！我们要好好默想基督和祂的工作。

你是要冒险还是要生锈？选择你的航线吧，你是要在河上呢？还是要像孤儿一样渴望回到运河上？让我们一起选择恩典的狂野之河，这将是多么有趣的事情！

家庭作业

需在见面 48 小时前完成（以便见面会谈）

背经：

所以，无论何事，你们愿意人怎样待你们，你们也要怎样待人，因为这就是律法和先知的道理。

——马太福音 7:12

完成下列问题和练习：

1. 写一页纸的见证，说明自从你开始“为神之子”课程以来，主在你生命中做了什么。思考神改变了你生活和人际关系中的哪些方面？福音暴露并影响了你的哪些恐惧和恶行（参诗 139:23-24）？你与人——尤其是与你亲近的人——相处的方式有什么改变？

2. 在接下来的一年，你渴望上帝在哪些方面改变你？

希伯来书 3:12-13 写道：“弟兄们，你们要谨慎，免得你们中间或有人存着不信的恶心，把永生神离弃了。总要趁着还有今日，天天彼此相劝，免得你们中间有人被罪迷惑，心里就刚硬了。”

我们的灵性都会衰退。如果我们没有被激励更加相信耶稣，那么在某一天，我们会因罪而变得刚硬。就像过去的以色列人一样，我们不能靠昨天的吗哪生存。因此，我们需要想办法让福音信息每天都保持新鲜。

方法之一是不断向他人讲述上帝在我们生命中的作为，使用新的例子说明福音和圣灵是如何改变我们的。与此相关的另一种方法是，继续邀请他人对我们的生活提供洞见。例如，如果你的配偶说：”你今晚看起来有点恼怒。”你可以不以恼怒来回应，“噢，我没有”，你可以活在悔改和信心中并询问：“你为什么这么说？你能告诉我更多吗？”或者，如果你的孩子说：“妈妈，你看起来脾气不好。”你可以问问他们，你的脾气让他们感觉如何。邀请与你亲近的人给你诚实的反馈。

3. 你将如何保持自己对福音信息的新鲜感？

4. 你打算如何服事他人？什么样的一对一关系你可以开展？你可以进入什么样的门育关系？

5. 写出你生命中的一个非信徒，你认为神在呼召你为其祷告，并与其分享你的生命和福音。你对这个人有什么异象？你如何看到神的荣耀通过他或她彰显出来？

6. 想想你在本课程中学到的关于上帝对你的慈爱和怜悯的所有认识。这种认识会如何让你对问题 5 中的人产生怜悯之心？请具体列出两种方式。

7.“黄金律”，即“所以，无论何事，你们愿意人怎样待你们，你们也要怎样待人，因为这就是律法和先知的道理。”（太 7:12）会如何指导或改变你对这个人的方式？

8. 讲员说：”如果你说你爱别人，但不尊重他们，他们就不会明白你在说什么。你该如何为这个人祷告并表达对其的尊重？

9. 本周的阅读文章，讨论了站在软弱的位置上传福音。“你的故事”在传福音中的角色是什么？它会如何影响你的方式方法？它会如何鼓励你？

10. 讲员讲述了神如何使用祷告来接触他人。你可以如何、何时为这个人祷告？你还可以用什么其他的方式，向这个人展现友好？

阅读

软弱布道

尽管我身材瘦高，但我并不是篮球明星。事实上，我根本就不喜欢运动。这可能与我小时候协调能力差有关，也可能与我更倾向于艺术有关，或者我只是错过了运动基因。无论如何，作为一个美国男性，不了解一支球队是很困难的。有时，这会限制与人交谈。我曾经假装——你知道，假装我真的了解这项运动，其实我并不了解。有时效果不错，我可以敷衍过去，直到话题转移。但其他时候，当我的无知显露出来时，就会导致一些尴尬的时刻。此外，当我试图上场比赛时，我的无知也从未被怀疑过。对我来说，唯一比谈论体育更糟糕的事情就是真正地玩体育。世界上为什么会有人选择在公共场合做一件极其糟糕的事情呢？这就像独唱演员唱歌走调一样，每个人都会感到痛苦。此外，我讨厌无能的感觉。

你觉得我为什么要装呢？在你不擅长的事情中，相信福音是什么样子的？此外，上帝能否利用我的无能来荣耀祂呢？我曾经以为，上帝只会通过我的强项来做工，比如我的语言能力。然而，随着年龄的增长，我越发意识到通常情况并非如此。

我的邻居温斯顿（不是真名）是个相当有个性的人。他是我认识的人中最有理想、最善良的人。在政治上，他是一个极端左翼的自由主义者。

他宽容、爱玩，并为自己的无宗教信仰和不拘小节感到自豪。他喜欢参加聚会，享受美好时光。作为一名精神科社工，他工作很努力，为那些需要在医疗系统中得到支持的人争取权利。我们都在修自己的旧车，通过交流想法和互相帮助成为了朋友。温斯顿吸引我的一点是他的理想主义和对人的热爱。他吸引我的一点是我对自己的一些挣扎的诚实。在我们的第一次谈话中，我告诉他那天我对孩子们是多么不耐烦，海德先生[1]是如何突然冒出来的。他很容易就认同了我，并承认了自己在这方面的弱点。

一天晚上，我告诉温斯顿，我刚和妻子吵了一架，我对她充满怨恨。他很惊讶，说他一直以为我们是一对不吵架的夫妻。他接着告诉我，就在那天，他和自己的妻子也吵了一架。我和他简短地聊了聊，与妻子的冲突如何激发出我内心深处对于成为正确的渴望。而当我们都想成为对的人时，我们就永远无法解决任何问题，因为我们只关心自己的名声——以牺牲配偶为代价来获得我们的正确感。温斯顿很好奇，我告诉了他一些关于我如何知道自己在上帝面前是对的，从而让我有自由承认自己的错误并对妻子的伤害。

因此，当温斯顿叫我去和他以及其他一些邻居一起打篮球时，我知道这又是一个和他作为朋友外出的好机会。但我内心却在嘀咕——篮球！为什么是篮球？我说我会去，但告诉温斯顿我打得很差。他向我保证，他也很差劲，而且大家都没当回事。这只是一个释放体力和找乐子的机会。

我在属灵之旅中学到的主要东西之一，就是认识到我的价值和价值的最终来源。我的价值感往往来自他人的尊重。这会给我带来很多焦虑，因为获得并保持他人的尊重是一件很困难的事情。福音一直在教导我，价值、接纳和公义只来自于主。所有其他产生价值的尝试都是虚假的安全感，是一种偶像崇拜，注定会失败。因此，让我的弱点显露出来的一些好处是，我可以更坦诚地告诉别人我是谁，也可以更自由地承认我多么需要主。

我知道，打篮球是一个机会，可以将我在理智上所珍视的神学付

---

1 海德先生，Mr Hyde，绅士 Jekyll 博士喝了自己配制的药剂分裂出邪恶的海德先生人格，后来“Jekyll and Hyde”一词成为心理学“双重人格”的代名词。——译者注

诸实践。如果耶稣已经使我称义，宣布我完全为他所接受，那么我还能担心在篮球场上像个傻瓜吗？在我听到温斯顿的开始哨声之前，我让我九岁的儿子提醒我，当我持球时应该朝哪个方向跑。事实证明，这是非常有用的信息！实际上，我对比赛充满了期待。我在球场上跑上跑下，热情几乎不亚于我那无拘无束的儿子。我玩得很开心，甚至在防守时也能独当一面。

我每次投篮都没进，该持球的时候运球，该运球的时候投篮，但队员们对我很有耐心。

我很享受凭信心生活的乐趣！然而，到了下一场比赛选边的时候，我的心沉了下去。队长们挑选队员，感觉就像在初中一样：我会是最后一个被选中的吗？当我的名字被叫到最后时，我有一种"强羞愧感"。但即使是这样，也让我有机会提醒自己，主爱我，喜悦我。它并没有像过去那样让我动弹不得。别误会我的意思。我仍然希望成为一名伟大的球员，被选为第一名。不过，我并没有把自己看得太重，这表明主在做工。我并没有体验到完全的自由，但我确实更加感觉到，即使在我尴尬的时候，耶稣也是我的朋友，他以我为荣。之后，温斯顿和我在他家聊了起来。

他对我说的第一句话是"你篮球打得真烂，对吧？"

"你也说过你很烂，"我抗议道，"但你真的会玩。"

"不，我不能，"他回答道，"只是你打得太烂了，在你旁边，我看起来就像魔术师约翰逊！"

作为神的儿女，悔改和凭信心生活最重要的一点是，对神的依赖让神得荣耀，也让我们有机会经历与神的亲近。但在神面前承认自己的软弱，愿意在人面前失败，似乎也是一种邀请，让我们体验与他们的亲近。

当温斯顿和我坐在他家的门廊上来回闲聊时，我问他："温斯顿，是什么激发了你的社会良知？”这个问题让他敞开心扉，讲述了他的童年。他向我讲述了他的故事，并信任我，告诉我很多关于他自己的危险信息。大约一个小时后，他问了我一个类似的问题，因为他知道我也关心改善人们的生活。结果，我有机会与他分享了我的故事，以及耶稣所实现了对义的追求。我告诉他我对意义的追求和对宽恕的需要。我还告诉他我的一些“垃圾”。他坦言自己并不渴望上帝，也不认为上帝是美好生活的必要条件。于是，我问他是否感到需要被宽恕。他想了很久，最后回答说：“是的”。他承认自己在内疚中挣扎。

一年后，据我所知，温斯顿仍然没有成为信徒。我们继续保持着良好的友谊。事实上，我们的友谊在不断加深，我们非常尊重对方。我不觉得有任何让他改变信仰的压力。但我爱他，并恳切地为他的救赎祷告。我们彼此坦诚。通常我们谈论主的时候，我都会坦诚地说出我的挣扎，或者我在某些方面的软弱。我的名声对我来说不像以前那么重要了。曾经，我努力向温斯顿那样的人给出答案，这样我就“正确”了。现在，我更倾向于请求圣灵给我一个问题，这样我就能更好地认识他人，在他们所在之处与其会面，而不是让他们成为我想让他们成为的样子。

勾选已完成的作业：（勾选后，可与导伴预约时间）

- ☐ 聆听信息 16
- ☐ 背诵马太福音 7:12
- ☐ 完成练习
- ☐ 阅读：软弱布道
- ☐ 跟你的祷告伙伴更新信息

背诵经文

Session1　孤儿，还是上帝的孩子？

及至时候满足，神就差遣他的儿子，为女子所生，且生在律法以下，为要把律法以下的人赎出来，叫我们得着儿子的名分。

——加拉太书 4:4–5

Session2　渴慕义

你们既为儿子，神就差他儿子的灵进入你们心里，呼叫："阿爸，父！"可见你们不再是奴仆，乃是儿子了；既为儿子，就靠着神为后嗣。

——加拉太书 4:6–7

Session3　领受之义

因为神的义正在这福音上显明出来；这义是本于信，以至于信。如经上所记："义人必因信得生。"

——罗马书 1:17

Session4 律法与福音

我们晓得律法本是好的，只要人用得正当。

——提摩太前书 1:8

Session5 赐下能力的圣灵

但愿那赐盼望的神，因信将诸般的喜乐平安充满你们的心，使你们藉着圣灵的能力，大有盼望。

——罗马书 15:13

Session6 与父神的团契

耶和华你的神在你中间，是施行拯救的大能者；他必因你欢欣喜乐，默然爱你，且因你欢呼。

——西番雅书 3:17

Session7 悔改的生活方式

主耶和华万军之神说："你们得救在乎归回安息；得力在乎平静安稳。只是你们不肯。"

——以赛亚书 30:15

Session8 信心藉由爱作工

在基督耶稣里，受割礼不受割礼全无功效；惟有使人有爱心的信心才有功效。

——加拉太书 5:6

Session9　藉信成圣

你们这愚拙的人哪，你们既以圣灵开头，岂还要凭肉体成全吗？你们受了许多苦，若是徒然受苦，这就有祸了！神将圣灵显在你们心里，是因你们听信真道；又因信，神又在你们中间行异能吗？

——加拉太书 3:3–5

Session10　活在十字架的光中

因为情欲和圣灵相争，圣灵和情欲相争，这两个是彼此相敌，使你们不能做所愿意做的。

——加拉太书 5:17

Session11　谦卑和破碎

但他赐更多的恩典，所以经上说："神阻挡骄傲的人，赐恩给谦卑的人。"

——雅各书 4:6

Session12　恩典的推进力

但圣灵降临在你们身上，你们就必得着能力，并要在耶路撒冷、犹太全地和撒马利亚，直到地极，作我的见证。

——使徒行传 1:8

Session13　得释放的良心

何况那借着永生的灵，将自己无玷无瑕献给神的基督，岂不更能洗净你们的良心，去除死行，叫你们事奉永生神么？

——希伯来书 9:14

Session14　饶恕的生活方式

你们要带着言语归回耶和华，说："求你赦免我们的一切罪孽，并收取我们，我们就献牛羔为嘴唇的果子。"

——何西阿书 14:2

Session15　维持和平还是缔造和平？

你为什么看见你弟兄眼中有刺，却不想自己眼中有梁木呢？你这假冒为善的人，先去掉自己眼中的梁木，然后才能看得清楚，去掉你弟兄眼中的刺。

——路加福音 6:42

Session16　软弱布道

所以，无论何事，你们愿意人怎样待你们，你们也要怎样待人，因为这就是律法和先知的道理。

——马太福音 7:12

“为神之子”导伴之旅

一对一或微小组（3-4 人）的引导陪伴计划深入项目，旨在帮助你在日常生活中真正活出福音的大能。

你相信耶稣。你知道他爱你。

但是，这个好消息真的让你的生活产生了蜕变吗？

“为神之子”导伴之旅（Mentored Sonship），将你头脑中的知识转化为你内心的需要——改变生命的福音信息。

这个经过时间考验的、一对一门育项目，最初是为宣教士开发的（因为我们相信，如果没有不断地将福音应用到我们自己的内心，我们就无法将福音带给他人），现在，你也可以体验使用了!!

这是一种经过验证的、刻意的、关系性的方法，将福音应用到你的生命中，并活出来。

登陆查看：BuildingChineseChurchLeaders.org/Sonship

立即扫描二维码

Serge

Serge 是一个国际性的改革宗宣教机构，工作包括差派和关怀宣教士，指导和装备世界各地的事工领袖，以及开发资源以促进持续的属灵更新。

登陆查看：serge.org

扫入了解更多

建造教会领袖归属于海外校园，是一个全球性的专项造就事工。我们为同工和青年领袖提供福音为中心的资源工具、培育项目和更新体验。

渴望在日常生活中真正活出福音，体验福音的温暖、大能与盼望？

让我们借助福音为中心的资源工具、陪伴小组与更新社群，与你同行，协助你与教会在每个领域更深落实福音。

登陆查看：Oc.org/bcl

立即扫描二维码

www.ingramcontent.com/pod-product-compliance
Lightning Source LLC
LaVergne TN
LVHW041056080826
845145LV00007B/1593
* 9 7 8 1 5 8 5 3 3 2 1 4 4 *